国家双高"铁道机车专业群"系列 活页工作手册式立体化教材
——城市轨道车辆应用技术专业

城市轨道交通车辆

主　编◎杨培义　王若飞　曹治超

副主编◎刘峻峰　张明康　韩增盛

主　审◎吴帅杰

西南交通大学出版社

·成　都·

图书在版编目（CIP）数据

城市轨道交通车辆 / 杨培义，王若飞，曹治超主编. -- 成都：西南交通大学出版社，2024.1
ISBN 978-7-5643-9643-5

Ⅰ. ①城… Ⅱ. ①杨… ②王… ③曹… Ⅲ. ①城市铁路－铁路车辆－教材 Ⅳ. ①U239.5

中国国家版本馆 CIP 数据核字（2023）第 250022 号

Chengshi Guidao Jiaotong Cheliang

城市轨道交通车辆

主　编	杨培义　王若飞　曹治超
责任编辑	梁志敏
封面设计	何东琳设计工作室
出版发行	西南交通大学出版社 （四川省成都市金牛区二环路北一段 111 号 西南交通大学创新大厦 21 楼）
邮政编码	610031
营销部电话	028-87600564　028-87600533
网址	http://www.xnjdcbs.com
印刷	四川森林印务有限责任公司
成品尺寸	185 mm×260 mm
印张	18.5
字数	459 千
版次	2024 年 1 月第 1 版
印次	2024 年 1 月第 1 次
定价	52.00 元
书号	ISBN 978-7-5643-9643-5

课件咨询电话：028-81435775
图书如有印装质量问题　本社负责退换
版权所有　盗版必究　举报电话：028-87600562

Preface 前　言

城市交通系统是城市最为重要的基础设施之一，城市内人员的流动、物资的运输都依靠城市交通来完成，城市交通体系是城市面貌与活力的直接展示，体现了城市的承载能力，关系着城市的环境，进而影响着城市的可持续发展；而城市公共交通是城市交通系统的重要组成部分，绝大多数居民的出行依靠公共交通，城市公共交通是维持城市居民工作、学习和生活正常秩序的重要保障。

随着我国经济的快速发展，大量人口涌入城市，而城市的道路交通建设长期跟不上城市经济发展和人口增长的需要，制约了城市经济发展和居民的正常活动，成为困扰我国城市发展的一个难题。如何解决城市公共交通的这一难题呢？国外已有成功的经验，就是以轨道交通作为骨干，以其他交通方式为辅佐，形成一个包括地上、地面和地下多种交通模式相结合的可持续发展的现代化公共交通网络，这也是我国城市交通发展的必由之路，具有积极的战略意义。

近年来，城市轨道交通发展非常迅速。截至2022年11月，全国31个省（自治区、直辖市）和新疆生产建设兵团共有52个城市开通运营城市轨道交通线路285条，运营里程9357千米。国内城市轨道交通建设将进一步提速，未来发展空间大，前景十分广阔。

城市轨道交通车辆是城市轨道交通体系中最重要，也是最关键的设备，它是集多专业先进技术于一体的综合性产品，涉及机械、电气及控制、材料等领域。本教材取材于上海、广州、郑州等地铁的城市轨道交通车辆，主要介绍了具有代表性的结构、原理，既有原装进口车辆，也有国产化车辆，体现了现今城市轨道交通车辆的技术水平。

教材结合职业院校技能型人才培养的特点、职业技能等级证书相关标准、全国职业技能大赛相关技术规程，介绍了城市轨道车辆专业学生必须掌握的专业基础知识以及运用和检修的重点，内容简洁、图文并茂、易于理解。

本教材的编写定位于高职高专学生未来工作环境和能力、岗位需求，采用项目化教学，典型任务分解，既让学生掌握城轨车辆机械部结构名称和作用原理，又能贴近车辆生产现场实际应用。

本书为校企合作的新形态教材，由郑州铁路职业技术学院、郑州地铁集团有限公司联合编写，配套有数字资源。郑州铁路职业技术学院杨培义、王若飞，郑州地铁集团有限公司运营分公司曹治超任主编，郑州铁路职业技术学院刘峻峰、张明康、韩增盛任副主编。其中理论部分项目四和项目六由杨培义编写，项目二和项目五由王若飞编写，项目一和附录 B 由张明康编写，项目七和附录 A 由刘峻峰编写，项目三由韩增盛编写，项目八由曹治超编写。实训部分包括四个任务，全部由杨培义编写。郑州地铁集团有限公司运营分公司车辆中心主任吴帅杰主审。

由于编者水平有限，书中难免有疏漏和不足之处，敬请广大读者批评指正。

编 者
2022 年 10 月

Digital Resources 数字资源目录

序号	资源名称	资源类型	页码	资源位置
1	城市轨道交通的发展	微课视频	003	项目一任务一
2	城市轨道交通的类型	微课视频	009	项目一任务二
3	新型城市轨道交通	微课视频	015	项目一任务三
4	城轨车辆的组成	微课视频	023	项目二任务一
5	城市轨道交通车辆技术参数	微课视频	025	项目二任务三
6	限界	微课视频	027	项目二任务四
7	转向架总体认知	微课视频	054	项目四任务一
8	轮对轴箱装置——轮对	微课视频	059	项目四任务三
9	轴承轴箱装置	微课视频	061	项目四任务三
10	弹簧减振装置	微课视频	066	项目四任务四
11	空气弹簧	微课视频	069	项目四任务四
12	牵引连接装置	微课视频	075	项目四任务五
13	客室车门常见类型	微课视频	096	项目五任务一
14	其他类型车门	微课视频	098	项目五任务一
15	车钩缓冲装置概述	微课视频	112	项目六任务一
16	车钩	微课视频	114	项目六任务二
17	车辆设备及其布置	微课视频	134	项目七任务二
18	1+X城市轨道交通乘务职业技能等级标准及其考核内容	微课视频	227	附录A

目 录

上篇 理论篇

项目一 城市轨道交通概要 ································· 3
  任务一 城市轨道交通的发展 ································· 3
  任务二 城市轨道交通的类型 ································· 9
  任务三 新型城市轨道交通系统 ······························· 15

项目二 城市轨道交通车辆基本知识 ······························· 22
  任务一 城市轨道交通车辆的类型、组成 ······················· 22
  任务二 城市轨道交通车辆的编组及标识 ······················· 24
  任务三 城市轨道交通车辆技术参数 ··························· 25
  任务四 地铁、轻轨车辆限界 ································· 26

项目三 城市轨道交通车辆车体 ··································· 33
  任务一 车体概述 ··· 33
  任务二 铝合金车体 ··· 37
  任务三 不锈钢车体 ··· 42
  任务四 车体的模块化结构 ··································· 45
  任务五 车体试验及材料 ····································· 47

项目四 城市轨道交通车辆转向架 ································· 54
  任务一 转向架总体认知 ····································· 54
  任务二 构 架 ··· 57
  任务三 轮对轴箱装置 ······································· 58
  任务四 弹簧减振装置 ······································· 66
  任务五 牵引连接装置 ······································· 75
  任务六 驱动和传动装置 ····································· 78

任务七　基础制动装置 ………………………………………………………………… 83
　　　任务八　地铁车辆转向架 ………………………………………………………………… 86

项目五　城市轨道交通车辆车门 ……………………………………………………………… 95
　　　任务一　车门概述 ………………………………………………………………………… 95
　　　任务二　客室车门控制 ………………………………………………………………… 100
　　　任务三　车门故障的检测及处理 ……………………………………………………… 107

项目六　车辆连接装置 ……………………………………………………………………… 112
　　　任务一　车钩缓冲装置概述 …………………………………………………………… 112
　　　任务二　车　钩 ………………………………………………………………………… 114
　　　任务三　缓冲装置 ……………………………………………………………………… 120
　　　任务四　附属装置 ……………………………………………………………………… 125
　　　任务五　贯通道及渡板 ………………………………………………………………… 127

项目七　车辆设备及其布置 ………………………………………………………………… 132
　　　任务一　概　述 ………………………………………………………………………… 132
　　　任务二　车顶设备 ……………………………………………………………………… 134
　　　任务三　车底设备 ……………………………………………………………………… 146
　　　任务四　车内设备 ……………………………………………………………………… 152

项目八　噪声及其防护 ……………………………………………………………………… 160
　　　任务一　概　述 ………………………………………………………………………… 160
　　　任务二　噪声的评价指标 ……………………………………………………………… 164
　　　任务三　控制与降低噪声的措施 ……………………………………………………… 166

下篇　实训篇

任务一　受电弓外观检查 ……………………………………………………………………… 173
任务二　客室车门整体外观检查 ……………………………………………………………… 184
任务三　转向架部件外观检查、测量 ………………………………………………………… 196
任务四　整车车侧、车内设备检查 …………………………………………………………… 207
附录 A　1+X 城市轨道交通乘务职业技能等级标准 ………………………………………… 227
附录 B　1+X 城市轨道车辆维护与保养和轨道交通车辆
　　　　机械维护职业技能等级标准 ……………………………………………………… 268

参考文献 ……………………………………………………………………………………… 288

上篇 理论篇

项目一　城市轨道交通概要

项目概述

现代城市客运交通的主要任务是为城市居民提供高效、优质的客运服务。城市客运交通包括公共交通和非公共交通两大部分。城市公共交通是城市客运交通的主体,包括城市中提供给公众使用的各种交通工具,如公共汽车、电车、轮渡、地铁、轻轨、出租汽车以及缆车、索道等,非公共交通主要包括自行车、私人汽车、社会团体汽车、公务车和其他私人交通工具,它是城市客运交通的一种辅助方式。随着我国城市化进程的稳步推进,城市轨道交通(简称城轨)在公共交通系统中的地位与作用越来越重要,逐步成为城市公共交通的骨干。

关于城市轨道交通的概念并无统一标准,其表述也在不断变化。《城市公共交通分类标准》(CJJ/T114—2007)将城市轨道交通定义为:采用轨道结构进行承重和导向的车辆运输系统,依据城市交通总体规划的要求,设置全封闭或半封闭的专业轨道线路,以列车或单车形式,运送相当规模客流量的城市公共交通方式。

《城市轨道交通技术规范》和《城市轨道交通运营管理规范》将城市轨道交通定义为:采用专用轨道导向运行的城市公共客运交通系统,包括地铁系统、轻轨系统、单轨系统、有轨电车、磁浮系统、自导向轨道系统和市域快速轨道系统等。

能力目标

(1)了解国内外城市轨道交通的发展历程。
(2)掌握城市轨道交通的类型及各种类型的特点。

任务一　城市轨道交通的发展

微课:城市轨道交通的发展

任务介绍

通过本任务的学习,掌握国内外城市轨道交通的发展历程。

问题引导

(1)你知道世界上第一条地铁是什么时候修建的吗?
(2)你知道我国最早修建地铁的是哪个城市吗?

> 知识素材

一、全球城市轨道交通的发展

1. 初步发展阶段（1863—1924）

1860 年，英国伦敦开始修建地铁，三年后建成通车，线路长 6.4 km，世界第一条地下铁路诞生，用蒸汽机车牵引（见图 1-1）。1874 年英国伦敦首次采用盾构法施工，1890 年首次采用电力机车牵引，大大改善了地下铁道的运行环境。自此以后，英国伦敦和格拉斯哥、美国纽约和波士顿、匈牙利布达佩斯、奥地利维也纳及法国巴黎等城市先后建成地铁，城市轨道交通进入了连续发展时期。这一阶段，欧美的城市轨道交通发展较快。

图 1-1　伦敦地铁开工建设

2. 停滞萎缩阶段（1924—1949）

这一阶段由于战争以及汽车工业的发展，造成城市轨道交通发展陷入停滞萎缩阶段。汽车驾驶的灵活、便捷，使汽车工业得到了快速发展。城市轨道交通因投资大、建设周期长和运营成本高，曾一度处于停滞状态。这一阶段世界上只有 5 个国家发展了城市地铁，有轨电车的发展也停滞不前，部分线路还被拆除。

3. 再发展阶段（1949—1969）

这一阶段世界各国经济开始进入飞速发展时期，汽车工业发展迅速，汽车的过度增加使城市道路异常堵塞，行车速度下降，严重时还会造成交通瘫痪。另外，不断增大的石油资源消耗造成空气污染。人们又开始意识到，缓解城市客运交通问题必须依靠占地少、污染少、运力大的城市轨道交通。这一阶段很多国家的城市修建了地铁，范围也从欧洲国家扩展到亚洲国家。我们国家的第一条地铁线路——北京地铁 1 号线也是在这一阶段修建的。

4. 高速发展阶段（1969 至今）

随着各国城市化进程的不断加快，人口高度集中、客流量不断攀升、道路交通压力增大，这就要求城市轨道交通高速发展以适应日益增加的客流运输需求。同时，科学技术的进步也为城市轨道交通的发展奠定了良好基础。这一阶段，城市轨道交通的发展遍及世界各地，从欧洲、美洲、亚洲扩展到澳洲，从发达国家扩展到发展中国家。此外，还出现了多种其他形式的城市轨道交通，如自动导向交通系统、磁悬浮列车等。

二、国内轨道交通的发展

1969年10月，北京地铁1号线试运行，成为国内第一条地铁线路。发展至今，国内城市轨道交通（不含港澳台地区，下同）大致分为5个阶段：

1. 战备目的为主的起步阶段（1949—1978）

这一阶段，城市轨道交通的建设主要以战备目的为主，由中央政府主导建设。1953年，北京市委首次提出修建地铁。1965年，北京地铁一期建设正式开工（见图1-2）。1969年10月1日，北京地铁一期建成通车。

图1-2　北京地铁1号线开工典礼

在起步阶段，除建设了北京地铁一期工程外，还有天津地铁一期工程在开工建设。1970年6月5日，天津地铁正式破土动工。1976年1月，天津轨道交通1号线新华路至海光寺段3.6 km试通车，成为继北京之后第二条建成的地铁。由于国家当时实行停缓建政策以及唐山大地震的影响，工程被迫停建（后于1981年工程重新启动）。

2. 曲折发展阶段（1978—2003）

这一阶段从改革开放开始实行到2003年国务院办公厅《关于加强城市快速轨道交通建设管理的通知》（国办发〔2003〕81号）发布。随着改革开放的逐步深入和城市化进程加快，大城市交通需求剧增，导致城市道路交通功能能力严重不足，供需矛盾突出，制约了城市经济社会的发展。为满足城市发展需要，缓解道路交通紧张状况，政府加大了城市交通技术设施建设投入力度，强调轨道交通对解决城市交通问题和引导城市发展的重要性。1993年，上海地铁1号线运营，上海市成为我国第三个开通地铁运营的城市（见图1-3）。

图 1-3　上海地铁 1 号线开通运营

受当时经济发展水平和国家财力状况影响，为了避免全国出现地铁建设一哄而上的局面，1995 年 12 月，国务院办公厅发布《关于暂停审批城市地下快速轨道交通项目的通知》（国办发〔1995〕60 号），提出必须严格控制城市快速轨道交通的发展，除北京、广州和上海外，其余城市暂停建设。2002 年 10 月，国务院冻结了各城市地铁立项，国内城市轨道交通的发展经历了一段曲折过程。这一阶段，北京、上海、广州、大连、长春等城市轨道交通相继建成，但基本以单线为主。

3. 规范发展阶段（2003—2008）

这一阶段从 2003 年国办发 81 号文件发布到 2008 年全球金融危机。根据 2003 年 9 月国务院办公厅通知要求，对城市轨道交通的建设进行严格控制，人口规模、交通需求和经济水平成为衡量一个城市能否建设轨道交通的三大基本要素，缺一不可，确立了"量力而行、规范管理、稳步发展"的建设方针，明确提出项目申报要报国务院批准。在此阶段，北京、上海、天津相继开辟了城市轨道交通新线运营，深圳、武汉、南京、重庆等城市轨道交通相继首次开通。

4. 快速发展阶段（2008—2018）

该阶段是我国城市轨道交通发展的黄金时期，我国城市轨道交通进入快速发展的新时期，城市轨道交通运营规模、客运量、在建线路长度均创历史新高，城市轨道交通系统制式结构更加多元化。这一阶段，除已开通轨道交通运营城市继续开辟新线外，许多城市首次开通轨道交通运营，如沈阳、成都、佛山、西安、苏州、杭州、昆明、哈尔滨、郑州、长沙、宁波、无锡、青岛、兰州、南昌、福州、东莞、南宁、合肥、石家庄、珠海、贵阳、厦门、乌鲁木齐等。

5. 有序发展阶段（2018 至今）

2018 年 6 月，国务院发布《关于进一步加强城市轨道交通规划建设管理的意见》（国办发〔2018〕52 号），强调要坚持"量力而行，有序推进；因地制宜，经济适用；衔接协调；集约高效；严控风险，持续发展"的原则，标志着国内城市轨道交通行业步入有序发展阶段。

截至 2021 年底，我国大陆地区（不含港澳台）共有 50 个城市开通运营城市轨道交通线路 283 条，运营里程共计 9206.8 km，其中上海、北京、广州、成都、武汉、杭州等城市轨道交通运营线路里程位居前列（见表 1-1）。

表 1-1 国内城市轨道交通运营线路规模统计汇总（截至 2021 年年底）

城市	运营线路长度/km	各系统制式线路长度/km							
		地铁	轻轨	单轨	市域快轨	有轨电车	磁浮交通	自导向轨道系统	电子导向胶轮系统	导轨式胶轮系统
北京	856.2	709.9	—	—	115.3	20.8	10.2	—	—	—
上海	936.2	795.4	—	—	56.0	49.4	29.1	6.3	—	—
天津	271.9	211.8	52.2	—	—	7.9	—	—	—	—
重庆	384.9	271.0	—	98.5	—	—	—	—	—	15.4
广州	589.9	505.7	—	—	58.3	22.0	—	3.9	—	—
深圳	431.0	419.3	—	—	—	11.7	—	—	—	—
武汉	484.4	435.3	—	—	—	49.1	—	—	—	—
南京	443.3	182.2	—	—	244.4	16.7	—	—	—	—
沈阳	216.7	114.1	—	—	—	102.6	—	—	—	—
长春	124.2	43.0	63.7	—	—	17.5	—	—	—	—
大连	224.4	54.1	103.8	—	—	23.4	—	—	—	—
成都	652.0	518.5	—	—	94.2	39.3	—	—	—	—
西安	252.6	252.6	—	—	—	—	—	—	—	—
哈尔滨	78.1	78.1	—	—	—	—	—	—	—	—
苏州	254.2	210.0	—	—	—	44.2	—	—	—	—
郑州	248.9	205.9	—	—	43	—	—	—	—	—
昆明	139.4	139.4	—	—	—	—	—	—	—	—
杭州	342.0	342.0	—	—	—	—	—	—	—	—
佛山	69.9	53.9	—	—	—	16.0	—	—	—	—
长沙	161.6	143.0	—	—	—	—	—	18.6	—	—
宁波	182.3	160.8	—	—	21.5	—	—	—	—	—
无锡	110.8	110.8	—	—	—	—	—	—	—	—
南昌	128.5	128.5	—	—	—	—	—	—	—	—
兰州	86.5	25.5	—	—	61.0	—	—	—	—	—
青岛	293.1	110.0	—	—	174.3	8.8	—	—	—	—
淮安	20.1	—	—	—	—	20.1	—	—	—	—
福州	58.4	58.4	—	—	—	—	—	—	—	—
东莞	37.8	37.8	—	—	—	—	—	—	—	—
南宁	128.2	128.2	—	—	—	—	—	—	—	—
合肥	153.6	153.6	—	—	—	—	—	—	—	—
石家庄	74.3	74.3	—	—	—	—	—	—	—	—

续表

| 城市 | 运营线路长度/km | 各系统制式线路长度/km |||||||||
		地铁	轻轨	单轨	市域快轨	有轨电车	磁浮交通	自导向轨道系统	电子导向胶轮系统	导轨式胶轮系统
贵阳	74.4	74.4	—	—	—	—	—	—	—	—
厦门	98.4	98.4	—	—	—	—	—	—	—	—
珠海	8.8	—	—	—	—	8.8	—	—	—	—
乌鲁木齐	26.8	26.8	—	—	—	—	—	—	—	—
温州	53.5	—	—	—	53.5	—	—	—	—	—
济南	84.1	84.1	—	—	—	—	—	—	—	—
常州	54.0	54.0	—	—	—	—	—	—	—	—
徐州	64.1	64.1	—	—	—	—	—	—	—	—
呼和浩特	49.0	49.0	—	—	—	—	—	—	—	—
天水	12.9	—	—	—	—	12.9	—	—	—	—
三亚	8.4	—	—	—	—	8.4	—	—	—	—
太原	23.3	23.3	—	—	—	—	—	—	—	—
株洲	17.0	—	—	—	—	—	—	—	17.0	—
宜宾	17.7	—	—	—	—	—	—	—	17.7	—
洛阳	42.5	42.5	—	—	—	—	—	—	—	—
嘉兴	56.9	—	—	—	46.3	10.6	—	—	—	—
绍兴	20.3	20.3	—	—	—	—	—	—	—	—
文山州	13.4	—	—	—	—	—	13.4	—	—	—
芜湖	46.2	—	—	46.2	—	—	—	—	—	—
合计	9206.8	7209.7	219.7	144.6	1011.0	503.6	57.9	10.2	34.7	15.4

从运营线路制式上看,截至 2021 年年底全国城市轨道交通运营线路包含 9 种制式。其中,地铁 7209.7 km,占比 78.31%;轻轨 219.7 km,占比 2.39%;跨座式单轨 144.6 km,占比 1.57%;市域快轨 1011 km,占比 10.98%;有轨电车 503.6 km,占比 5.47%;磁浮交通 57.9 km,占比 0.63%;自导向轨道系统 10.2 km,占比 0.11%;电子导向胶轮系统 34.7 km,占比 0.38%;导轨式胶轮系统 15.4 km,占比 0.16%,无悬挂式单轨。各城市城轨交通制式结构情况如图 1-4 所示。

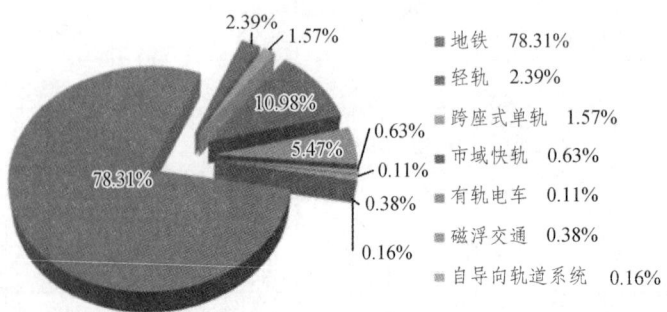

图 1-4 2021 年城市轨道交通运营线路制式结构

任务二 城市轨道交通的类型

微课：城市轨道交通的类型

任务介绍

通过本任务的学习，掌握城市轨道交通的类型及各种类型具备的特点。

问题引导

（1）说出我国城市轨道交通目前主要有哪些制式。
（2）结合案例分析城市在选择轨道交通类型时主要考虑哪些因素。

知识素材

依据《城市公共交通分类标准》（CJJ/T 114—2007），城市轨道交通主要有地铁系统、轻轨系统、有轨电车、单轨系统、磁浮系统、自动导向轨道系统和市域快速轨道系统 7 种制式。城市轨道交通的不同制式具有各自的特点和适用性，制式的选择要与功能定位和环境条件相适应。本小节主要介绍常见的几种城市轨道交通形式。

一、地铁系统

"地铁系统"是"地下铁道交通系统"的简称（Metro、underground railway 或 subway），指在城市中修建的快速、大运量、以电力牵引、采用钢轮钢轨的轨道交通系统。它的线路通常设在地下隧道内（见图 1-5），也有的在城市中心以外地区从地下转到地面或高架桥上。城市地铁一般采用双线运行，正线最大坡度一般为 3‰，最小曲线半径一般为 300~400 m，轨道较多采用焊接长钢轨，混凝土整体道床。

图 1-5　北京地铁

地铁有以下特征：

（1）全部或大部分线路建于地面以下。国外许多城市的地铁在市中心区时车站和区间线路均设于地下，当线路延伸到近郊时，常采用高架或路堤，以节约线路建设的投资。

（2）建设费用大、周期长、成本回收慢。新建地铁线路投资一般在每千米 3000~10 000 万美元以上；一般建造一条地铁线路需 10~15 年，成本回收需 20~30 年。

（3）行车密度大、速度高。由于线路全隔离全封闭，可以实现行车调度、信号控制的自动化，行车间隔最短达 2 min 甚至 1.5 min，车辆最高运行速度达 80 km/h 以上，旅行速度不低于 35 km/h。

（4）客运量大。单向每小时最大客运量可达 3 万~8 万人次，这对于大城市中心区高峰期乘客的疏通十分有效。

（5）地铁列车的编组数取决于客运量和站台的长度，一般为 4~8 辆。站台长度一般为 100~200 m，站间距一般为 0.5~1.5 km。车辆按有、无动力装置可分为动车与拖车，一般列车采用动车与拖车混合编组的动车组，并为电力驱动。

（6）地铁车辆的基本类型为 A 型车、B 型车、C 型车三种，每种车型的车辆宽度、长度、轴重都不一样，不同地铁车型的主要技术参数见表 1-2。

（7）地铁车辆对消音减振和防火均有严格要求，既安全又舒适。

（8）受电的制式主要有直流 750 V 第三轨受电或直流 1500 V 架空线受电弓受电。对于发车频率高、列车取用电流大的线路，受电额定电压一般采用 1500 V，以利于减少线路电压降和电能损失，加大牵引变电站的距离，提高列车再生制动的电能回收率。

地铁具有运量大、速度快、正点率高、安全舒适等特点，适用于客流密集、大中城市中心区域的骨干线路。

表 1-2　不同地铁车型的主要技术参数

技术参数	主要技术参数		
车型	A 型车	B 型车	C 型车
车辆基本宽度/m	3.0	2.8	2.6
车辆基本长度/m	21~24	19~21	16~19
车辆轴重/kN	160	140	130
列车编组	4~8		
列车长度/m	100~190	80~160	70~140
线路类型	地下隧道、高架及地面，全封闭		
最小运行半径/m	≥300	≥250	≥100
客运能力/（万人次/h）	4.5~7.0	2.5~5.0	2.5~4.0
受电制式	DC 1500 V/750 V 接触网或第三轨受流		
运行速度/（km/h）	最大运行速度：≥90 平均运行速度：≥35		

二、轻轨系统

轻轨系统是一种中运量的轨道交通系统，采用钢轮钢轨体系，主要在城市地面或高架桥上运行，线路采用地面专用轨道或高架轨道，遇繁华街区也可进入地下或与地铁接轨，如图 1-6 所示。

图 1-6　大连轻轨

城市轻轨交通有以下特征：

（1）它是以钢轮和钢轨为车辆提供走行的一种交通方式，车辆以电力提供牵引动力，可以采用直流、交流或线性电机驱动。

（2）轻轨的建设费用要比地铁少得多，通常每千米线路造价仅为地铁的 1/5～1/2。

（3）轻轨交通的每小时单向运输能力一般为 2 万～4 万人次，它介于地铁和公共汽车（每小时 4 千～8 千人次）之间，属于中等运能的一种公共交通形式。

（4）轻轨线路可以为地面、地下和高架混合型，一般与地面道路完全隔离，采用半封闭或全封闭专用车道。在通过交叉路口处，采用立体交叉形式，保证车辆以较高速度运行。

（5）轻轨车辆有单节 4 轴车、双节单铰 6 轴车和 3 节双铰 8 轴车等，如图 1-7 所示。每组车可以单节运行，也可以连挂编列。车辆能够通过小半径曲线（$R = 50$ m）和大坡度（60‰～70‰）地段。

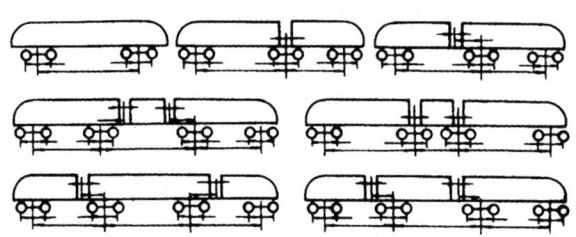

图 1-7　几种基本的轻轨牵引单元组成形式

（6）轻轨交通对车辆和线路的消音和减振有较高要求。采用弹性车轮、空气弹簧、自导向和迫导向径向转向架等措施，以减轻列车运行和通过曲线的噪声。采用无缝长钢轨线路，弹性钢轨扣件和路基弹性层，达到减少噪声和振动的传递。必要时在轨道两侧设置隔音挡板。国外对轻轨车辆的噪声控制范围：车内噪声范围为 67～75 dB，车速达到 50 km/h 时，距离车辆 7.5 m 处噪声应为 76～80 dB。

（7）电压制式以直流 750 V、架空线（或第三轨）供电为主，也有部分采用直流 1500 V 和直流 600 V 供电。

（8）轻轨车站分为地面、高架和地下三种形式，需根据线路位置、地形条件、行车组织要求和乘客流量来决定车站的形式和规模。车站的站台长度应按列车长度和停车误差（±2 m）而定，站台长度应不小于远期设计列车长度加 4 m，一般为 60～100 m。

轻轨系统既免除了地铁的昂贵投资，又具有中运量、速度快、准时等特点，从我国国情来看，选择轻轨作为中等城市公共交通的主要发展对象是适当的和势在必行的。截至 2019 年年底，国内仅有天津、武汉、大连、长春 4 个城市的轻轨系统开通运营，轻轨系统具有广阔的发展前景。

三、有轨电车

有轨电车是由电力牵引、轮轨导向、单车或两辆铰接或多辆铰接运行在城市道路路面上，车辆与其他地面交通混合运行的低运量的城市轨道交通系统，如图 1-8 所示。

图 1-8　大连有轨电车

有轨电车有以下特征：
（1）有轨电车与地面其他交通混合运行，遵守地面交通信号灯。
（2）小运量。单方向高峰每小时客运量在 1 万人次以内的低运量轨道交通系统。
（3）速度慢、通行能力低。由于路权混用，易与地面交通工具发生冲突而引起交通堵塞，隔离程度和安全性较差，准时性较差。
（4）车辆多为低地板车辆，底板面高度小于或等于 350 mm，单线运行为主，运行速度低。

有轨电车不享有专用路权，适用于低运量、中小城市的线路。1899 年，中国第一条有轨电车在北京建成通车，随后上海、沈阳、哈尔滨、长春、大连等城市相继修建了有轨电车，到 20 世纪 50 年代末，国内很多大中城市纷纷拆除有轨电车，仅剩长春、大连等没有完全拆除。目前，国内很多大中城市除考虑修建地下线路外，也有部分城市重新把注意力转移到地面轨道交通，截至 2019 年年底，国内有北京、天津、上海、广州、大连、长春等 10 多个城市的有轨电车正常运营。

四、单轨系统

单轨系统是以单一轨道来支撑或悬挂车厢并提供导向作用而运行的轨道交通系统，又称为独轨系统。单轨系统是一种车辆与特制轨道梁组合成一体运行的中运量轨道运输系统，轨道梁不仅是车辆的承重结构，同时是车辆运行的导向轨道。

单轨系统采用高架轨道结构，按结构形式主要分为两种：一种是走行装置（转向架）跨骑在轨道梁上运行的方式，其车体重心处于走行轨道的上方，称为跨座式单轨系统（见图1-9）；另一种是车体悬挂在可在轨道梁上行走的走行装置（转向架）下，其车辆中心位于轨道的下方，称为悬挂式单轨系统（见图1-10）。

图1-9　跨座式单轨

图1-10　悬挂式单轨

单轨系统有以下特征：

（1）占地面积少、空间利用率高。单轨铁路线路占地小，线路支柱占地宽度仅1～1.5 m，因此可充分利用城市空间，适宜于在大城市的繁华中心区建线，对城市的景观及日照影响较小。

（2）建设成本低。由于单轨线路构造较简单，建设费用较低，仅为地铁的1/3左右。

（3）能适应复杂地形要求。能够实现大坡度（60‰）和小曲线半径（50 m）运行，可绕行城市的建筑物。

（4）为降低线路和站台的建设费用，一般采用轻型车辆，列车编组为4～6辆。

（5）单轨铁路车辆的走行装置采用空气弹簧和橡胶轮结构，并采用电力驱动，故运行噪声低，无废气，乘坐舒适。

（6）单轨铁路架于空中，视野宽广，具有交通和旅游观光的双重作用。

（7）运能较小。一般每小时单向最大客运量为1万～2万人次。

（8）道岔结构复杂、笨重、转换时间较长，从而延长了列车折返时间，且单轨线路不能与常规的地铁、轻轨等接轨，一旦发生事故救援比较困难。

20世纪英国建造运营了第一列由蒸汽机车牵引的独轨旅客列车。1880年，法国Charle Larligue设计了用于旅客运输的跨座式独轨铁路，采用蒸汽机车，最高速度为43 km/h。德国在1903年修建了13 km长的悬挂式独轨铁路，至今仍在继续使用。20世纪50年代后期，单轨铁路在许多国家得到较大的发展，日本、美国、瑞典、意大利等国都建造了单轨铁路，一般线路长度约10 km，主要用于城市繁忙地段和游览观光。特别是日本，自1955年以来，一直将单轨铁路作为发展城市公共交通的有力手段，先后在多个城市展开建设，其第一条单轨铁路在1964年建成通车，自东京的中心区滨松町至羽田机场，总长13 km，设6个车站。之后，日本在近30年的时间里开发了多种单轨铁路，在世界城轨交通中独树一帜。

2005年，重庆轨道交通2号线（跨座式单轨）建成通车，成为国内首个开通单轨运营的城市。发展至今，国内只有重庆（重庆轨道交通2、3号线）、芜湖（见图1-11）拥有单轨系统，可见单轨系统应用范围有限。

图 1-11 芜湖单轨系统

五、市域快轨系统

市域快速轨道系统是一种主要服务于城市郊区和周边新城、城镇与中心城区联系，并具有通勤客运服务功能的中、长距离的大运量城市轨道交通系统，简称市域快轨（见图 1-12）。市域快轨兼具城际、城市轨道交通双重属性，服务范围一般为大城市、特大城市、超大城市中心城区及其周边新城、城镇等与中心城区经济、人口交流紧密的地区，以及与城市联系密切的各城镇地区。

图 1-12 市域快轨系统

市域快轨系统有以下特点：

（1）市域快轨列车主要在地面或高架桥上运行，必要时也可采用隧道。

（2）运量大。市域快轨系统是一种大运量的轨道交通系统，一般不采用高峰小时客运量的概念，每日最大客运能力可达 50 万～80 万人次。

（3）适用于城市群、城际之间的中长距离的客运交通，线路较长，站间距较大，一般选用最高运行速度在 120 km/h 以上的快速专用车辆。

（4）牵引动力因地制宜，可选用电气化铁路 AC 25 kV 或城市轨道交通 DC 1500 V 的供电方式。

从当前适用情况看，国内市域快速轨道交通系统有的属于国家铁路范畴，列车采用铁路动车组；有的属于城市轨道交通，如广州地铁、上海轨道交通 16 号线等。截至 2021 年年底，国内有北京、上海、广州、南京、成都、郑州、兰州、青岛等城市的市域快轨系统开通运营。

城市轨道交通的不同制式具有各自的特点和适用性，制式的选择应与功能定位、城市环境相适应。

任务三　新型城市轨道交通系统

微课：新型城市轨道交通

任务介绍

通过本任务的学习，掌握新型城市轨道交通系统的种类及各自特点。

问题引导

（1）自动导向轨道系统与单轨系统相比有什么异同？
（2）磁浮系统与传统轨道交通系统相比有哪些技术特点？

知识素材

一、自动导向轨道系统

自动导向轨道系统是一种车辆采用橡胶轮胎在专用轨道上运行的中运量运输系统。列车沿着特制的导向装置行驶，车辆运行和车站管理采用计算机控制，可实现全自动化和无人驾驶。线路形态在繁华市区采用地下隧道，市区边缘或郊外采用高架，适用于城市机场专用线或城市中客流相对集中的点对点运营线路。

自动导向轨道系统适用于大坡道和小曲线半径线路，采用橡胶车轮，噪声低、安全性好、占地面积小、建设费用比地铁低，是一种既节省人力，也节省费用的有轨快速客运系统。

自动导向轨道系统的车辆外形类似于公共汽车，采用电力驱动、橡胶轮走行，并设有专用的导向轨导向。车辆的导向有两种方式。一种是导向轮导向（见图 1-13），根据导向轮的安装位置又可分为中央导向和侧面导向：中央导向是在线路的中央设导向轨条，对应于车辆底架下部伸出的导向轮，在车辆走行时，导向轮紧贴导向轨滚动而实现车辆的导向，这种方式的导向轨凸出在线路的中央沿着线路向前延伸；侧面导向是在车辆走行装置的外侧装设水平的导向轮，在走行道两侧矮墙上装设导向轨滚道，当车辆走行时，车辆前后两侧的导向轮沿着导向轨滚动，从而实现车辆的自动导向，日本东京 1995 年 12 月新开通的临海线新交通系统就是采用侧面导向方式。另一种是虚拟轨道导向（见图1-14），通过在地面上设置好导向标线，通过车载光学仪器识别地面导向标线，实现和铺设轨道一样的固定行驶线路，2019年12月正式投运的四川宜宾智轨就是采用这种虚拟轨道导向。

图1-13　上海APM线列车

图1-14　宜宾智轨

自动导向轨道系统一般均采用全自动列车运行控制技术，无人驾驶，通过电子计算机进行运行调度控制管理。列车自动控制装置（ATC）、车—地间的信号交换是通过设于轨道的环线轨道电路和设于列车前部及后部的天线进行的。由ATC系统向列车提供限制速度信息，列车上的计算机算出略低于限制速度的目标速度，使列车始终保持该速度运行。站内空位停车环线提供车站定位停车信息，由线路获得的信息和车辆自身的信息进行逻辑运算，向列车运行控制、制动装置发出相应指令。全自动列车运行控制系统还同时控制运行中车门的开闭、报站广播、运行方向的转换等。

自动导向轨道系统与独轨铁路有许多相同之处，如采用高架专用轨道，适用于大坡道和小曲线半径线路，建设费用比地铁低，车辆大都采用橡胶轮胎，噪声低、安全性好。它们既可用于博览游乐场、机场的内部运输，也可用于一般公共交通。自动导向轨道系统一般每小时单向运能约5000~10 000人次，列车编组为2~6辆，属中低运量的城轨交通方式。

自动导向轨道系统有下列特征：

（1）自动导向轨道系统的车辆一般较小，车长大部分为5~12 m，列车编组辆数也少，因此其运能比独轨铁路略低。

（2）从日照、景观、建设成本等方面作比较，独轨铁路比新交通系统更为有利。

（3）自动导向轨道系统自动化程度更高，可实现无人自动运转。

（4）自动导向轨道系统导向机构简单，靠导向轮引导列车运行，维修简单方便。

二、线性电机车辆

线性电机车辆采用直线电机作为牵引动力，属于非黏着驱动方式地铁车辆。直线电机为线性异步感应电动机的简称，它将传统电机旋转运动方式变为直线运动方式，其工作原理与一般的旋转式感应电动机类似，可看成是将旋转电机沿半径方向剖开展平，定子部分在用硅钢片叠压成扁平形状的铁心上，放入两层叠绕的三相线圈构成，沿纵向固定安装于车辆底架下部或转向架构架下部。而转子部分亦展平变为一条感应轨，铺设在两走行轨之间，一般由铝板或铝合金制成的外壳和铁心组成，如图 1-15 所示。定子与转子感应轨之间应保持 8～10 mm 间隙，当通过交流电流时，由于磁场的相互作用产生推力，轨道车辆采用直线电机就是利用该力驱动车辆运行或使车辆制动，从而突破了长期以来依靠轮轨黏着作用传递牵引力的传统技术。

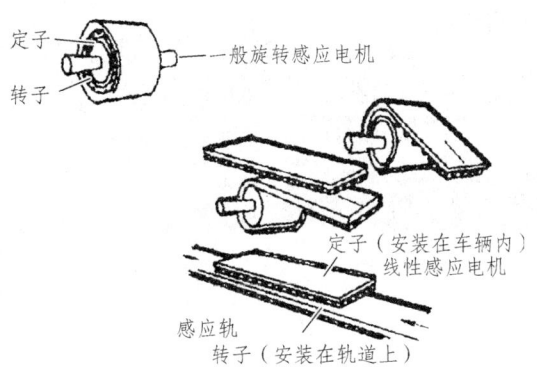

图 1-15　线性电机作用原理

线性电机车辆采用交流变频变压控制，取消了传统的旋转电机从旋转运动转换成直线运动所必不可少的一系列机械减速传动机构，既减轻了重量又使结构更加简单，特别是转向架变得很简单，可以采用小轮径的径向转向架。

线性电机车辆的优点为：

（1）噪声低。由于结构上略去了传统的机械减速传动机构，轮轨间也不传递牵引力和制动力，而减轻了轮轨间的磨耗，减少了许多噪声源，一般车辆可降低噪声约 10 dBA。

（2）由于装设线性电机，省去了传统转向架上的悬挂牵引电机与机械传动装置，简化了转向架结构，从而可以采用小轮径、带径向机构的转向架，提高了车辆通过小半径曲线的能力，降低了通过曲线时的轮轨磨耗和尖啸声；同时使车辆的轮廓尺寸减小，减少了隧道的土建工程量，降低造价。

（3）车辆的加减速可靠、磨耗少、爬坡能力强。由于车辆依靠线性电机直接驱动和制动，车轮仅起导向和支承作用，牵引力或制动力直接由轨道上的转子（感应轨）作用于装在车辆底部的定子，所以牵引力或制动力不再受轮轨间的黏着力影响，可产生较高的加、减速度，不会出现车轮空转或滑行现象，还可以在 60‰的坡道上正常运行或停留。

线性电机最大的缺点是效率低，约为旋转电机效率的 70%，这是由于线圈与感应轨间的工作气隙较大，导致磁损耗大，线性电机比同样功率的旋转电机耗电量大；为了保证定子线圈与感应轨间的工作气隙不变，对轮轨间的磨耗量、车辆地板面高度控制较严格，因此车辆的制造和维修成本较高；另外需铺设一条与线路等长的感应轨，工艺要求高，所以工程投资大。目前线性电机车辆已在加拿大的温哥华和多伦多、美国的底特律、日本的大阪以及我国的广州等城市的城轨车辆上获得应用，图 1-16 是广州地铁 4 号线直线电机车辆。

图 1-16　广州地铁 4 号线直线电机车辆

三、磁浮系统

磁悬浮技术源于德国，早在 1922 年 Hermann Kemper 就提出了电磁悬浮原理，并于 1934 年申请了磁浮列车的专利。进入 20 世纪 70 年代以后，随着世界工业化国家经济实力的不断增加，为提高交通运输能力以适应其经济发展的需要，德国、日本、美国、加拿大、法国、英国等发达国家相继开始筹划磁悬浮运输系统的开发。

磁浮系统是利用电磁系统产生的排斥力将车辆托起在轨道上，利用电磁力进行导向，用直线电机驱动列车运行的新型城市轨道交通系统。磁浮系统主要由悬浮系统、推进系统和导向系统三大部分组成，如图 1-17 所示。

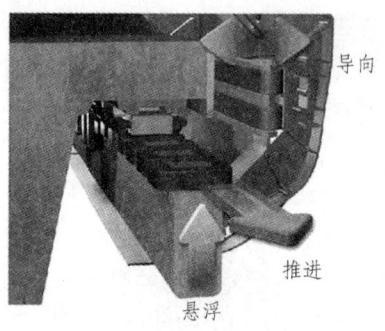

图 1-17　磁悬浮列车的悬浮、推进和导向原理

1. 悬浮系统

目前，悬浮系统的设计可以分为两个方向，分别是德国的常导型和日本的超导型，从悬浮技术上讲就是常导磁吸式（EMS）和超导磁斥式（EDS）。从图 1-18 中可以看出两种系统结构及原理之间的差别。

电磁悬浮系统（EMS）是一种吸力悬浮系统，由车辆上的电磁铁和导轨相互吸引产生悬浮。常导磁悬浮列车工作时，首先调整车辆下部的悬浮和导向电磁铁的电磁吸力，与地面轨道两侧的绕组发生磁铁反作用将列车浮起。在车辆下部的导向电磁铁与轨道磁铁的反作用下，使车轮与轨道保持一定的侧向距离，实现轮轨在水平方向和垂直方向的无接触支撑和无接触导向。车辆与行车轨道之间的悬浮间隙为 10 mm，通过一套高精度电子调整系统得以保证。此外由于悬浮和导向与列车运行速度无关，所以即使在停车状态下列车仍然可以进入悬浮状态。

图 1-18 磁悬浮 EMS 和 EDS 原理的差别

超导磁斥式（EDS）是一种斥力悬浮系统，在车辆底部安装超导磁体（放在液态氦储存槽内），在轨道两侧铺设一系列铝环线圈。列车运行时，给车上线圈（超导磁体）通电流，产生强磁场，地上线圈（铝环）与车辆上超导磁体的磁场方向相反，两个磁场产生排斥力。当排斥力大于车辆重量时，车辆就浮起来。因此，超导磁斥式就是利用置于车辆上的超导磁体与铺设在轨道上的无源线圈之间的电磁力将车体抬起来的。由于车辆和导轨的缝隙减少时电磁斥力会增大，产生的电磁斥力提供了稳定的车辆支撑和导向。这种车辆必须安装类似车轮一样的装置对车辆的"起飞"和"着陆"进行有效支撑，这是因为 EDS 在列车速度低于 40 km/h 时无法保证悬浮。EDS 系统在低温超导技术下得到了很大的发展。

超导磁悬浮列车的最主要特征就是其超导元件在相当低的温度下所具有的完全导电性和完全抗磁性。超导磁铁是由超导材料制成的超导线圈构成，它不仅电阻为零，而且可以传导普通导线根本无法比拟的强大电流，这种特性使其能够制成体积小、功率强大的电磁铁。

超导磁悬浮列车的车辆上装有车载超导磁体并构成感应动力集成设备，而车辆的驱动绕组和悬浮导向绕组均安装在地面导轨两侧，车辆上的感应动力集成设备由动力集成绕组、感应动力集成超导磁铁和悬浮导向超导磁铁三部分组成。当向轨道两侧的驱动绕组提供与车辆速度相一致频率的三相交流电时，就会产生一个移动的电磁场，因而在导轨上产生磁场，这时车辆上的车载超导磁体就会受到一个与移动磁场相同步的推力，正是这种推力推动车辆前进。其原理就像冲浪运动一样，冲浪者是站在波浪的顶峰并由波浪推动他快速前进的。与冲浪者所面对的难题相同，超导磁悬浮列车要处理的也是如何才能准确地驾驭在移动电磁波的顶峰运动的问题。为此，在地面导轨上安装有探测车辆位置的高精度仪器，根据探测仪传来的信息调整三相交流电的供流方式，精确地控制电磁波形以使列车能良好地运行。

2. 推进系统

磁悬浮列车的驱动采用同步直线电动机的原理。车辆下部支撑电磁铁线圈的作用就像是同步直线电动机的励磁线圈，地面轨道内侧的三相移动磁场驱动绕组起到电枢的作用，它就像同步直线电动机的长定子绕组。从电动机的工作原理可以知道，当作为定子的电枢线圈有电时，由于电磁感应而推动电机的转子转动。同样，当沿线布置的变电所向轨道内侧的驱动绕组提供三相调频调幅电力时，由于电磁感应作用承载系统连同列车一起就像电机的"转子"

一样被推动做直线运动。从而在悬浮状态下，车辆可以完全实现非接触的牵引和制动。

推进系统分为两种："长固定片"推进系统使用缠绕在导轨上的线性电动机作为高速磁悬浮列车的动力部分，由于高昂的导轨花费而成本昂贵；"短固定片"推进系统使用缠绕在被动的轨道上的线性感应电动机（LIM），虽然短固定片系统减少了导轨的花费，但由于LIM过于沉重而减少了车辆的有效负载能力，导致了比长固定片系统更高的运营成本，且采用非磁力性质的能量系统，也会导致车辆质量的增加，降低运营效率。

3. 导向系统

导向系统是利用侧向力来保证悬浮的车辆能够沿着导轨的方向运动。必要的推力与悬浮力相类似，也可以分为引力和斥力。在车辆底板上的同一块电磁铁可以同时为导向系统和悬浮系统提供动力，也可以采用独立的导向系统电磁铁。

与传统机车车辆一样，磁悬浮列车属于地面有轨交通运输，具有轨道、道岔和车辆悬浮架（转向架）及悬挂系统等结构，但车辆在牵引运行时与轨道之间无机械接触，从根本上克服了传统机车车辆的轮轨黏着限制、机械噪声和磨损等问题，所以它是一种理想的陆上交通工具。

近年来，磁浮系统在国内发展迅速。2002年，上海磁浮列车开通运营，成为全世界唯一一条投入商业运营的高速磁浮线路（见图1-19）。2016年5月，国内首条完全自主知识产权的中低速磁浮线路在长沙开通运营（见图1-20）。2017年12月，北京地铁S1线开通运营，北京成为国内第3个拥有磁浮系统的城市（见图1-21）。2022年5月，我国首条旅游观光磁浮线路在湖南凤凰开通运营。2022年8月，我国首条永磁磁浮空轨"兴国号"投入使用（见图1-22）。

图1-19　上海磁浮

图1-20　长沙磁浮

图1-21　北京磁浮S1线

图1-22　永磁磁浮兴国号"空轨"

项目小结

城市轨道交通系统包括：地铁、轻轨、有轨电车、单轨、市域快轨、磁浮、自动导向轨道系统等。目前，城轨交通主要有3种型式：地铁、轻轨铁路、独轨铁路。

发达国家的城轨交通普遍较发达，且以地铁为主。"地铁"是一种快速、大运量的轨道交通，单向高峰小时输送能力可达30 000人次以上，它的线路通常设在地下隧道内，也有的在城市中心以外地区从地下转到地面或高架桥。

现代的城市轻轨交通是一种集多专业先进技术于一身的系统工程，在信号自动控制和集中调度配合下，能快速而安全地完成中等运量的旅客运输任务。轻轨交通可以为地面、地下和高架混合型，一般采用半封闭或全封闭专用车道，每小时单向运输能力一般为2万~4万人次。发展中国家的轨道交通主要集中在200万人口以上的城市，一般只在特大城市发展地铁，更多的则是发展轻轨交通。

有轨电车不享有专用路权，与地面其他交通混合运行，建设成本低、运量小、运行速度慢，适用于低运量、中小城市的线路。

单轨交通主要有两种形式：跨座式和悬挂式。一般采用轻型车辆，输送能力一般每小时单向运量为1万~2万人次。独轨铁路线路占地小，可充分利用城市空间，适宜于在大城市的繁华中心区建线，用于公园、博览会、游乐场等作为游览、观光及兼顾短途城市交通。

随着科技的进步，如自动导向轨道系统、线性电机车辆和磁悬浮列车等新的交通形式不断出现。自动导向轨道系统一般采用全自动列车运行控制技术，无人驾驶，通过电子计算机进行运行调度控制管理，采用高架专用轨道，适用于大坡道和小曲线半径线路，建设费用低、噪声低、安全性好；线性电机车辆的直线电机将传统电动机旋转运动改变为直线运动，突破了依靠轮轨黏着作用传递牵引力的传统技术；磁悬浮列车分为常导型和超导型两大类，运行速度高，在牵引运行时与轨道之间无机械接触，从根本上克服了传统的轮轨黏着限制、机械噪声和磨损等问题，是一种理想的陆上交通工具。

城市轨道交通系统的不同制式具有各自的特点和适用性，制式的选择应与功能定位和环境条件相适应。

我国城市交通面临的巨大压力在一定程度上影响了城市的发展和居民的生活，为此，我国部分城市开通了地铁、轻轨，还有许多城市也在规划、筹建中。根据城市经济与社会发展客观需求及国外城市交通发展的经验，在我国大中城市发展大、中客运量的轨道交通系统已是刻不容缓的举措，具有积极的战略意义。

思考题

1. 国内外城轨交通发展现状如何？
2. 各种城市轨道交通制式的优缺点分别是什么？
3. 阐述我国发展城轨交通的必要性。
4. 你认为城轨交通的未来发展趋势是什么？

项目二　城市轨道交通车辆基本知识

🎯 项目概述

通过对城市轨道交通车辆基本知识的学习，掌握城市轨道交通车辆的类型、组成、编组方式、技术参数以及限界的主要内容。

🎯 能力目标

（1）能够熟练掌握本任务知识素材中关于城轨车辆的类型、编组方式、技术参数以及限界等的全部内容，并可以准确识别和标记。

（2）能够总结城轨车辆组成的部件及各自作用。

任务一　城市轨道交通车辆的类型、组成

任务介绍

通过城市轨道交通车辆的类型、组成的学习，掌握城市轨道交通车辆的整体知识。

问题引导

（1）不同的城市使用的城轨车辆类型是不一样的，你知道怎么分类吗？

（2）根据所学知识或者生活经验，城市轨道交通车辆与高速动车组及其他类型的轨道交通车辆都存在什么样的区别？

知识素材

我国城市道交通车辆基本上采用电动车组形式，其结构也与高速动车组大致类似，比如同样以电能为动力、采用相似的车体结构、使用相似的车辆连接方式等，但因为交通形式的不同，也存在很多的不同点，比如运行的速度、车门设置的数量、车内设备的布置等。不同城市负责运营轨道交通的公司一般都归该城市管理，所以在车辆的规格选择和技术设计上结合自身的要求和特点，一般会呈现出明显的差异和城市特色，这也在一定程度上将城轨交通打造成了各个城市的名片。

一、车辆类型

我国现阶段城轨车辆的提供商较多,各城市对于车辆的需求也不尽相同,因此,车辆品种较多,规格各异。为有利于我国城轨运营、城轨车辆制造和维修的良性发展,车辆类型的规范化及主要技术规格的统一是十分必要的。建设部1999年颁布的《城市快速轨道交通工程项目建设标准(试行本)》根据我国各城市对城轨车辆选型的不同要求和城轨车辆的发展现状提出了A、B、C型车的概念,它主要是按车体宽度的不同进行分类。

我国推荐的轻轨电动车辆有3种形式:4轴动车、6轴单铰接式和8轴双铰接式车辆,这是吸收了其他国家轻轨车辆运用较为成熟的经验。例如,德国是世界上轻轨交通发展较早、车辆技术较先进的国家。20世纪60年代初首先在科隆和法兰克福修建轻轨铁路,使用U2型6轴单铰双向运行的动车,车长约23 m,宽2.65 m。后又研制出了8轴轻轨车辆,车长约26 m,车宽2.4 m,用于汉诺威市。在莱茵-鲁尔区采用B100/80型标准轻轨车辆(SLR V),它是6轴单铰动车,车长28 m,车宽2.65 m。德国还为欧洲和北美的许多城市提供了多种高性能的轻轨车辆。

二、车辆组成

城轨车辆类型不同、技术参数不一样,但其基本结构类似,一般城轨车辆由以下几个部分组成。

微课:城轨车辆的组成

1. 车体

车体主要是容纳人员的地方,又是安装与连接其他设备和部件的基础。

车体分有司机室车体和无司机室车体两种,司机室车体位于列车两端,无司机室车体位于两个司机室车体之间,都是由车顶、底架、端墙、侧墙、车窗、车门等组成。

近代城轨车辆车体基本都采用整体承载的钢结构或轻金属结构,以达到满足强度、刚度要求的同时最大限度地减轻自重的目的。

2. 车辆设备

车辆设备包括服务于乘客的设备和服务于车辆运行的设备。

服务于乘客的设备包括:照明、广播、通风、取暖、空调、座椅、吊环、扶手等。服务于车辆运行的设备一般不占车内空间,吊挂于车底的有:蓄电池箱、斩波器、逆变器、继电器箱、主控制箱、接触器箱、空气压缩机组和贮风缸等,安装于车顶的有空调单元和受电弓等。

3. 转向架

转向架是车辆的走行装置,用来牵引(对动力转向架而言)和引导车辆沿轨道行驶,承受并传递车体与轨道之间的各种载荷并缓和其动力作用,是保证车辆运行品质的关键部件。

城轨车辆一般采用电动车组形式,转向架有动力转向架和非动力(拖车)转向架之分。一般由构架、轮对轴箱装置、弹簧悬挂装置、牵引连接装置和基础制动装置等组成。动力转向架和非动力转向架的区别主要在于有无牵引动力装置。

4. 牵引及车辆连接装置

牵引装置主要包括受流装置和动力装置,受流装置是从接触导线(接触网)或导电轨(第三轨)将电流引入动车,动力装置则是把高压直流电转换成适合牵引、辅助设施使用的形式。

车辆连接装置可以实现车辆之间的机械、电路、空气管路以及客室的连接,使车辆编组成列车,并传递牵引和制动产生的纵向力,缓和车辆之间的纵向冲击,满足车辆之间人员的流动需求。

城轨车辆通常采用受电弓式受流,三相交流牵引电机和密接式车钩缓冲装置。

5. 风管路系统

风管路系统是向整个列车提供压缩空气的风源,主要为列车用风部件提供风源,如制动系统、风动塞拉门、风喇叭(汽笛)、受电弓风动控制、车钩操作风动控制设备、空气弹簧及刮水器等。 一般风管路系统主要由空气压缩机组、二次冷却器、空气干燥器、风缸、压力传感器、压力控制器、安全阀和空气管路辅助元件等组成。

任务二　城市轨道交通车辆的编组及标识

任务介绍

通过对城市轨道交通车辆基本知识的学习,掌握城市轨道交通车辆的编组方式的主要内容。

问题引导

(1)城市轨道交通车辆车厢与车厢之间是如何连接的,有规则或种类上的区分吗?
(2)每组列车的颜色和标识都有什么意义?

知识素材

城市轨道列车中,动车和拖车通过车钩连接而成的一个相对固定的编组称为一个(动力)单元,一列车可以由一个或几个单元编组而成。

列车编组的选择直接影响工程规模和投资以及系统服务水平,应以满足远期高峰小时客流量为基本前提,同时考虑缩短行车间隔、提高乘客舒适度、提高服务水平。我国地铁列车编组主流形式为6辆编组和8辆编组,6辆编组主要是"三动三拖"和"四动二拖",8辆编组主要是"四动四拖"和"六动二拖"。

《城市轨道交通工程项目建设标准》(建标104—2008)规定:城市轨道交通建设规模按线路远期单向高峰小时客运能力划分为四个类别、三个量级(见表2-1)。

根据表2-1,预测郑州1号线客流:远期日客流量101.4万人次,高峰小时最大断面客流量为初期(2016)1.5万人、近期(2023)2.81万人、远期(2038)3.71万人。属于大运量,综合各因素选择B型车、6辆编组。

表 2-1 各级线路相关技术特征

线路运能分类	I	II	III	IV
	高运量	大运量	中运量	
	（钢轮钢轨）		（钢轮钢轨/单轨）	
线路型式	全封闭型			部分平交道口
列车最大长度/m	185	140	100	60
单向运能/（万人次/h）	4.5～7	2.5～5	1.5～3	1～2
适用车型	A	B 或 L_b	B、C、L_b 及单轨	C 或 D
最高速度/（km/h）	80～100			60～80
平均站间距/km	1.2～2			0.8～1.5
旅行速度/（km/h）	35～40			20～30
适用城市城区人口规模/万人	≥300		≥150	

例如，广州地铁 1 号线每列车由 6 节车辆组成，采用"四动二拖"形式，6 节车有 A、B、C 三类车各两辆，编组为：-A*B*C=C*B*A-。A 车为拖车，一端设有驾驶室，车顶上装有受电弓，车下装有一套空气压缩机组。B 车和 C 车均为动车，结构基本相同。广州地铁 2 号线与 1 号线基本一样，只是受电弓装于 B 车车顶，而空气压缩机组装于 C 车车底。

当然根据所在城市的实际情况而采用的其他编组的情况也有很多。比如天津滨海轻轨车辆在开通近期为 4 节编组，采用"二动二拖"形式，编组为：=Mcp*T=T*Mcp=；而远期为 6 节车编组，采用"三动三拖"形式，编组为：=Mcp*T=T*M*T*Mcp=。"Mcp"表示带司机室、受电弓的动车，"T"表示拖车。

上述编组表达式中，A、B、C 主要是为了区别各个车辆的功能，与前文车辆类型的分类意义不同，编组形式中"-"表示全自动车钩，"="表示半自动车钩，"*"表示半永久车钩。

任务三　城市轨道交通车辆技术参数

微课：城市轨道交通车辆技术参数

任务介绍

通过对城市轨道交通车辆基本知识的学习，掌握城市轨道交通车辆技术参数的主要内容。

问题引导

（1）汽车的性能可以用百公里加速时间、刹车距离等指标体现，城轨车辆的性能呢？
（2）汽车的尺寸可以用长、宽、高、轴距表征，城轨车辆有哪些尺寸参数呢？

知识素材

车辆技术参数是概括地介绍车辆技术规格的某些指标，从总体上表征车辆性能及结构的一些参数，一般可分为性能参数与主要尺寸两大类。

1. 车辆性能参数

（1）自重、载重：自重指车辆整备状态下的本身结构及设备组成的全部质量；载重指正常情况下车辆允许的最大装载质量，以吨（t）为单位。

（2）最高运行速度：指车辆设计时按照安全及结构强度等条件所决定的车辆最高行驶速度；并要求连续以该速度运行时车辆具有足够良好的运行性能。

（3）轴重：指按车轴形式及在某个运行速度范围内，车轴允许负担（包括轮对自身的质量）的最大质量。轴重的选择与线路、桥梁及车辆走行部的设计有关。

（4）制动形式：指车辆获得制动力的方式，有摩擦制动、再生制动、电阻制动以及磁轨制动等多种形式。

（5）启动平均加速度：是指在平直线路上，列车载荷为额定定员，自牵引电动机取得电流开始，至启动过程结束，在此过程中的平均加速度。其以米/秒²（m/s^2）为单位。

（6）制动平均减速度：是指在平直线路上，列车载荷为额定定员，自制动指令发出至列车完全停止的全过程，在此过程中的平均减速度。

（7）冲击率：由于工况改变引起的列车中各车辆所受到的纵向冲击。在城轨车辆中，主要用于说明车辆本身电气及制动控制系统所应达到的冲动限制。用加速度变化率来衡量，以米/秒³（m/s^3）为单位。

（9）列车平稳性指标：车辆平稳性是评定旅客舒适程度的主要依据，反映了车辆振动对人体感受的影响，因此评定平稳性的方法主要以人感觉的疲劳程度为依据，通常以平稳性指标表示。我国规定地铁、轻轨车辆运行的平稳性指标应小于 2.7。

2. 车辆的主要尺寸

（1）车辆长度：车辆处于自由状态，车钩呈锁闭状态时两端车钩连接面之间的距离。区别于车体长度的概念，车体长度指不包含牵引缓冲装置或折棚的车体结构的长度。

（2）车辆最大宽度：指车体横断面上最宽部分的尺寸。

（3）最大高度：指车辆顶部最高点与钢轨顶面之间的距离。通常说明与最高点相关的结构，如有无空调、受电弓的状态等。

（4）车辆定距：同一车辆的两转向架回转中心之间的距离。

（5）固定轴距：同一转向架的两车轴中心线之间的距离。

（6）车钩中心线距离钢轨面高度：简称车钩高，它是指车钩连接面中点（铁路车钩是指钩舌外侧面的中心线）至钢轨顶面的高度。取新造或修竣后空车的数值。

（7）地板面高度：车辆地板面与钢轨顶面之间的距离。地板面高度与车钩高一样，指新造或修竣后空车的数值。

任务四　地铁、轻轨车辆限界

任务介绍

通过对限界定义的介绍，掌握限界的不同类型和各自特征。

> **问题引导**

（1）车辆限界存在的原因是什么，是出于什么样的考虑？
（2）查阅资料，弄清影响限界的因素有哪些。

> **知识素材**

一、车辆限界的概念

微课：限界

限界是限定车辆运行及轨道周围构筑物超越的轮廓线。限界分车辆限界、设备限界和建筑限界三种，是工程建设、管线和设备安装位置等必须遵守的依据。规定限界的目的，主要是防止车辆在直线或曲线上运行时与各种建筑物及设备发生接触，以保证车辆安全通行。在设计城轨车辆时，其横断面的形状和尺寸要与隧道或线路所留出的空间相适应，为此对车辆横断面轮廓尺寸必须有一限制。车辆限界就是一个限制车辆横断面最大允许尺寸的轮廓图形。无论空车或重车直线地段运行时，所有突出和悬挂部分都应容纳在限界之内，因此车辆限界是车辆在正常运行状态下形成的最大动态包络线。

建筑限界和设备限界是建筑物或设备距轨道中心和轨面所允许的最小尺寸所形成的轮廓。车辆限界与建筑和设备限界之间，必须留出一定的、确保行车安全所需的空间，这个空间考虑了以下因素：

（1）车辆制造公差引起的上下、左右方向的偏移或倾斜。
（2）车辆在名义载荷作用下弹簧受压引起的下沉，以及弹簧由于性能上的误差可能引起的超量偏移或倾斜。
（3）由于各部分磨耗或永久变形而造成的车辆下沉，特别是左右侧不均匀磨耗或变形而引起的车辆倾斜与偏转。
（4）由于轮轨之间以及车辆自身各部分存在的横向间隙而造成车辆与线路间可能形成的偏移。
（5）车辆在走行过程中因运动中力的作用而造成车辆相对线路的偏移。它包括曲线区段运行时实际速度与线路超高所要求的运行速度不一致而引起的车体倾斜；以及车辆在振动中产生的上下、左右各个方向的位移。
（6）线路在列车反复作用下可能产生的变形，包括轨道产生的随机不平顺现象等。

有关限界的名词术语如下。

1. 基准坐标系

基准坐标系是与线路的纵向中心线相垂直的平面内的一个二维直角坐标，该坐标的第一坐标轴与两根钢轨在名义位置且无磨耗时的顶面相切，第二坐标轴垂直于前者，并与左右两根钢轨的名义位置等距离。

2. 偏移及偏移量

在基准坐标系内，车辆横断面上各点因车辆本身原因或线路原因，在运行中离开原来在基准坐标系中所定义的设计位置称为偏移，偏移以毫米（mm）为单位计量，其值称为偏移量。在第一坐标方向的偏移为横向偏移，在第二坐标方向的偏移称为竖向偏移。

3. 曲线几何偏移量

车辆在曲线上运行时，线路中心线是曲线，车辆纵向中心线是直线，两者不可能完全重合。车辆纵向中心线上各点在水平投影图上偏移线路中心线的距离称为曲线几何偏移，简称曲线偏移。其中，车辆定距以内的车辆纵向中心线上各点向曲线的内侧偏离称为内侧偏移；车辆定距以外的车辆纵向中心线上各点向曲线的外侧偏离称为外侧偏移。据此，车辆在竖曲线上产生的曲线偏移也称为竖曲线偏移。

4. 计算车辆

认定具有某一横断面轮廓尺寸和水平投影轮廓尺寸及认定结构的车辆在地铁及轻轨线路上运行，并使用该车辆作为确定车辆限界及设备限界尺寸的依据，这个车辆称为计算车辆。在地铁及轻轨线路上实际运行的新车和旧车只要符合车辆限界及其纳入限界的校核，就能通行无阻，不必与计算车辆取得一致。

二、地铁限界

1. 地铁车辆限界

地铁车辆限界是基准坐标系中的一个轮廓线，是车辆在正常运行状态下形成的最大动态包络线。车辆及轨道线路各尺寸在具有最不利公差及磨耗时（包括两次维修期间所发生的尺寸偏差），车辆在运动中处于最不利位置，包括由各要素引起的车辆各部位的统计最大偏移后，均应容纳在轮廓内。《地铁设计规范》规定了钢轨钢轮、标准轨距系列的地铁限界，包括车辆限界。直线地段车辆限界分为隧道内车辆限界和高架或地面线车辆限界，后者应在前者的基础上，另加当地最大风荷载引起的横向和竖向偏移量。受电弓或受流器限界是车辆限界的组成部分。

我国最早建成的北京地铁车辆横截面尺寸为 2650 mm×3509 mm（宽×高），与莫斯科地铁车辆相仿。1990 年以后，为充分利用限界，增加载客量，将车辆截面扩大为"鼓形"，车体最宽处达到 2800 mm。这期间新建的上海地铁采用了与香港地铁相近的大型车体，车体的尺寸达到 22000 mm×3000 mm×3800 mm（长×宽×高），这样就有了 A 型、B 型车之分。《地铁设计规范》（GB 50157—2003）对两种车型的车辆限界经计算做了新的界定。其中有接触网受电的 A 型限界（计算车辆车宽 3 m）、接触轨受电的 B1 型限界（计算车辆车宽 2.8 m）和接触网受电的 B2 型限界（计算车辆车宽 2.8 m）三类，适用于运行速度不超过 100 km/h 的地铁工程。运行速度超过 100 km/h 的地铁工程亦可参照执行。图 2-1 所示为 A 型车隧道内直线地段车辆轮廓、车辆限界、设备限界图。对应车辆轮廓、车辆限界坐标如表 2-2、表 2-3 所示。A 型车高架或地面直线地段的车辆限界和 B1 型、B2 型车的车辆限界参见《地铁设计规范》（GB 50157—2003）。

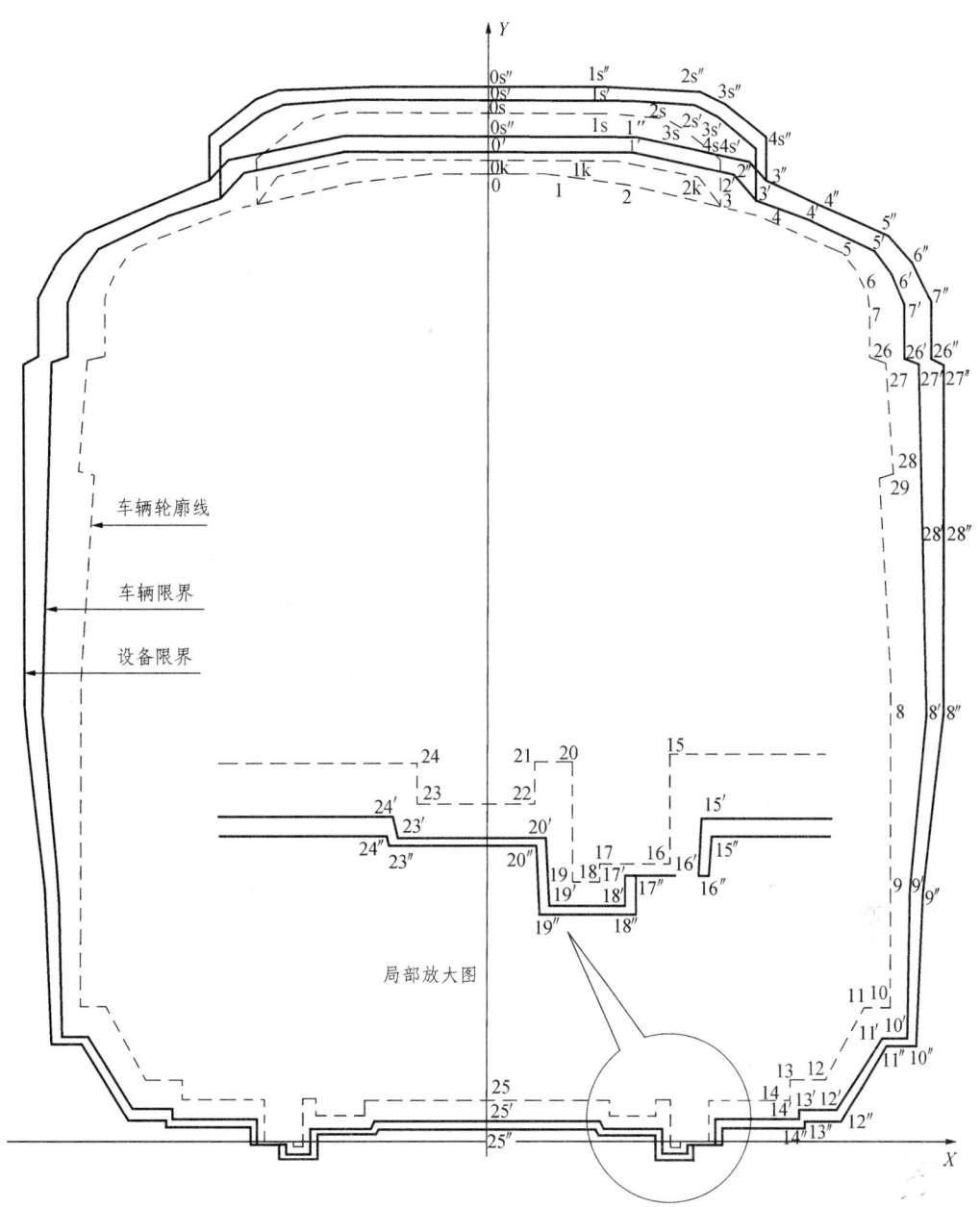

图 2-1　A 型车隧道内直线地段车辆轮廓、车辆限界、设备限界图

表 2-2　A 型车辆轮廓坐标　　　　　　　　　　　　　　　　　　　　　　单位：mm

点号	0	1	2	3	4	5	6	7	26	27
X	0	250	500	850	1031	1300	1365	1412	1425	1481
Y	3800	3790	3759	3677	3623	3504	3416	3313	3078	3064
点号	28	29	8	9	10	11	12	13	14	15
X	1507	1452	1500	1500	1500	1400	1250	1120	1120	811.5
Y	2621	2605	1800	1130	520	520	234	234	170	170

续表

点号	16	17	18	19	20	21	22	23	24	25
X	811.5	708.5	708.5	676.5	676.5	626	626	450	450	0
Y	0	0	-28	-28	160	160	95	95	160	160
点号	0s	1s	2s	3s	4s	—	0k	1k	2k	—
X	0	325	615	687	850	—	0	466	772	—
Y	4040	4040	4022	3992	3856	—	3842	3842	3780	—

注：表中第 0～13 点是车体上的控制点；第 13～15 点是转向架上的控制点；第 16、17 点为车轮踏面上的控制点；第 18、19 点为轮缘上的控制点；第 22、23 点为连接在车轴上的齿轮箱点；第 20、21、24、25 点为连接在转向架构架上的车载信号设备的最低点；第 26～29 点为信号灯预留位置；第 0s、1s、2s、3s、4s 点为隧道内受电弓控制点；第 0k、1k、2k 点是车顶空调器点。

表 2-3 A 型车辆限界坐标   单位：mm

点号	0'	1'	2'	3'	4'	5'	6'	7'	26'	27'
X	0	525	916	984	1171	1437	1499	1544	1550	1606
Y	3878	3885	3794	3700	3630	3503	3414	3309	3074	3058
点号	28'	8'	9'	10'	11'	12'	13'	14'	15'	16'
X	1620	1642	1578	1565	1465	1303	1155	1155	846	841
Y	2498	1677	1007	399	401	122	125	80	82	-18
点号	17'	18'	19'	20'	23'	24'	25'	—	—	—
X	738	738	647	643	421	415	0	—	—	—
Y	-18	-54	-54	42	42	73	75	—	—	—
点号	0s'	1s'	2s'	3s'	4s'	—	—	—	—	—
X	0	464	753	824	984	—	—	—	—	—
Y	4084	4084	4066	4036	3900	—	—	—	—	—

2. 地铁设备限界

地铁设备限界是基准坐标系中位于车辆限界外的一个轮廓线，是用以限制设备安装的控制线。除另有规定外，建筑物及地面固定设备的任一部分，即使涉及它们的刚性和柔性运动在内，均不得向内侵入此限界，接触轨限界属于设备限界的辅助限界。A 型车隧道内直线地段设备限界如图 2-1 所示，对应设备坐标如表 2-4 所示。

表 2-4 A 型车辆设备限界坐标   单位：mm

点号	0″	1″	2″	3″	4″	5″	6″	7″	26″	27″
X	0	531	952	1016	1193	1477	1570	1644	1645	1700
Y	3938	3945	3848	3758	3686	3551	3452	3309	3074	3058
点号	28″	8″	9″	10″	11″	12″	13″	14″	15″	16″
X	1700	1703	1622	1593	1482	1308	1170	1170	859	856
Y	2498	1677	1007	368	371	71	74	50	52	-18

续表

点号	17″	18″	19″	20″	23″	24″	25″	—	—	—
X	753	753	633	629	408	405	0	—	—	—
Y	-18	-69	-69	30	30	43	45	—	—	—
点号	0s″	1s″	2s″	3s″	4s″	—	—	—	—	—
X	0	465	765	851	1016	—	—	—	—	—
Y	4134	4134	4115	4079	3938	—	—	—	—	—

设备限界和车辆限界之间留有一定的间隙,这个间隙主要作为未涉及因素的安全裕量,按照限界制定时的规定,某些偏移量计入此间隙。计算车辆曲线和竖曲线上的曲线偏移也计入这个间隙内,因此,设备限界在水平曲线上需要加宽,在竖曲线上需要加高。

3. 地铁建筑限界

地铁建筑限界是基准坐标系中位于设备限界以外的一个轮廓线,是在设备限界基础上,考虑了设备和管线安装尺寸之后的最小有效断面。它规定了地下铁道隧道的形状、尺寸、位置,地下车站及站台位置以及地面建筑物(包括接触网支柱、声屏障和站台屏蔽门等)的位置,涉及施工误差、测量误差及结构永久变形在内,任何永久性建筑物均不得向内侵入此限界。建筑限界和设备限界之间的空间应能安排各种电缆线、消防水管及消防栓、动力箱、信号箱及信号灯、照明灯、扩音器、通风管、架空线及其固定设备。地铁建筑限界应理解为建筑物的最小尺寸,比地铁建筑限界大的隧道、高架桥等建筑应认为是符合地铁建筑限界的。

三、轻轨限界

1. 车辆轮廓限界

车辆轮廓限界是根据车体横断面和车辆下部设备外轮廓各点所规定的纵横坐标值。表 2-5 所列是轻轨 6 轴单铰车辆样车资料所确定的车辆轮廓各点的坐标值。

表 2-5 轻轨 6 轴单铰车辆样车车辆轮廓各点的坐标值

坐标点	0	1	2	3	4	5	6	7
X	0	880	1250	1300	1300	1250	1250	1100
Y	3700	3700	3100	950	800	360	250	120
坐标点	8	9	10	11	12	13		
X	806	806	717.5	717.5	686	686		
Y	80	0	0	-25	-25	80		

2. 车辆接近限界

车辆接近限界是以轻轨 6 轴单铰车辆样车的构造和有关的参数为依据,考虑到车辆弹簧挠度和各项间隙、误差、磨耗等技术参数的影响,对车辆在运行中可能出现的各种工况所产生的横向偏移量和垂直偏移量进行分析计算,所得出的各点、坐标值。车辆在具有最不利的公差和磨耗情况下，并计及车辆在运行中最不利位置所引起的最大偏差，均应容纳在该轮廓之内。

项目小结

根据我国各城市对城轨车辆选型的不同要求和城轨车辆的发展现状提出了A、B、C型车的概念，它主要是按车体宽度的不同进行分类。

城轨车辆类型不同、技术参数也不一样，但其基本结构类似，一般城轨车辆由以下几个部分组成：车体、车辆设备、转向架、牵引及车钩缓冲装置、风管路系统等。

车辆技术参数是概括地介绍车辆技术规格的某些指标，是从总体上表征车辆性能及结构的一些参数，一般可分为性能参数与主要尺寸两大类。

限界是限定车辆运行及轨道周围构筑物超越的轮廓线。限界分车辆限界、设备限界和建筑限界三种，是工程建设、管线和设备安装位置等必须遵守的依据。规定限界的目的，主要是防止车辆在直线或曲线上运行时与各种建筑物及设备发生接触，以保证车辆安全通行。

思考题

1. 简述我国城轨交通车辆的主要类型以及各自特征。
2. 简述转向架的编组形式。
3. 简述车辆的限界的定义和分类。

项目三　城市轨道交通车辆车体

项目概述

本项目主要介绍了城轨车辆车体的结构、类型、组成，不同车体的特征和需注意的相关问题，重点介绍了常用的铝合金车体和轻量化不锈钢车体的特点和注意事项，以及模块化车体的特点、优势等。

对于城轨车辆的运用、检修或制造，车体强度和刚度至关重要，因此车体的试验要求、条件、内容及材料特性也需要了解。

能力目标

（1）结合城轨车辆车体实物，能说出车体的作用、组成，能认知各主要部件名称。

（2）能够对比说出不同类型车体、不同材质车体的优劣势和注意事项，模块化车体结构的特征。

任务一　车体概述

任务介绍

通过对城轨车辆车体的学习，掌握车体的作用、分类及基本结构。

问题引导

简述城轨车辆车体的类型及作用。

知识素材

一、车体的作用与分类

车体是容纳乘客和司机驾驶（对于有司机室的车辆）的部分，又是安装和连接其他设备及组件的基础。

按照车体所使用材料可分为碳素钢车体、铝合金车体和不锈钢车体三种，早期的城轨车辆车体材料基本上是碳素钢（包括普通低碳钢和耐候钢），目前主要使用铝合金和不锈钢。

按照车体结构有无司机室可分为带司机室车体和无司机室车体两种。

按照车体尺寸可分为 A 型车车体、B 型车车体和 C 型车车体，如：广州地铁 1、2 号线，深圳地铁车辆采用了 A 型车；广州地铁 3、4 号线和天津滨海轻轨采用了 B 型车。

按照车体结构工艺不同可分为一体化结构和模块化结构。如广州地铁 1 号线车辆采用的是一体化结构，而 2 号线采用的则是模块化结构。

二、车体的基本特征与结构

城轨车辆是用作城市或近郊客运的专门客运交通工具，因而车体有它独有的特征。

（一）车体的基本特征

（1）城轨车辆一般为电动车组，有单节、双节、三节式等，有头车（带有司机室的车辆）和中间车，以及动车与拖车之分，其车体结构也有其多样性。

（2）由于城轨车辆是服务于城市内的公共交通，乘客数量多、旅行时间短、上下车频繁，因此车内设置的座位数量少、车门数量多而且开度大。

（3）对车辆的重量限制较为严格，特别是高架轻轨，要求列车重量轻、轴重小，以降低线路设施的工程投资。

（4）为减轻列车自重，车辆必须轻量化，对于车体承载结构一般采用大型中空截面挤压铝型材、高强度复合材料或不锈钢等，采用整体承载车体结构，车辆的其他辅助设施也尽量采用轻型材料和轻量化结构。

（5）城轨车辆一般运营于城市人口稠密地区，并用于乘载旅客，所以对车辆的防火要求严格。通常车体的结构采用防火设计，材料须经过阻燃处理。

（6）对车辆的隔音和降噪有严格要求，以最大限度降低噪声对乘客和沿线居民的影响。

（7）用于城市内交通，车辆外观造型和色彩必须考虑城市文化、环境美化，与城市景观相协调。

（二）车体的结构形式

按照车体结构承受载荷的方式不同，车体可分为底架承载结构、侧墙和底架共同承载结构、整体承载结构三类。

1. 底架承载结构

全部载荷由底架来承担的车体结构称为底架承载结构或自由承载结构。

2. 侧墙和底架共同承载结构

由侧、端墙与底架共同承担载荷的车体结构称为侧墙和底架共同承载结构或侧墙承载结构。其侧、端墙与底架等通过固接形成一个整体，具有较高的强度、刚度。

3. 整体承载结构

在板梁式侧、端墙上固接由金属板、梁组焊而成的车顶，使车体的底架、侧墙、端墙、车顶连接成一个整体，成为开口或闭口箱形结构，此时车体各部分结构均参与承受载荷，因而称这种结构为整体承载结构，如图 3-1 所示。

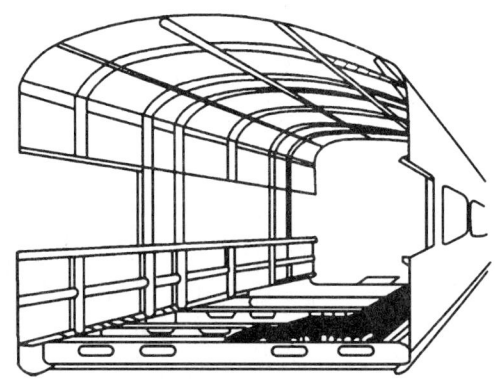

图 3-1　钢制车体整体承载结构

为满足安全运载旅客的需要，车体钢结构必须有足够的强度；为提高乘坐舒适度，车体必须具有足够的刚度，保证车体的自振频率与转向架的自振频率不一致，避免产生共振现象而降低乘坐舒适度。试验结果表明：转向架采用空气弹簧时，车体钢结构的自振频率应达到 8 Hz 以上。

（三）车体的基本结构

近代城轨车辆车体均采用整体承载的钢结构或轻金属结构，以达到满足强度和刚度要求的同时降低车辆自重。我国地铁车辆的车体结构从 20 世纪 80 年代就开始采用耐候钢无中梁整体承载结构，车体侧墙、车顶的梁柱与蒙皮结合后与底架构成封闭断面，以增强车体的强度和刚度。到 20 世纪 90 年代又生产了断面为鼓形的地铁车辆，使其能更好地利用限界。

城轨车辆整体承载结构车体是由若干纵向、横向梁和立柱组成的钢骨架（也称钢结构），再安装内饰板、外蒙皮、地板、顶板及隔热、隔音材料、车窗、车门及采光设施等。一般包括：底架、端墙、侧墙、车顶、车窗、车门、贯通道和车内设施等部分。

车体的一般结构形式如图 3-2 所示，底架是车体结构和设施的安装基础，承受主要的动、静载荷，因此底架必须具有足够的强度和刚度，是检修作业的重点。底架中部断面较大，沿其纵向中心线贯通全车的梁称为中梁，它是底架的骨干。底架两侧边沿的纵向梁称为侧梁，侧墙固定其上。底架两端部的横向梁称缓冲梁（或称为端梁），端墙固定其上。在转向架的支承处设有枕梁，为横向梁中断面最大的梁。在两枕梁之间设有两根以上的大横梁。为了吊挂设备，铺设地板，底架上还设有若干小横梁和纵向辅助梁，同时达到了增强底架强度和刚度的目的。由上述梁件构成底架的一般结构，其中，中梁和枕梁承担载荷最大，因而最为重要。

侧墙由杆件、墙板和门窗组成。杆件包括立柱、上弦梁、横梁和其他辅助杆件，它们与底架的侧梁构成一体。墙板有蒙皮和内饰板，蒙皮用钢板、不锈钢板或铝合金板制成，内饰板具有车内装饰的功能，经过阻燃处理。

端墙结构与侧墙基本相同，除端梁外，还设有角柱、端立柱、上端梁和墙板等。

车顶结构包括车顶弯梁、车顶横梁、车顶端弯梁及车顶板等。

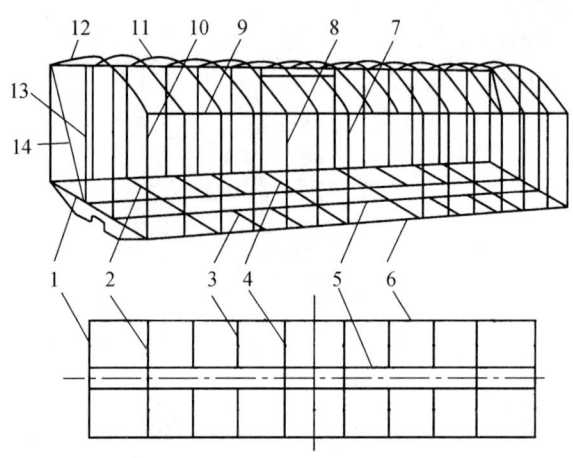

1—缓冲梁（端梁）；2—枕梁；3—小横梁；4—大横梁；5—中梁；6—侧梁；7—门柱；8—侧立柱；
9—上侧梁；10—角柱；11—车顶弯梁；12—顶端弯梁；13—端立柱；14—端斜撑。

图 3-2　车体一般结构形式

三、车体结构的基本参数

1. 上海地铁 1、2 号线车辆车体规格（括号内为交流传动车辆的参数）

两端车钩连接中心线长度：

  有司机室：   24140 mm

  无司机室：   22800 mm

车体最大宽度：   3000 mm

车顶中心线距轨面高度：   3800 mm

客室地板面距轨面高度：   1130 mm（1500 mm）

车门高：   1800 mm（1860 mm）

车门宽：   1300 mm（1400 mm）

两转向架中心距（定距）：   15700 mm

2. 天津滨海轻轨车辆车体规格

两端车钩连接中心线长度：

  有司机室（DK38）：   19000 mm

  无司机室（DK39）：   19500 mm

车体最大宽度：   2800 mm

车辆高度（轨面到车顶高度、新轮、不含受电弓）： 3800 mm

转向架中心距：   12600 mm

可承受纵向压缩载荷：   800 kN

最大纵向拉伸载荷：   650 kN

车门高：   2012 mm

车门宽：   1550 mm

任务二　铝合金车体

任务介绍

通过对铝合金车体的认知，掌握铝合金车体的结构特点。

问题引导

简述铝合金车体有哪些优缺点。

知识素材

铝合金车体的主体材料是铝合金型材，该车体一般采用模块化结构或全焊接组装，是一种新型的车体结构。铝合金材料密度小，比强大，构造的车体在满足车体强度和刚度的同时大幅度地减轻了车体的重量，因而备受青睐。

一、铝合金材料特性

（1）质轻且柔软。铝的密度为 2.71 g/cm^3，约为钢密度（7.87 g/cm^3）的 1/3；杨氏模量也约为钢的 1/3。

（2）强度好。纯铝的抗拉强度约为 80 MN/m^2，是低碳钢的 1/5。但经过热处理强化及合金化强化，其强度会大幅增加。如铝合金车体常用的材质 6005A-T6，它的最低抗拉强度为 360 MN/m^2，能达到低碳钢相应的强度值。

（3）耐蚀性能好。铝合金的特性之一是接触空气时表面会形成一层致密的氧化膜，这层膜能防止腐蚀，所以耐蚀性能好。若再实施"氧化铝膜处理法"，就可以全面防止腐蚀。

（4）加工性能好。车辆用型材挤压性能好，二次机加工、弯曲加工也较容易。

（5）易于再生。铝的熔点低（660 ℃），再生简单。在废弃处理时也无公害，有利于环保，符合可持续发展战略。

根据铝合金车体结构及制造、运用情况，选择材料时应遵循以下原则：① 从轻量化方面考虑，要求强度高、刚度好，且重量轻；② 从寿命方面考虑，要求耐蚀性、表面处理性、维护保养性好；③ 从制造工艺方面考虑，要求焊接性、挤压加工性、加工成型性好。根据以上原则，铝合金车体主要使用 5000 系列、6000 系列、7000 系列的铝合金。3 个系列的铝合金材料的特性及用途见表 3-1。

表 3-1　车辆常用铝合金材料的特性及用途

铝合金种类	主要成分	特性	主要用途
5000 系列	Al Mg（0.2%～5.6%）	耐蚀性、焊接性、成型性很好，强度也较高，代表合金有 5052、5083、5056、5N01 等	建筑、船舶、车辆机械部件、饮料罐等

续表

铝合金种类	主要成分	特性	主要用途
6000 系列	Al Mg（0.45%～1.5%） Si（0.2%～1.2%）	耐蚀性、强度好，有的挤压加工性也好，代表合金有 6005A、6061、6063、6N01 等	车辆结构材料、结构杆件、建筑用框架、螺栓、铆钉等
7000 系列	Al Zn（0.5%～6.1%） Mg（0.1%～2.9%） Cu（0.1%～2.0%）	焊接性、耐蚀性差，强度最高。Al-Zn-Mg 合金的焊接接头效率高，代表合金有 7005A、7075、7178、7N01、7003 等	车辆结构材料、飞机杆件、体育用品

二、铝合金材料车体的特点

世界上最早的铝合金车体是 1952 年英国研制的伦敦地铁电动车组。铝合金车体的发展经历了板梁期、开口型材期和大型中空挤压型材期三个发展阶段，现在其技术逐渐走向成熟。铝合金车体具有如下优点：

（1）能大幅度降低车辆自重，在车辆长度相同的条件下，与碳素钢车体相比，铝合金车体的自重降低了 30%～35%，强度质量比约为碳素钢车体的 2 倍。碳素钢车体、不锈钢车体、铝合金车体的质量之比约为 10∶8∶6。

（2）具有较小的密度及杨氏模量，所以铝合金对冲击载荷有较高能量吸收能力，可降低振动，减少噪声。

（3）可运用大型中空挤压型材进行气密性设计，提高车辆密封性能，提高乘坐舒适性。

（4）采用大型中空挤压型材制造的板块式结构，可减少连接件的数量和重量。

（5）减少了维修费用，延长了使用寿命。

三、铝合金车体形式

1. 纯铝合金车体

纯铝合金车体大约可分四种形式：

第一种，车体由铝板和实心型材制成，铝板和型材通过铝制铆钉、连续焊接和金属惰性气体点焊等进行连接。除了车钩部分及车体内的螺钉座使用碳素钢外，其他部位都使用比重仅为碳素钢 1/3 的铝合金，实现了车体的轻量化。这些铝板和型材等多为拉延材料（板材、挤压型材、锻造材料）。最近，很多地方使用大型挤压型材，进行热处理后，其机械性能有很大的提高。大型挤压型材的组合，大大减少了车辆制造时焊接的工作量，但制造成本增大。

第二种，车体结构是板条骨架结构，采用气体保护的熔焊作为连接方法。

第三种，在车体结构中应用整体结构，板皮和纵向加固件构成高强度大型开口型材。

第四种，车体采用空心截面的大型整体型材，结构更加简单。型材平行放置并总是在车体的全部长度上延伸，通过自动连续焊接进行连接。该车体结构以具有多种多样截面的型材为基础，并充分利用铝合金良好的机械性能。

2. 混合结构铝合金车体

除了上述纯铝合金车体外,还有钢底架的混合结构铝合金车体。这种车体侧墙与底架的连接基本都采用铆接或螺栓连接的方式。其作用有两点:一是可避免热胀冷缩带来的问题,二是取消了成本很高的车体校正工序。

采用铝合金材料制造车体可最大限度地减轻车体自重,从而带来提高车辆的加速度,降低运能消耗,牵引及制动能耗低,减轻对线路的磨耗及冲击,扩大输送能力等诸多好处。此外铝合金车体还有以下优点:耐腐蚀性好(但在有湿气的潮湿地方容易腐蚀,所以应特别注意排水和密封),外墙板可不涂漆,不仅节能,还节省涂装费,而且不需设置油漆场地,缩短制造周期,并可延长检修周期;可以采用长大宽幅挤压型材,与一般钢结构相比,人工费节省约40%,车辆重量减少约30%。

四、铝合金车体架车

由于车体采用铝合金焊接结构,车体较碳素钢结构容易产生变形,因此在日常架车检修工作中应特别注意使用合适的顶车位置,以防车体翘曲变形。为此制造商制定了顶车位置,并在外墙下沿标有顶车标记,其标记为"▲"。

不同的修程均规定有架车点,如图3-3所示。

(1)整车架起(带转向架)顶车点号为:3、4、5、6。

(2)无转向架架车的顶车点号可为:1、2、7、8或1、2、5、6或3、4、7、8或3、4、5、6。亦可用三点架车,其顶点号为:1、2、10或3、4、10或7、8、9或5、6、9。

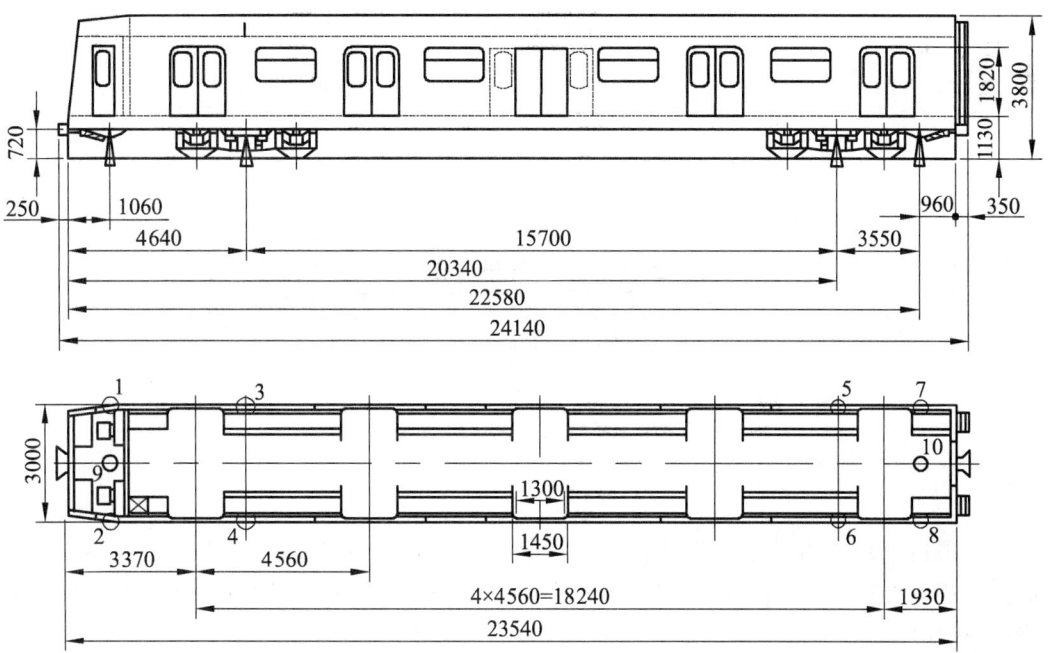

图3-3 上海地铁车辆(A型)

五、铝合金车体结构

图 3-4 为上海地铁车辆铝合金车体的断面,其形状类似鼓形。一方面,这种外形可以使车辆在圆形隧道内获得最大截面面积(或称之为充塞比),增大车内空间;另一方面,该外形有利于提高车辆在圆形隧道内的活塞效应,加强隧道的自然通风能力。铝合金车体是由底板、侧墙、车顶、端墙等组成整体承载的薄壳型结构。

车底板由地板、侧梁、枕梁、小横梁和牵引梁组成,5 块宽度为 520 mm、高度为 70 mm 的与车体等长的地板梁通过两侧的接口拼焊成车体地板,每块地板梁由上下翼板、腹板和 6 块筋板组成中空截面挤压铝型材,各板厚度仅为 2.5 mm。底板侧梁为宽度 200 mm、高度 324 mm 的与车体等长的薄壁中空截面挤压铝型材,壁厚 4~6 mm。A 车底板的前端设有撞击能量耗散区,其上开有 3 排椭圆孔,当车辆受到意外撞击时,它能产生较大的塑性变形,从而吸收纵向冲击能量,起到保护司机、乘客和车辆的作用。底板的两端还设有牵引梁和横向承载梁,用来安装车钩牵引缓冲装置和传递车辆间的牵引力和冲击力。车顶、侧墙、端墙中部填充有玻璃纤维或矿物棉,以起到隔热作用。同时车顶、侧墙及其地板下涂有隔音及防水涂料、转向架部区域的地板下部黏结有隔音材料,起到噪音隔绝的作用。下面介绍车体结构各大部件的结构特点。

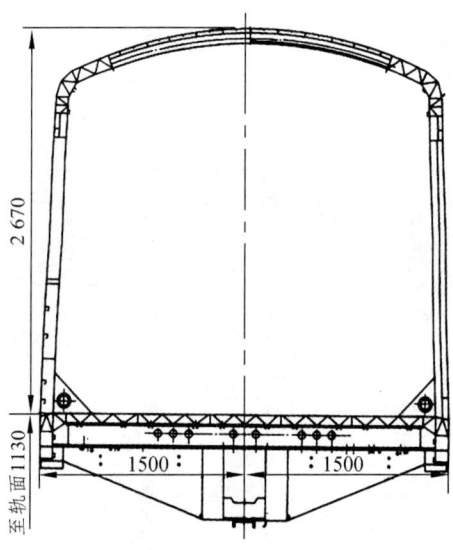

图 3-4 上海地铁车辆铝合金车体断面

1. 车顶

车外顶板两侧小圆弧部分采用形状复杂的中空截面挤压铝型材,中部大圆弧部分为带有纵向加强杆件的挤压成型的车顶板,其长度与车顶等长,车顶组装时仅留下几条与车顶等长的纵向长焊缝。

客室内顶板由三部分组成,中间为平板,平板两侧为多孔的通风口平板,最外侧为客室照明灯的灯箱。平板安装在悬挂的车顶吊架上。

2. 侧墙、端墙

车体的侧墙，由于左右各有五扇车门和四个车窗，侧墙被分隔成 6 块带窗框、窗下间壁、左右窗间壁或门间壁的分部件，全车共 12 块，在组装时分别各自与底板、车顶拼接，各块分部件亦为整体的挤压铝型材。

客室内的侧墙、端墙都是阻燃的密胺树脂胶合板。由于在组装焊接的侧墙、端墙的铝合金材料的内侧涂抹阻尼浆并敷贴保温材料，所以侧墙、端墙都具有隔热保暖的功能。

3. 地 板

客室地板，直流传动车与交流传动车的结构是不同的。直流传动车的地板是先在底板上纵向布置 4 mm 厚的橡胶条，再铺设 16 mm 厚的多层夹板，用螺钉将多层夹板固定在底架上，然后在多层夹板上黏结 2.5 mm 厚的灰色 PVC 材料地板。这是一种理想的具有耐磨、阻燃和防滑功能的地板面材料，但黏结塑料地板的黏结剂在潮湿的环境中很容易丧失黏性，因此当多层夹板一旦受潮，塑料地板就很容易起泡，甚至脱落。于是制造商在生产交流传动车时做了改进，将多层夹板改换成表面很平坦的铝合金轻型型材，然后在铝型材表面直接粘贴 PVC 塑料地板，这就避免了塑料地板起泡和脱落的弊病。

六、铝合金材料使用中应注意的问题

铝合金车体有许多的优点，但在设计、制造中尚需注意许多问题，如铝合金选材、大型铝型材料成型技术、铝合金结构焊接工艺的研究、铝合金材料疲劳特性和寿命的试验、结构优化设计、刚度的问题、防腐的问题等。

1. 铝合金材料的合理选择

使用铝合金材料的车体多为焊接结构，因此要求铝合金材料不仅应具有适当的强度和刚度，而且要求有良好的焊接性能，特别是焊缝性能要接近母材性能水平。此外还要求材料的抗腐能力和抗应力腐蚀能力强、应力集中敏感性低、焊接接头处的抗脆断能力和抗疲劳能力高。

参照国外成熟的应用经验，对于大型挤压型材的车体建议选用下面的铝合金材料：受力结构件的材质应考虑选用 6005A，主要是该种铝合金焊接后，焊缝强度恢复较大。虽然该种材料在国内无相应牌号，但西南铝业（集团）有限责任公司已研制出该铝合金。板材建议采用 5083（国内牌号为 LF4）。

2. 铝合金车体的组装

铝合金的比重只相当于钢的 1/3，弹性模量也只有钢的 1/3。材料的刚度与弹性模量有关，因此，铝合金车体的设计不能采用钢质车体的结构形式，而应该充分利用新型铝合金的性能特点，采用大型中空挤压型材。

采用长大挤压型材使大多数焊缝接头位于长度方向上，因此可以集中焊接；与板梁结构相比较变形大量减少，并且机械化程度高，大大减少了人工，提高了劳动效率。

整体结构的铝合金车体有着非常好的耐冲击性能，因为其工作断面面积增大 2~3 倍，零件的长细比也明显地减小。

车体基本由六大部件，即地板、车顶、两个侧墙及两个端墙装配而成。而铝型材的边缘设有通长的成型槽，可供组合整个车体用。当型材沿边缘连接时，能自动形成适宜的焊接坡。端墙完全采用板材，梁采用焊接结构，四角立柱及端顶弯梁采用弯曲型材，端顶横梁采用矩形铝合金型材。

底架各梁应设置座椅安装滑槽，侧门滑槽及底架吊挂滑槽，滑槽为 T 形。底架与转向架的连接件、车钩安装座使用铝合金锻件，锻件与底架型材开坡口焊接。

车顶边梁拟采用大型挤压型材，中间部分采用 2 种开口铝合金挤压型材，车顶上边梁与侧墙共用，并考虑边梁自带雨檐。组焊时，边梁焊在侧墙上，并由矩形横梁将两边梁连接，保证车顶有足够的刚度。车顶开口型材在总装时组焊即可。

任务三　不锈钢车体

任务介绍

通过对城轨车辆车体的认知，掌握不锈钢车体的结构特点。

问题引导

简述不锈钢车体的结构组成及优缺点。

知识素材

不锈钢车体的制造始于美国，1934 年美国首次在车体车辆上采用不锈钢材料。但这项技术在日本得到了较好的发展。日本从 1950 年开始在车辆上采用不锈钢材料，最初用量很少，只用于有室内装饰作用的管道等处。直到 1958 年，为了使车体外表面不用涂漆，外墙板也使用不锈钢材料，我们称之为蒙皮不锈钢车体，也叫半不锈钢车体，所用不锈钢材料是 SUS304。这种车体的制造一直延续到 1980 年，在日本一共制造了 1800 辆这种蒙皮不锈钢车体，其内部梁、柱、骨架仍采用普通碳素钢，这样的车体不能达到轻量化的目的。经过运用发现，车体表面维护减少，但普通碳素钢部分腐蚀依然严重，特别是门口、窗有缝隙处需要大量维修，因此费用还是无法降下来。日本于 1962 年开发出了所有零部件均为不锈钢材料的车体钢结构，称为全不锈钢车，此时所用的材料为 SUS301 和 SUS302。此后，随着制造焊接及材料加工技术的不断提高，日本于 1978 年开发出轻量化不锈钢车辆，所用材料为 SUS301L。轻量化不锈钢车体的开发，使车体钢结构的重量降为碳素钢车体的 1/2，该车体在节能和降低维修费用方面的优越性得到了用户的肯定，越来越多的国家开始使用不锈钢车。

我国于 1987 年开始在地面客车上使用不锈钢材料，主要用于外墙板及易腐蚀的梁柱。1996 年与韩国进行合作，开发出了点焊结构的不锈钢车体。但真正意义上的轻量化不锈钢车体的制造是 2002 年制造完成的北京地铁两列轻量化不锈钢样车。天津滨海轻轨也使用我国生产制造的轻量化结构不锈钢车辆。

一、不锈钢车体的结构

如图 3-5 所示的天津滨海轻轨车辆的车体,除底架的端部采用碳素钢材料外,其余部分均采用 SUS301L 高强度不锈钢材料。梁、柱间通过连接板相连接,各部件间采用点焊连接,形成不锈钢骨架结构。采用整体玻璃钢车头,金刚砂地板布直接黏接在铝蜂窝地板上,头车的顶板、圆头、间壁围成一体,与贯通道连接,达到整体美观的效果。

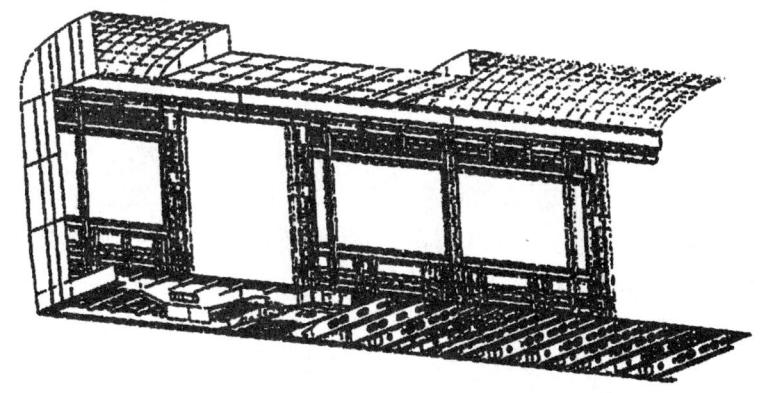

图 3-5 车体四分之一三维几何模型

1. 车 顶

车顶由波纹顶板、车顶弯梁、车顶边梁、侧顶板、空调机组平台等几部分组成。

车顶采用波纹顶板无纵向梁结构,顶板间搭接缝焊连接,与车顶弯梁点焊在一起,机组平台由纵梁、弯梁、顶板点焊组成部件,再与车顶通过点焊及塞焊组成一体。由于车顶是无纵梁结构,波纹顶板要传递车体纵向力,所以选择强度较高的 SUS301L-MT 材料,厚度为 0.6 mm。

车顶弯梁:采用 SUS301L-ST 材料、厚度为 1.5 mm。

车顶边梁:车顶边梁是车顶也是整车主要承载部件,所以选用强度最高的 HT 材料,整体冷弯成形,材料厚度为 1.5 mm。

2. 侧 墙

由于现在的城轨列车多采用塞拉门、连续窗结构,为适应该要求,侧墙钢结构部分采取了比较特殊的方法:一扇连续窗全长 4070 mm,在此范围内,钢结构必须便于车窗的安装、固定,不得有任何与车窗相干涉的结构。同时工艺性要好,结构上必须可实现点焊。设计中,将窗间有玻璃通过的侧立柱压出凹形,再通过窗带过渡与窗框相连接,为便于加工,压出凹形的立柱采用了强度较低的 SUS301L-ST 材料,同时为保证该处强度,在其背面加了一根补强梁,为保证窗口及侧墙的平面度,窗口周围所有梁柱、补强部分均为点焊结构。

由于车门开口(宽 1550 mm、高 2012 mm)对钢结构的强度和刚度影响很大,为此须采取补强措施,比如加长门上框翻边长度,在门上加补强板,将底架碳素钢边梁延长过车门口等。为消除门角应力集中的问题,采用在门口外围进行补强及加过渡圆弧,在门角内加门角补强铁。通常采用上述措施来增加车体刚度及强度。

3. 端　墙

端墙部分板、梁采用点焊结构。

4. 底　架

底架部分采用碳素钢端底架与不锈钢底架塞焊连接，主横梁与边梁利用过渡连接板实现点焊连接，底架边梁采用 4 mm SUS301L-HT 材料，以提高底架的整体强度和刚度。

二、不锈钢材料使用中应注意的问题

不锈钢车体由于其耐腐蚀性较好、不用修补、使用寿命长等优点，在保证强度、刚度的条件下，板厚可以大大减少，从而实现车体的轻量化。但在设计、制造中尚需注意许多问题，如不锈钢选材、不锈钢制造技术、不锈钢结构焊接工艺的研究、不锈钢材料疲劳特性和寿命的试验、结构优化设计、刚度问题、防腐问题等。

1. 不锈钢材料的合理选择

根据城轨车辆的结构特点、制造工艺以及使用环境，同时考虑到制造成本，要求所使用的不锈钢材料必须具有如下性能：

（1）价格便宜，通用性高，容易购买。

（2）耐腐蚀性好。

（3）具有能满足车辆的强度。

（4）加工性好，在对其进行剪切、弯曲、拉延、焊接等加工时，不会产生缺陷。

能满足以上条件的不锈钢材料有 30～40 种，其中具有代表性的有：SUS304（S30400）材料和 SUS301L。1983 年开发出的低碳不锈钢 SUS301L（L 表示低碳），其含碳量在 0.03% 以下，目前的城轨车辆都在使用这种强度高、耐腐蚀性好的不锈钢材料。

SUS301L 这种不锈钢材料在进行冷压延加工时，如将加工量（也称压延率）控制在 5%～20% 的范围内的话，可以得到不同强度级的材料，SUS301L 一般分为 5 个强度等级。

（1）SUS301L-LT：不进行冷压加工，其特点是强度较低与 SUS304 基本相同，多用于强度要求不高处，拉伸加工料件。

（2）SUS301L-DLT（1/4H）：其特点是压延加工度低，板的平面度最好，多用于外板。

（3）SUS301L-ST（1/2H）：其特点是具有较高强度，同时拉伸性良好。多用于车顶弯梁、侧立柱、端立柱等处。

（4）SUS301L-MT（3/4H）：其特点是强度很高，但不易进行弧焊加工，加热至 600 ℃ 以上时，强度会大幅降低，系为冷弯型钢用料。

（5）SUS301L-HT（H）：其特点是强度极限在这几种材料中是最大的。与 MT 相同，加热至 600 ℃ 以上时，强度会大幅下降，多用于底架边梁、主横梁、侧立柱等对强度要求很高的部位。

2. 不锈钢材料的焊接

碳素钢车体采用弧焊组装钢结构，靠电弧产生的热量熔化填充金属，使 2 个构件熔敷接合。弧焊所产生的热量很大，对构件的热输入量也很大，这种焊接方法对于焊接不锈钢材料是很不利的。

不锈钢导热系数只是碳素钢的 1/3，而热膨胀系数是碳素钢的 1.5 倍，热量输入后散热慢且变形大，不利于对构件尺寸及形状的控制。由于不锈钢材料的电阻较大，所以对不锈钢材料的焊接一般都采用电阻焊（即点焊）。点焊就是将 2 个或 2 个以上相叠加的金属用电极加压，通过大电流，利用金属的电阻产生高热，使叠加的金属在加压区产生熔合，使金属连接到一起。点焊的特点是对构件的热输入量小，容易实现自动控制，焊接时不需要技能很高很熟练的操作者也可以保证焊接质量。

由于不锈钢车体采用点焊结构，这就决定了不锈钢车体必须采用很多与以往碳素钢车体不同的特殊结构，以实现点焊连接的目的。不锈钢车体在组合外板、梁、柱时为了减少热量的输入，采用点焊代替弧焊，梁、柱的结合部位采用连接板传递载荷。但由于受到设备、工装、工序等各方面的限制，有些部位无法实现点焊，可以采用塞焊来减小热影响区。

轻量化不锈钢车体中几乎所有的零部件都是通过点焊连接的，所以焊点的质量将直接影响车体钢结构的质量和强度。为保证车体质量，在日常生产中，控制焊点质量是必须的。现在采取的方法是在每次作业前进行点焊拉伸试验和切片试验，检验合格后再按照试验的焊接规范进行作业。

任务四　车体的模块化结构

任务介绍

通过对城轨车辆车体的认知，掌握模块化车体结构的组成及特点。

问题引导

简述不锈钢车体模块化结构的组成。

知识素材

就车体结构形式而言，近几十年来国内外都是采用全组焊结构，即底架、侧墙、车顶和端墙均为焊接而成，这四大部件进行组装时也采用焊接工艺（见图 3-2），这种车体结构称为整体焊接结构，也称为一体化结构。这种结构是大家比较熟悉的。随着技术的发展，近些年来，国外研制出了一种称为模块化的结构，我国深圳地铁和广州地铁 2 号线车辆也采用了模块化结构。

模块化车体结构与整体焊接结构车体相比，最显著的特点就在于将模块化的概念引入车体设计、制造与生产管理的各个环节之中。整体焊接结构车体是先制造车体结构的车顶、侧墙、底架、端墙、司机室等部件，然后进行整个车体总成焊接，车体总成后再进行内装、布管布线。模块化车体设计是将整个车体分为若干个模块（见图 3-6），在每个模块的制造过程中完成整车需要的内装、布管与布线的预组装（见图 3-7）并解决相互之间的接口问题。各模块完成后即可进行整车组装。每一模块的结构部分本身采用焊接，而各模块之间的总成采用机械连接（见图 3-8）。

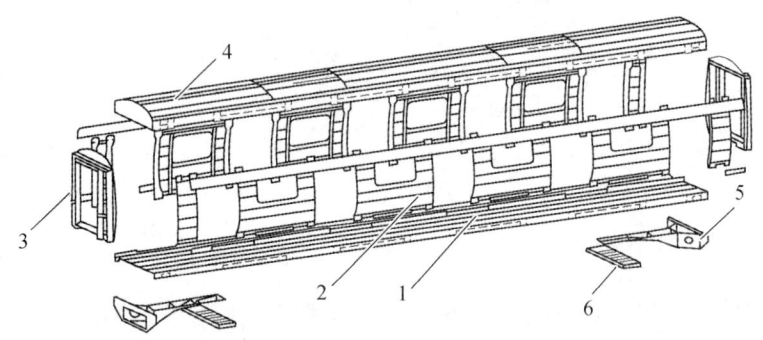

图 3-6　车体模块组成

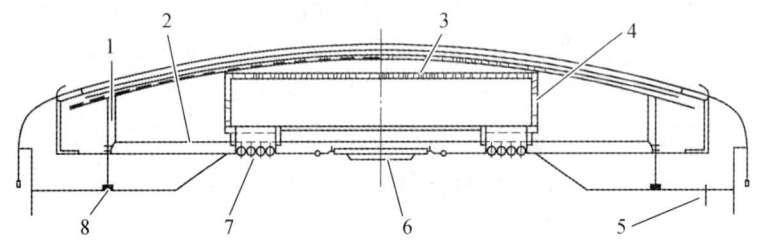

1—顶板吊梁；2—顶板横梁；3—空调风道；4—隔音、隔热材料；5—内部装饰；6—灯带；7—出风口；8—顶板悬挂。

图 3-7　车顶模块

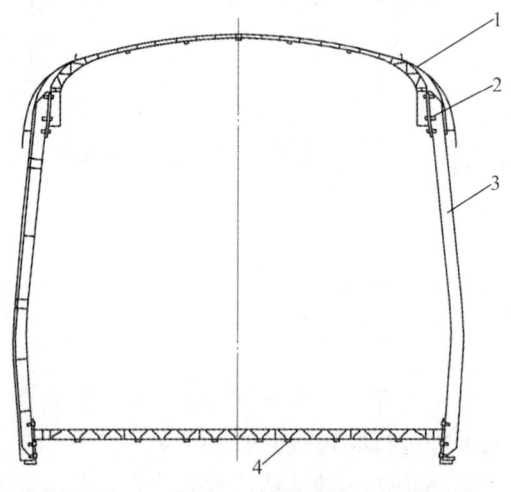

1—车顶模块；2—螺栓；3—侧墙模块；4—底架模块。

图 3-8　车体组成

一、模块化结构的优点

（1）在每个模块的制造过程中均注意验证其质量。模块制成后均须进行试验，从而保证整车总装后试验比较简单，整车质量也容易保证。

（2）由于每个模块的制造可以独立进行，并解决了模块之间的接口问题，因此，复杂的和技术难度大的模块和部件可以由国外引进，其余模块和部件在用户本地生产。另外，模块化结构对总装生产线要求不高，这均有利于国产化的逐步实施。

（3）可以改善劳动条件，降低施工难度，提高劳动效率，保证整车质量。

（4）可以减少工装设备，简化施工程序，降低生产成本。

（5）在车辆检修中，可采用更换模块的方式进行，方便维修。国外在模块化车体的设计、制造、试验与生产管理过程中已形成了整套的经验，从而保证了批量生产的质量。

二、模块化结构的缺点

从车体结构局部来分析，模块化结构存在如下缺点：模块化结构的个别部件（如司机室框架）有的采用了部分钢材制造，各部件之间又采用了钢制螺栓连接，所以车体自重要比全焊结构稍重。

由于车体是容纳旅客的场所，就车辆结构而言，其强度是保证旅客安全的关键。因此，在设计过程必须进行详细的强度、刚度计算，在此理论的指导下进行设计。试制完成后，必须进行相应的试验，证实确实满足要求，才能投入批量生产。

为保证隔热、隔声性能，在车体组装后，在内部需喷涂隔声阻尼浆和安装玻璃棉或其他隔热、隔声材料。

车体结构在使用中一般仅对表面涂装进行必要的维修，就结构自身而言，在正常工况下可以满足使用寿命30年的要求。如果由于事故和大修中需对车体某部件进行检修时，可以采用更换模块的方式进行，以减少维修工作量。

任务五　车体试验及材料

任务介绍

通过本任务的学习，掌握车体试验的目的、载荷要求及试验内容。

问题引导

（1）简述车体试验的目的及内容。

（2）车体轻量化设计的原则及方向有哪些？

知识素材

对于城轨车辆的运用、检修或制造，了解车体的试验要求、条件、内容及材料特性相当重要，现介绍如下。

一、试验的目的、载荷及要求

（1）试验目的是鉴定车体及其主要零部件的强度、刚度和稳定性。

（2）试验加载应最大限度地模拟实际运用时的受力状态。

（3）试验载荷应不小于基本作用载荷值，但鉴定标准仍按基本作用载荷换算。

（4）试验对象的制造质量应具有代表性。其机械性能、化学成分、铸件壁厚、外形尺寸及铆焊质量等技术均应符合有关图纸及技术文件的规定。

二、城轨车辆结构强度试验条件

车体强度对车辆的安全运行十分重要，须满足极端条件下的动载荷、静载荷的要求；并在架车、起吊、救援、调车、连挂和多车编组回送作业时，车体结构应力不超过材料的许用应力，不得产生永久变形及损坏；当超过最大载荷时，不得发生车体压溃的现象；在使用寿命内，不得产生疲劳失效。

车体结构的刚度应在正常载荷和自然频率下，车体的变形不超过运行条件所决定的极限值，应能确保在各种载荷下车门运动不受阻。

1. 静强度设计及载荷要求

《地铁车辆通用技术条件》（GB/T 7928—2003）对车体试验用纵向静载荷值的规定：如果用户和制造商在合同中没有特殊规定，建议 A 型车不低于 0.8 MN，B 型车不低于 0.49 MN。此前没有明确的标准规定，使用中存在很大差异。例如，上海、广州 A 型车的技术条件要求车体静压缩强度为 1.18 MN，与铁路客车的强度要求相同，但实际上地铁车辆与铁路客车不同，属动力分散型列车，承受的牵引力要小得多，纵向动力作用也明显减少。不同型号的车体要求也不一样，例如，天津滨海轻轨车辆 B 型车体的纵向压缩载荷为 0.8 MN，拉伸载荷为 0.64 MN，我国出口伊朗的地铁车辆按日本 JIS 标准采用了 0.49 MN 的纵向试验静压力，而长春 Q6W-2 型轻轨车辆为不编组车辆，纵向压缩载荷取 300 kN，拉伸载荷取 100 kN。

2. 作用于车体的机械能量吸收要求

对于列车的纵向冲动，其能量应优先由车钩及缓冲器系统起能量吸收作用。

假设列车（AW0）与制动的列车（AW0）相撞，当速度为 8 km/h 时，车钩及缓冲器系统可吸收产生的冲击能量，并且任何部件不能损坏；当速度为 15 km/h 时，车钩及缓冲器系统可吸收产生的冲击能量，除车体不能损坏外，同时应满足以下要求：

（1）不得导致下列主要部件的损坏：转向架、车钩与车体连接件、贯通道、设备柜及其支承。

在发生事故后，必须对车辆进行检查，尤其是电气、机械连接部分。

（2）列车仍应能通过自身的动力或是由另一机车牵引，顺利通过区间和车辆段内条件最不利的轨道，以到达维修地点。

对于速度大于 15 km/h 的冲击，在自动车钩系统上设有过载保护措施。此外，通过适当地设计边梁的刚度，使司机室部位的底架结构首先产生变形而起吸收能量的作用，从而保护客室部位的底架结构。

3. 设计寿命

在正常运用条件下，车体预期运用至少 30 年，对车体结构件无需重修或加固。30 年后车辆通过重新装配可进一步运用。

4. 车体挠度要求

要求在各种载荷下其挠度值须保证所有客室和司机室门操作自如。

5. 车顶要求

（1）车顶板在 200 cm² 的面积上能承受 1000 N 的垂直载荷。
（2）车顶板在间距为 500 mm 的两个 400 cm² 面积上能分别承受 1000 N 的垂直载荷。
（3）车顶结构在承载空调单元部位必须加固，并保证空调排水通畅。

6. 底架要求

（1）底架可承受 AW3 的乘客载荷。
（2）提供所有底架安装设备的支撑。
（3）设吊、架车支撑点。

7. 设备支承及布置

设备布置要求：车辆电气设备安装在车体底架的设备箱或客室的电气柜中，电气设备的位置根据其电气要求选定。设备箱的布置和设计应考虑设备的尺寸、重心位置及车重的分配，应提供重量计算。

设备安装结构应能承受 30 m/s² 减速度的冲击力，符合 VDV152 或同等的国际标准的要求。

8. 车体与转向架的连接

车体与转向架的连接部位在减速度为 30 m/s² 的作用力下，不会发生永久变形；在减速度为 5 m/s² 的作用力下，不被损坏。当车体吊起时，其连接应能同时吊起转向架。

9. 架车支承

底架模块的设计应考虑吊车和架车支撑点。

在底架边梁上靠近转向架的位置设 4 个支撑点；在两端的车钩横梁中央分别设 1 个架车支承点，作复轨用，在车钩横梁下方架车时，应能抬起空载的一端；在车辆的四角处设 4 个起吊点，用于紧急情况下的架车。

架车、吊车、复轨用的架车支承点可满足车辆拆卸、组装、检修、吊运和救援作业的需要。车体的垂向强度应满足在使用任何一对架车点架车时，不使车体结构的任何部位发生变形。每个架车支承点处设有定位点，架、吊车点处有标记以指导作业。

10. 防爬装置

防爬装置为可拆卸型，采用低合金高强度钢制造，可承受 100 kN 的任一方向垂向力与

1000 kN 水平力的合力。在发生事故的情况下，两列车相撞时车体上最先接触的部位应该是防爬装置。在每个带司机室的车前端设置防爬装置。

11. 应力分析

利用动态、静态有限元分析法进行车体的设计，设计后进行试验验证，分析结果和有关性能，并采用 FEA（有限元分析）系统对车体进行强度分析。

三、试验内容

各运营商对城轨车辆的技术要求可能会不一样，这里我们以广州地铁 A 型车车体为例，对车体结构应进行合格鉴定，包括强度分析、强度试验和疲劳试验等，需进行以下项目的试验。

1. 模拟运行条件试验（垂向加载试验）

通过液压油缸对车体施加静载荷，用电阻式应变仪测定应力，测量出变形量确定垂向挠度。应按照 AW0 及 AW3 载荷条件施加试验作用力。

2. 静压试验（纵向加载试验）

静压（挤压）试验应在首辆生产的 A 型车车体上进行，按照三种型式车辆中的最大重量（AW3）条件进行。试验作用力约为 1180 kN，以水平方向作用在车钩安装座上。

3. 冲击试验

按 A、B 各型车不同的车重，以 15 km/h 基准速度产生的力做计算机模拟冲击试验。

4. 动态试验及疲劳试验

按各型车不同的车重、载荷做计算机模拟动态试验和疲劳试验。设计方案需经历疲劳试验，相当于 30 年的工作寿命。

5. 模拟架车试验

1）垂向架车试验

在靠近车钩横梁 4 个架车点位置，升起空车（模拟 AW0 状态车体载荷，不包括转向架引起的荷重），测定底架的应力。

2）对角架车试验

模拟 AW0 状态车体载荷，不包括转向架的载荷。在靠近车钩横梁 4 个架车点位置升起车体后，下降一个支承点直至该点的垂向载荷为零，然后测出应力、支承力和变形量。在这种状态下车体结构的各部位的应力不得超过许用应力，不得产生永久变形。

3）复轨试验

模拟 AW0 载荷的车体的一端支承在转向架上（转向架固定在轨道上），车体的另一端在车钩梁中央的架车点位置处提升。在车体的提升端应模拟一台转向架的荷重，该项试验应由计算机模拟来完成。

6. 挠度测试

在进行模拟运行条件试验时，应测量各项挠度，确定车体固有频率。在 AW0 载荷条件下，车体固有频率与转向架的固有频率之差不小于 2 Hz。

四、城轨车辆材料及比较

车体是车辆的主体结构，采用何种材料和结构形式的车体对整个车辆的结构、性能、制造、使用、维修以及经济性等将产生深远的影响，下面通过几个方面对碳素钢车体、不锈钢车体和铝合金车体进行分析和比较。

1. 车体轻量化

一般的车辆的车体大多是采用普通碳素钢制成的，由众多纵、横型材构成骨架和外包板结构形成的一个闭口的筒形薄壳整体承载结构，一般自重为 10~13 t。为了提高车体的耐腐蚀性，延长车体的使用寿命，现在较多应用的是含铜或含镍铬等合金元素的耐腐蚀的低合金钢材料（或称耐候钢），可使车体钢结构自重减轻 10%~15%。

采用半不锈钢（包板为不锈钢，骨架为普通碳素钢）或全不锈钢车体，免除了车体内壁涂覆防腐蚀涂料和表面油漆。在保证强度、刚度的前提下，通过调质压延而获得高强度不锈钢薄板，板厚可减小，同时也提高了使用寿命。一般不锈钢车体自重比普通碳素钢可减轻 1~2 t（10%~20%）。

由于铝合金的比重仅为钢的 1/3，而弹性模量也是钢的 1/3，为了充分发挥材料的承载能力，铝制和钢制车体在结构形式上有很大的差异。在铝制车体结构设计中，车体主要承载构件一般采用大型中空截面的挤压铝型材，以提高构件的刚度，充分发挥材料的承载能力，以最大限度地减轻车体自重。全车的底板、侧墙、车顶均采用大型中空截面的挤压铝型材拼焊而成，与钢制相比焊接工作量减少 40%，制造工艺大为简化，自重可减轻 3~5 t。

2. 车体腐蚀状况

由于长期经受风雨侵蚀，温度、湿度的变化，以及空调造成的结露和清洗等，车体结构会受到较大的影响。

1）碳素钢车体

以前的碳素钢车体，车体的雨檐周围、门口及车窗周围的立柱、墙板、地板等处容易被腐蚀，6 年之后要进行局部修补，10 年后要进行部分改造，20 年后还要进行大的改造。如此反复修补、改造，30 年后的车辆基本上就要报废了。

2）铝合金车体

铝合金车体除了车钩部分及车体内的螺钉座使用碳素钢外，其他部位均为铝合金。目前的城轨车辆铝合金车体普遍使用大型铝合金挤压型材。通过对运营后铝合金车体腐蚀情况进行的调查表明：雨檐、门口、窗口周围及底架端部、车体侧面的焊接区域出现腐蚀情况的概率较大。但和碳素钢车体相比较，腐蚀程度很轻，对车体的强度不会产生影响，只需对车辆进行定期维护。

3）不锈钢车体

不锈钢车体具有耐腐蚀、免维修等特点。全部采用不锈钢材料的车体是与铝合金车体大致在同一时期开发出来的。通过对运营车辆进行的定期检查，发现没有必要对外板进行修补、涂装。另外，对梁柱也没有必要进行修补。因此，不锈钢车体除了不需要车体维修费用外，还能减少由于维修而产生的烟雾、有机溶剂等在作业场所的散布，从而减少对相关电气设备的检查、维修等其他作业量。

不锈钢车体不用像碳素钢车体那样预留腐蚀裕量，全部使用调质压延钢板，55%使用薄板，以实现轻量化。而枕梁、牵引梁、弹簧座、车钩座等部位由于形状复杂，采用弧焊结构，所以采用了耐候钢材料。这种全车大部分都采用不锈钢材料的车体，除枕梁、牵引梁等涂漆部分需要适当的修补之外，其余部分基本上没有腐蚀，根本不用修补，所以初期制造的不锈钢车体目前还在运用中。

3. 制造成本

1）材料成本

在分析碳素钢车、铝合金车、不锈钢车的经济性时，必须先确定各种车的样式。现在以确定了形式、大小的城市通勤车为例，考虑到各种车的耐腐蚀性，分为碳素钢涂装车、铝合金涂装车、铝合金不涂装车（但外表面要打磨加工）、不锈钢不涂装车等几种。不涂装车由于近来对外观的要求，也常贴上彩带，因此不涂装车的成本中还要包含彩带及涂于搭接处的防水密封胶。从材料来讲，车体的成本比较：碳素钢车体<不锈钢车<铝合金车。

2）加工成本

在制造成本中，还要考虑加工因素的影响。由于SUS301L不锈钢材料须经过调质压延加工，需要专用加工设备，所以使成本增加；铝合金由于采用合金元素及大型挤压设备，而使加工成本增加。另外，加工中还要考虑车体的焊接，焊接对每种车体都不相同。

（1）碳素钢车体：使用焊丝用CO_2气体保护的弧焊和用焊条的弧焊。

（2）铝合金车体：使用焊丝的MIG焊（熔化极惰性气体保护焊）和TIG焊（钨极惰性气体保护焊）。

（3）不锈钢车体：点焊、MIG焊和TIG焊。

碳素钢车体和铝合金车体都采用弧焊，所以修整工作较多。尤其是铝合金车体，为防止底架接头处的角部产生应力集中，要增加打磨加工焊缝的工作。不锈钢车体采用点焊，所用焊接材料少，焊接热量少，不容易发生变形，所以基本上不需要修整及加工焊缝。

在考虑上述因素的前提下，可以看出车体的制造成本：碳素钢车体制造成本最低，不锈钢车体次之，铝合金车体制造成本最高，其中铝合金车体的制造成本要比碳素钢车体高出70%，不锈钢车体的制造成本要比碳素钢车体高出14%。

4. 维修管理

车体采用不锈钢和铝合金材料，主要是为了提高车辆的耐腐蚀性，实现轻量化，以及使车辆的维修管理及运营更加合理化。以前的车辆虽然也采用耐候钢，但是无法和不锈钢相比，经过十年，局部就会被腐蚀，必须进行修补。这样除了修理所需费用以外，由于车体更新会使运营率下降，还会影响备用车数量。过去的运营实践已经验证，不锈钢车体和铝合金车体基本是不用维修的，所以选用不锈钢和铝合金车体的车辆后期费用明显减少。

5. 运营总成本

如将碳素钢车体制造成本定为 1.0，则不锈钢车为 1.14，铝合金车（不涂漆）为 1.57，铝合金（涂漆）为 1.66。但是由于碳素钢车体检查维修量大，其总成本明显增加，12 年厂修时其总成本大幅上升，超过不锈钢车，20 年时再次大幅跃升，超出铝合金车。所以可以看出，碳素钢车体最初的制造成本最低，但经过长年使用后，总成本变为最高。而不锈钢车维修量很少，所以最终总成本最低。

项目小结

城轨车辆车体是容纳乘客和司机驾驶的部分，是安装和连接其他设备及组件的基础。其按照车体所使用材料可分为碳素钢车体、铝合金车体和不锈钢车体三种。车体结构分为底架承载结构、侧墙和底架共同承载结构、整体承载结构三类。城轨车辆整体承载结构包括：底架、端墙、侧墙、车顶、车窗、车门、贯通道和车内设施等部分。

铝合金车体是一种轻型整体承载结构，主体材料是铝合金型材，采用模块化结构或全焊接组装。铝合金材料密度小、比强大，这种车体在满足车体强度和刚度的同时大幅度地减轻了车体的重量，但使用铝合金材料应注意相关问题。

轻量化不锈钢车体使车体钢结构的重量降为碳素钢车体的 1/2，在节能和降低维修费用方面具有优越性。使用不锈钢材料也应注意相关问题。

模块化车体结构最显著的特点就在于将模块化的概念引入车体设计、制造与生产管理的各个环节之中。将整个车体分为若干个模块，在每个模块的制造过程中完成整车需要的内装、布管与布线的预组装，并解决了相互之间的接口问题。各模块完成后即可进行整车组装。每一模块的结构部分本身采用焊接，而各模块之间的总成采用机械连接。

对于城轨车辆的运用、检修或制造，车体强度和刚度至关重要，必须了解车体的试验要求、条件、内容及材料特性。

思考题

1. 简述车体的作用与分类。
2. 简述车体基本结构的组成。
3. 按车体承载特点，车体结构形式分为哪几类？各有什么特点？
4. 简述车体的基本特征。
5. 试述铝合金车体的结构组成和各组成部分的结构特点。
6. 画图说明铝合金车体的架车位置。
7. 试述铝合金材料使用中应注意的问题。
8. 试述不锈钢车体的结构组成和各组成部分的结构特点。
9. 试述不锈钢材料使用中应注意的问题。
10. 什么是车体模块化结构？它有何优缺点？
11. 简述车体试验的目的、要求和内容。
12. 分析和比较碳钢、铝合金和不锈钢三种车体的综合性能。

项目四　城市轨道交通车辆转向架

项目概述

城轨车辆与其他有轨车辆一样，其走行部是支撑车体重量、传递各种作用力及引导车辆沿轨道方向运行的一种装置。走行部的结构、性能直接影响车辆的运行可靠性、动力性能和行车安全，所以它是车辆最重要的组成部件之一。

目前，城轨车辆走行部主要以转向架的形式出现，为二轴构架式转向架，其构架把两个轮对连接在一起组成一个小车，称为转向架，车体就坐落在这样的两个转向架上。转向架的主要作用是引导车辆沿轨道行驶、支撑车体、传递车体与轨道之间的各种载荷并缓和其动力作用。转向架可以相对于车体转动，以便车辆通过曲线；在转向架上设有缓冲减振装置、制动装置和驱动装置，以满足车辆的运行要求及改善车辆的运行品质。

能力目标

（1）结合转向架实物，能说出转向架的作用、组成，能认知各主要部件的名称及作用。

（2）能按照世界技能大赛——轨道车辆技术赛项转向架模块进行外观检查、零部件拆装、保压试验等，查找常见的故障。

任务一　转向架总体认知

微课：转向架总体认知

任务介绍

通过对转向架总体认知，掌握转向架的作用、分类及组成。

问题引导

（1）轨道交通行业有很多大的行车事故都与转向架故障有很大关系，你能说出几种转向架故障的类型吗？

（2）根据所学知识或者生活经验，你能说出哪些转向架部件的名称？这些部件在转向架上分别起什么作用？

> 知识素材

一、转向架的基本作用及要求

（1）采用转向架可以增加车辆的载重、长度和容积，提高列车运行速度。

（2）保证在正常运行条件下，车体都能可靠地坐落在转向架上。并通过轴承装置使车轮沿着钢轨的滚动转化为车体沿线路运动的平动。

（3）支撑车体，承受并传递来自车体与轮对之间或钢轨与车体之间的各种载荷及作用力，并使轴重均匀分配。

（4）适应轮轨接触状态的变化，充分利用轮轨之间的黏着，传递牵引力和制动力。

（5）保证车辆安全运行，能灵活地沿线路运行及顺利地通过曲线。

（6）悬挂装置可以根据客流的变化调整其刚度，以保证车辆客室地板面与站台面的高度相协调，方便旅客的乘降，这对城轨车辆尤为重要。

（7）转向架的结构便于弹簧减振装置的安装，以使转向架具有良好的减振特性，缓和车辆和线路之间的相互作用，减小振动和冲击，提高车辆运行的平稳性和安全性。

（8）对动力转向架来说，还要便于安装牵引电机及传动装置，以提供驱动车辆的动力。

（9）转向架是车辆的一个独立部件。转向架与车体之间的连接件要少，结构简单，装拆方便，便于转向架独立制造和维修。

二、转向架的分类和组成

转向架结构各异，种类繁多：根据转向架结构形式，分为构架式和侧架式；根据二系悬挂结构，分为有摇动台、无摇动台及无摇枕结构转向架等；根据二系悬挂弹簧形式，分为椭圆弹簧、圆弹簧及空气弹簧悬挂转向架等；根据车轴的数目，分为2轴、3轴和多轴转向架；根据车轴的轴型，分为B、C、D、E四种轴型转向架；根据轴箱定位结构，分为有导柱式、拉板式、拉杆式、转臂式和橡胶弹簧式轴箱定位转向架等。

一般地，城轨车辆的转向架采用二轴构架式转向架，并普遍采用无摇枕结构。其主要特点：一系悬挂主要有金属螺旋弹簧、人字形（或称八字形）和锥形金属橡胶弹簧三种结构；二系悬挂主要由空气囊加橡胶金属叠层弹簧构成。不管何种形式的转向架，它们的基本组成部分和主要功能是相同的。广州地铁 1 号线车辆转向架结构如图 4-1（a）所示，广州地铁 2 号线车辆转向架结构如图 4-1（b）所示，其组成可以分为以下几个部分。

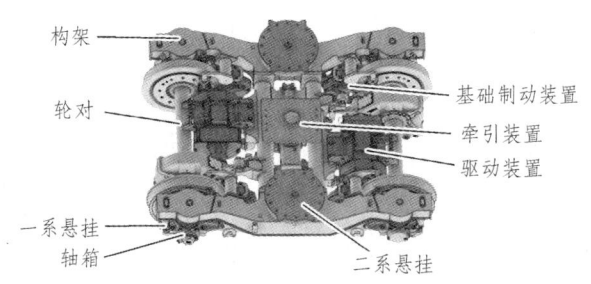

（a）广州地铁1号线车辆转向架结构示意图

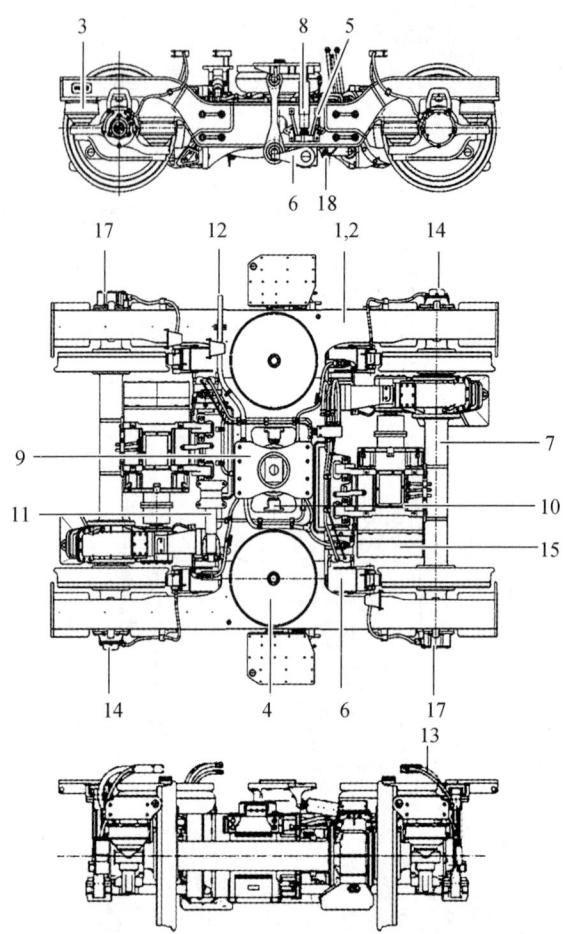

1—转向架构架；2—塞子和制造商/铭牌；3——系悬挂；4—二系悬挂；5—高度调整系统；6—防侧滚杆；7—轮对；8—垂向减振器；9—中心销；10—转向架中心；11—横向减振器；12—传感器电缆；13—管路；14—轴和接地；15—牵引电机；16—制动；17—BCU速度传感器；18—制动缓解。

(b) 广州地铁 2 号线车辆转向架结构

图 4-1 转向架

1. 构 架

构架是转向架的基础，它把转向架的零部件组成一个整体。故它不仅承受、传递载荷及作用力，而且其结构、形状和尺寸都应满足零部件组装的要求（如制动装置、弹簧减振装置、轴箱定位装置等的安装）。

2. 轮对轴箱装置

轴箱与轴承装置是连接构架和轮对的活动关节，使轮对的滚动转化为车体沿着轨道的直线运动。轮对沿钢轨滚动的同时，除承受车辆的重量外，还传递轮轨之间的其他作用力，包括牵引力和制动力。

3. 弹性悬挂装置

为了保证轮对与构架、转向架与车体之间连接，同时减少线路不平顺和轮对运动对车体的影响（如垂直振动、横向振动等），在轮对与构架、转向架与车体之间装设有弹性悬挂装置，前者称为轴箱悬挂装置，后者称为中央悬挂装置，也可称为一系悬挂装置和二系悬挂装置。弹性悬挂装置包括弹簧、减振器及定位装置等。

4. 制动装置

为对运行中的列车进行调速或使其在规定的距离内停车，必须安装制动装置，其基础制动装置吊挂于构架上，它的作用是使制动缸的空气压力转化为闸瓦压向车轮的力，从而产生制动作用。

5. 牵引电机与齿轮变速传动装置

这是动力转向架所特有的一套装置，非动力转向架没有此装置，动力转向架通过它使牵引电机的扭矩转化为轮对或车轮上的转矩，利用轮轨之间的黏着作用，驱动车辆沿着轨道运行。

任务二　构　架

任务介绍

通过对构架组成、分类、作用和要求的介绍，掌握构架的功能与结构。

问题引导

（1）城轨车辆结构中构架起着承上启下的重要作用，是很多设备的安装支撑，你知道构架上可以安装哪些设备吗？

（2）构架的强度和刚度对转向架的性能很重要，你能说出构架的破坏形式主要有哪些吗？

知识素材

一、构架的作用和要求

构架是转向架各组成部分的安装基础，它把转向架的组成部件组合成一个整体。构架也是转向架承载的主要部件，对其基本要求如下：

（1）部分尺寸精度要求较高，使一些部件安装具有较高的定位精度，如轮对定位，使转向架达到较高的运行性能。

（2）便于各部件及附加装置的安装，包括轮对安装、传动齿轮装置的悬挂、牵引电机的安装、制动系统的安装。

（3）结构经过设计，具有足够高的强度，承受并传递牵引力、制动力、车体重量以及各种冲击、振动，保证列车运行安全。

二、构架的分类

就制造工艺而言，转向架的构架主要有铸钢构架和焊接构架两种形式。铸钢构架由于重量大,铸造工艺复杂,使用中受到一定程度的限制,城轨车辆中一般不采用铸钢构架。焊接构架的组成梁件为中空箱形,重量轻,节省材料,又能满足强度和刚度的要求,所以应用比较广泛。尤其是压型钢板的焊接构架,其梁件可以按等强度设计,箱形截面尺寸可以依据各部位受力情况而大小不等,使各截面的应力接近,并可合理地分布焊缝,减少焊缝数量,这样不但具有足够的强度,而且重量轻,材料利用率更高,只是对制造设备要求较高,成本也较高。上海、广州地铁均采用了压型钢板焊接构架。构架也可以依据其他特征分类,例如按结构形式,分为开口式、封闭式,或H形、日字形、目字形等。

三、构架的组成

构架主要由左、右侧梁,一根或几根横梁及前后端梁组焊而成。没有端梁的构架称为开口式构架;有端梁的构架称为封闭式构架。广州地铁一号线车辆转向架的构架如图4-2所示。

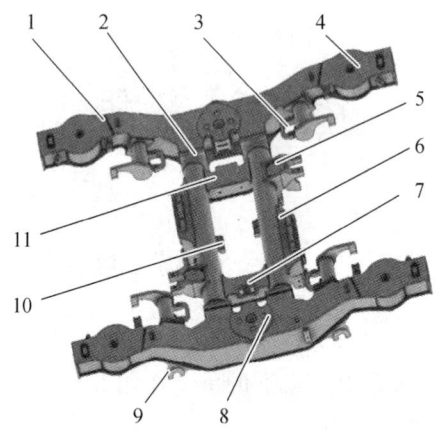

1—侧梁;2—动车横梁;3—制动吊座;4—一系钢弹簧座;5—齿轮箱吊座;6—电机吊座;
7—横向减振器座;8—空簧导柱;9—转臂定位座;10—垂向止挡座;11—纵向梁。

图 4-2 构 架

侧梁是构架的主要承载梁,是传递垂向力、纵向力和横向力的主要构件,侧梁还用来确定轮对位置。横梁和端梁用来保证构架在水平面内的刚度,使两轴平行并承托牵引电机等。

构架上还设有空气弹簧座、中心座安装座、轴箱吊框、电机安装座、齿轮箱吊座、制动吊座、牵引拉杆安装座、高度控制阀座、抗侧滚扭杆座、减振器座和止挡等,用于安装相关设备。

构架的强度和刚度对转向架的性能很重要,其主要破坏形式是裂纹和变形。

任务三 轮对轴箱装置

任务介绍

通过对轮对、轴箱的组成、作用和轴箱定位装置的介绍,掌握各自的功能与结构。

问题引导

（1）转向架的车轮如何设计才能保证列车顺利沿钢轨运行？
（2）车轮的回转如何转换为列车向前或向后的运行？

知识素材

一、轮 对

微课：轮对轴箱装置——轮对

轮对是由一根车轴和两个同型号车轮通过过盈配合组装而成，如图 4-3 所示。轮对组装过程通常采用冷压或热套的工艺，使车轮与车轴牢固地结合在一起，使用过程中也不允许有松脱现象。

图 4-3 轮对

轮对的作用是引导车辆沿钢轨运动，同时还承受着车辆与钢轨之间的载荷。因此，轮对应具有足够的强度，以保证车辆的安全运行。在保证强度和使用寿命的前提下，应减轻轮对的重量，并使其具有一定的弹性，以减少车轮与钢轨之间的动作用力和磨耗。

轮对的内侧距是保证车辆运行安全的一个重要参数。我国地铁采用与铁路通用的 l435 mm 标准轨距，轮对在钢轨上滚动时，轮对内侧距应保证在最不利的条件下，车轮踏面在钢轨上仍有足够的安全搭接量，不致造成掉道。同时，还应保证车辆在线路上运行时轮缘与钢轨之间有一定的游隙，轮缘与钢轨之间的游隙太小，可能会造成轮缘与钢轨的严重磨耗；轮缘与钢轨之间的游隙太大，会使轮对蛇行运动的振幅增大，影响车辆运行品质。轮对内侧距有严格的规定：我国地铁车辆轮对内侧距为（1353±2）mm。

轮对的结构还应有利于车辆顺利通过曲线和安全通过道岔。

1. 车 轴

绝大多数的车轴为圆截面实心轴，采用优质碳素钢加热锻压成型，再经热处理（正火或正火后回火）和机械加工制成。为了实现轴承、车轮、传动齿轮等的安装，在车轴上相应位置设有安装座，各安装座及轴身之间均以圆弧过渡，以减少应力集中。

轮对为车辆的簧下部分，采用空心车轴结构就可以减少轮对质量，从而降低车辆的簧下质量，一般空心车轴比实心车轴可减轻 20%～40% 的质量。

2. 车 轮

车轮的结构、形状、尺寸、材质是多种多样的。车轮按其结构分为整体轮和轮箍轮两种，如图 4-4 所示。整体车轮按其材质可分为辗钢轮和铸钢轮等。轮箍轮又可分为铸钢辐板轮心、辗钢辐板轮心以及铸钢辐条轮心的车轮。为降低噪声，减小簧下质量，还有橡胶弹性车轮、消声轮等。目前我国城轨车辆普遍采用整体辗钢轮。

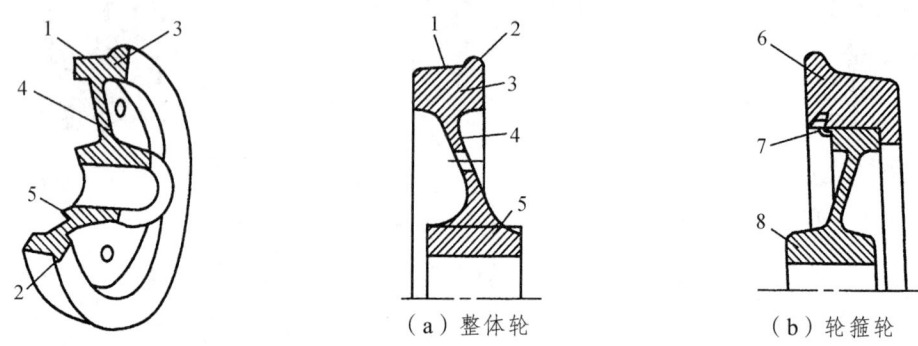

1—踏面；2—轮缘；3—轮辋；4—辐板；5—轮毂；6—轮箍；7—扣环；8—轮心。

图 4-4 车轮

整体辗钢轮由踏面、轮缘、辐板和轮毂组成。车轮与钢轨的接触面称为踏面，轮对踏面具有一定的斜度，所以称为锥形踏面，如图 4-5（a）所示。踏面锥形的作用为：在直线运行时使轮对能自动调中；在曲线运行时，由于离心力的作用使轮对偏向外轨，由于踏面锥形的存在，使外轨上滚动的车轮以较大的滚动圆滚动，在内轨上以较小的滚动圆滚动，从而减少了车轮在钢轨上滑动，使轮对顺利通过曲线；车轮踏面有斜度，运行时车轮与钢轨接触的滚动直径在不断地变化，致使轮轨的接触点也在不停地变换位置，从而使踏面磨耗更为均匀。标准锥形踏面有两个斜度，即 1∶20 和 1∶10，前者位于轮缘内侧 48～100 mm 范围内，是轮轨主要接触部分，后者为离内侧 100 mm 以外部分，各组成面均以圆弧面平滑过渡。踏面的最外侧做成半径为 6 mm 的圆弧，其作用是便于通过小半径曲线，也便于通过辙叉。

除了锥形踏面外，在研究轮轨磨耗基础上又提出了磨耗形踏面。实践证明，锥形踏面车轮的初始形状，运行中将被很快磨耗。当磨耗成一定形状后，车轮与钢轨的磨耗都变得缓慢，踏面形状将处于相对稳定。如果新造轮踏面制成类似磨耗后相对稳定的形状，即磨耗形踏面，如图 4-5（b）所示。在相同的走行里程下，可明显地减少踏面的磨耗量，延长了轮对的使用寿命，减少换轮、镟轮的工作量，其经济效益是十分明显的。磨耗形踏面可减小轮轨接触应力，提高车辆运行的横向稳定性和抗脱轨安全性。广州地铁 1 号线车轮采用的磨耗形踏面如图 4-6 所示。

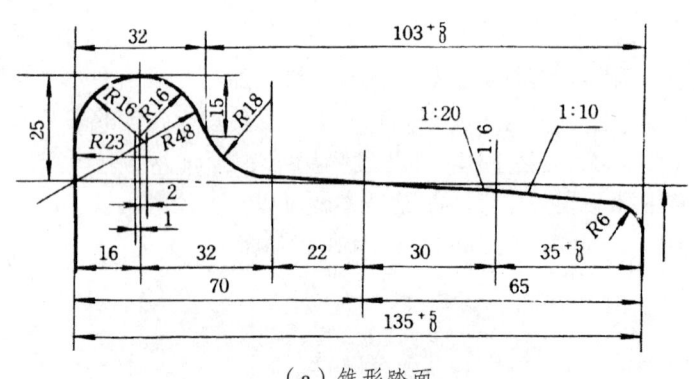

（a）锥形踏面

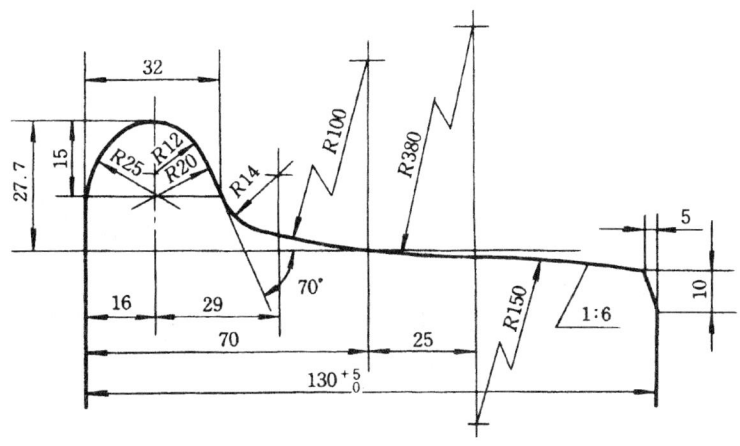

（b）磨耗型踏面

图 4-5　车轮轮缘踏面外形

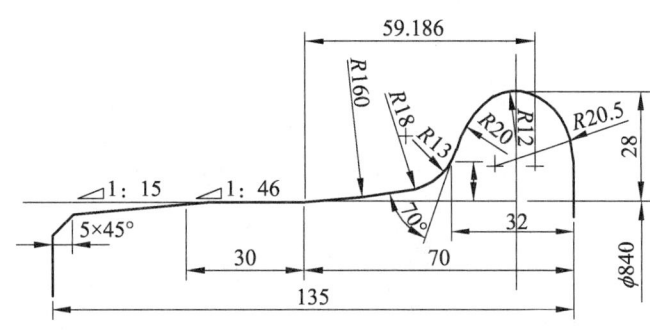

图 4-6　广州地铁 1 号线车辆车轮磨耗形踏面

由于车轮踏面有斜度，各处直径不同，因此根据国际铁路组织规定，在离轮缘内侧 70 mm 处测量所得的直径为名义直径，作为车轮直径（滚动圆直径），简称轮径。轮径小，可降低车辆的重心，增大车体容积，减小车辆簧下质量，缩小转向架固定轴距；但也有阻力增加，轮轨接触应力增大，踏面磨耗加快等不足之处。我国规定地铁车辆的车轮直径为 840_0^{+3} mm。新造车同轴的两轮直径之差不超过 1 mm，同一动车转向架各轮径差不超过 2 mm。

轮对的日常检查十分重要，其主要破坏形式是：轮缘及踏面磨耗过限、踏面擦伤、轮毂弛缓和车轴裂纹等。

二、轴承轴箱装置

轴承与轴箱的组合体称为轴承轴箱装置，车辆用轴承主要有滑动轴承和滚动轴承两种，它们的轴箱结构也有所不同。轴箱装置的作用是将轮对和构架联系在一起，使轮对沿钢轨的滚动转化为车体沿轨道的直线运动，并把车辆的重量以及各种载荷传递给轮对。与滑动轴承相比较，采用滚动轴承可显著降低车辆的起动阻力和运行阻力，改善车辆走行部分的工作条件，减少燃轴（轴箱轴承烧损）的惯性事故，并大量地减少了轴承的维护和检修工作量，降低了运营成本。

微课：轴承轴箱装置

滚动轴承按滚动体形状分类主要有圆柱滚动轴承、圆锥滚动轴承、球面滚动轴承等几种。由于轴承在车辆运行中承受着巨大的静、动载荷的作用,因此,要求轴承的承载能力大、强度高、耐振、耐冲击、寿命长等。一般城轨车辆都采用了圆柱滚动轴承或圆锥滚动轴承。如广州地铁 1 号线车辆采用双列圆柱滚动轴承,2 号线车辆采用双列圆锥滚动轴承。

图 4-7 所示为地铁车辆转向架圆柱滚动轴承轴箱装置,轴承基本结构是由外圈、内圈、滚子、保持架组成。轴箱装置横向力传递顺序(假设相对于车体轮对向右偏移):

右端:车轴→防尘挡圈→轴承内圈→滚子→轴承外圈→轴箱→转向架→车体。

左端:车轴→螺栓→内圈压板→轴承内圈→滚子→轴承外圈→轴箱后盖→螺栓→轴箱→转向架→车体。

轴承保养要求如下。

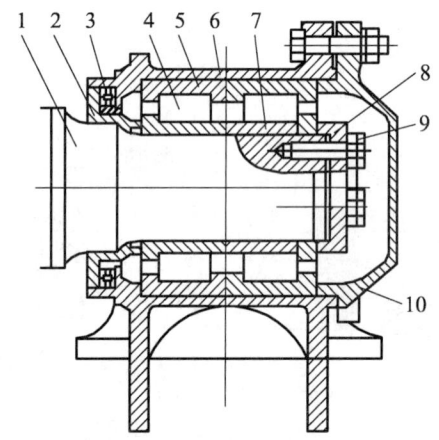

1—车轴;2—防尘挡圈;3—密封;4—圆柱滚子;5—轴承外圈;6—轴箱;
7—轴承内圈;8—内圈压板;9—螺栓;10—轴箱盖。

图 4-7 圆柱滚动轴承轴箱装置

1. 轴承游隙

轴承径向游隙对轴承工作性能有着重要的影响,每一种轴承在一定的作用条件下有其最佳的径向游隙,使轴承寿命高、摩擦阻力小、磨损小。

径向游隙分为:原始游隙、配合游隙、工作游隙。游隙过小,会使轴承工作温度升高,不利于润滑,影响力的正常传递,甚至会使滚子卡死;游隙过大,使轴承压力面积减少,压强增大,使轴承寿命减少,振动与噪声增大。所以,选择合适的径向游隙是重要的。

轴承轴向游隙:在允许条件下,轴向游隙越小,转向架性能越佳。

2. 滚动轴承润滑脂

润滑油性能直接影响轴承性能和使用寿命。润滑性能良好,可以减少轴承磨耗,降低车辆运行阻力,防止燃轴。列车检修时要注意检查润滑脂状态,如有结块、明显融化、发臭等现象,应拆下轴承检查并更换润滑脂。更换润滑脂时要注意其填充量,通常润滑脂填充量为轴承内自由空间的 30%~50%。若填充过多,在高速情况下,特别容易引起轴承温度升高、油脂融化,并可能导致燃轴。

三、轴箱定位

约束轮对与轴箱之间相对运动的机构称为轴箱定位装置，它对转向架的横向动力性能、抑制蛇行运动具有决定性作用。轴箱定位装置在纵向和横向具有适当的弹性定位刚度值，从而可避免车辆在运行速度范围内蛇行运动失稳，保证在曲线运行时具有良好的导向性能，减轻轮缘与钢轨的磨耗和噪声，确保运行安全和平稳性。

常见的定位装置的结构形式有：

1. 拉板式定位（见图 4-8）

拉板式定位用特种弹簧钢材制成薄片形定位拉板，其一端与轴箱连接，另一端通过橡胶节点与构架相连。利用拉板在纵、横向的不同刚度来约束构架与轴箱的相对运动，以实现弹性定位。拉板上下弯曲刚度小，对轴箱与构架上下方向的相对位移约束很小。

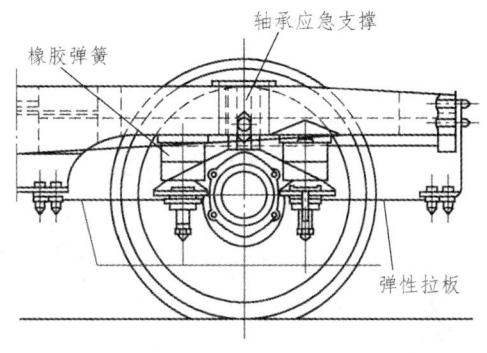

图 4-8　拉板式轴箱定位

2. 拉杆式定位（见图 4-9）

拉杆式定位在拉杆的两端分别与构架和轴箱销接，拉杆两端的橡胶垫、套分别限制轴箱与构架之间的横向与纵向的相对位移，实现弹性定位。拉杆允许轴箱与构架在上下方向有较大的相对位移。

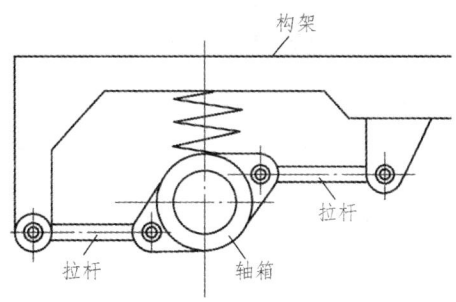

图 4-9　拉杆式轴箱定位

3. 转臂式定位（见图 4-10）

转臂式定位又称弹性铰定位，定位转臂的一端与圆筒形轴箱体固接，另一端以橡胶弹性节点与构架上的安装座相连接。弹性节点允许轴箱与构架在上下方向有较大的位移，弹性节点内的橡胶件设计使轴箱在纵向和横向都能适应不同的定位刚度。

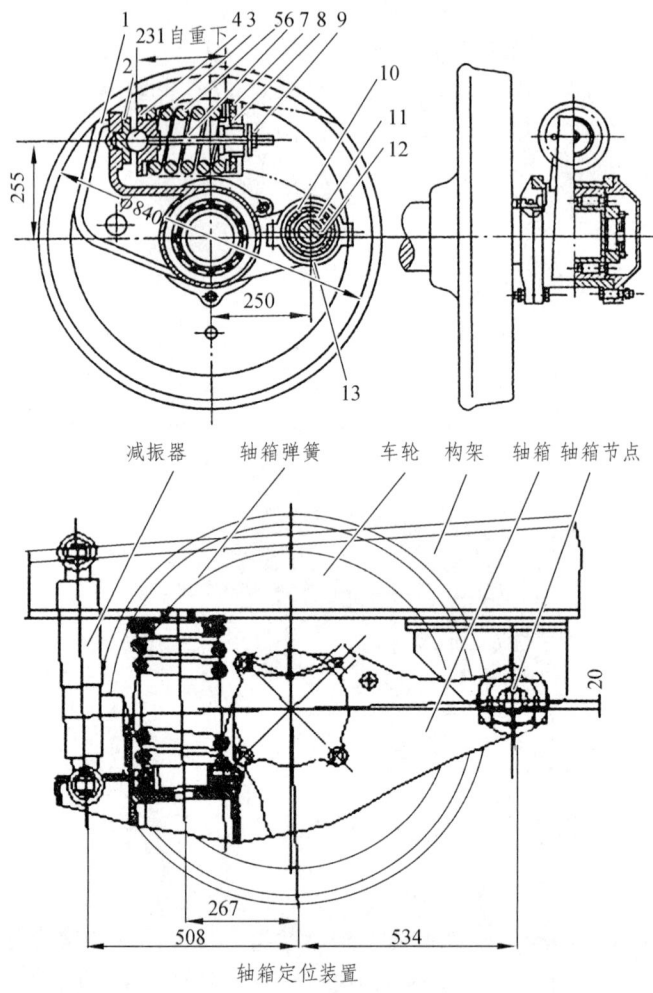

1—转臂；2—滚道座；3—钢球；4—弹簧前盖；5—轴箱弹簧；6—螺栓；7—弹簧定位座；8—橡胶缓冲垫；9—螺母；10—外套；11—硫化橡胶；12—内套；13—心轴。

图 4-10　转臂式轴箱定位

4. 层叠式橡胶弹簧定位（见图 4-11）

层叠式橡胶弹簧定位在构架与轴箱之间装设压剪型层叠式橡胶弹簧，其垂向刚度较小，使轴箱相对构架有较大的上、下方向位移，而它的纵、横向有适宜的刚度，以实现良好的弹性定位。

5. 导柱定位（见图 4-12）

该方式下，安装在构架上的导柱及坐落在轴箱弹簧托盘上的支持环均装有磨耗套，导柱插入支持环，当构架与轴箱之间发生上、下运动时，两磨耗套产生干摩擦，它的定位作用是通过导柱与支持环传递纵向力和横向力，再通过轴箱橡胶垫产生不同方向的剪切变形，实现弹性定位作用。

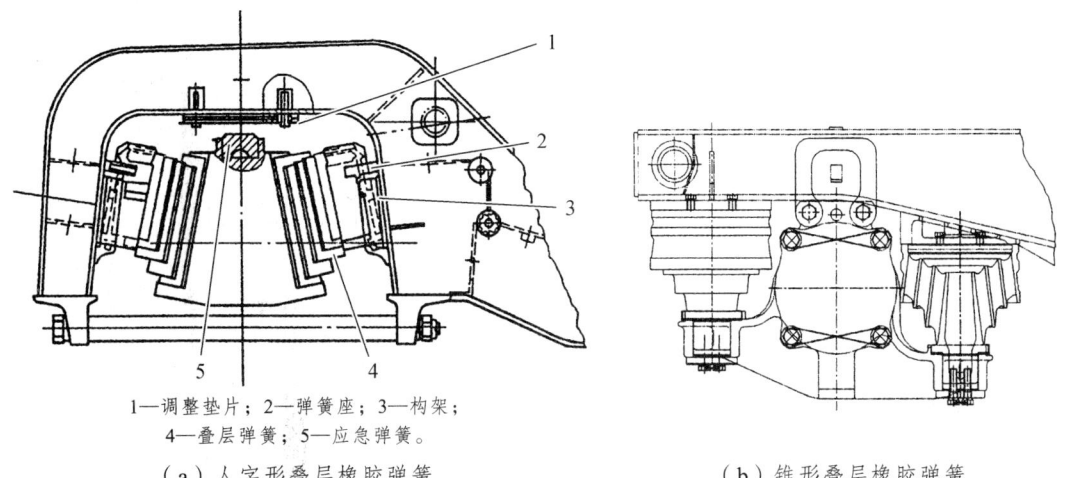

1—调整垫片；2—弹簧座；3—构架；
4—叠层弹簧；5—应急弹簧。

（a）人字形叠层橡胶弹簧　　　　（b）锥形叠层橡胶弹簧

图 4-11　层叠式橡胶弹簧定位

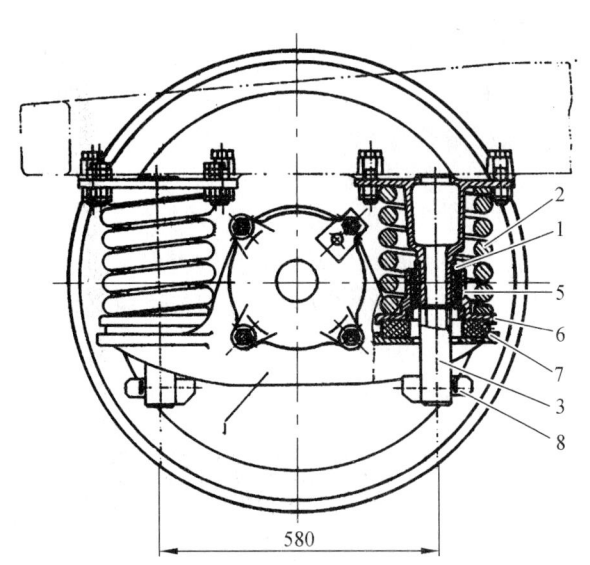

1—轴箱；2—一系弹簧；3—弹簧支柱；4—内定位套；5—外定位套；
6—支持环；7—橡胶缓冲垫；8—扁销。

图 4-12　导柱定位

以上所述的定位方式中，前 4 种均为无磨耗的轴箱弹性定位装置，通过对橡胶金属弹性铰或弹性节点的设计，可以实现轴箱纵、横向不同定位刚度的要求，达到较为理想的定位性能。我国新型城轨车辆较多采用层叠式橡胶弹簧轴箱定位。

轴箱装置是日常检查的重点内容之一，其主要破坏形式是：轴承烧损、轴箱弹簧裂纹（橡胶弹簧的老化、龟裂等）、轴箱体裂纹及轴箱定位破坏等。

任务四　弹簧减振装置

微课：弹簧减振装置

任务介绍

通过对弹簧减振装置的分类、作用、特性和相关工作原理的介绍，掌握不同种类弹簧减振装置的功能、结构和工作原理。

问题引导

（1）城市轨道交通车辆是通过哪些机构部件实现减振效果的？
（2）城轨车辆地板面高度能够自动调整吗？如何调整？

知识素材

一、弹簧减振装置的作用

弹簧减振装置也称弹性悬挂装置，包括弹性元件及减振器。

弹簧减振装置的作用主要体现在两方面：一是使载荷比较均衡地传递给各轮对，并使车辆在静载状况下（包括空、重车），两端车钩距离轨面高度应满足规定的要求，以保证车辆的正常连挂；二是缓和及减少因线路的不平顺、轨缝、道岔、钢轨的磨耗和不均匀下沉，以及因车轮擦伤、车轮不圆、轴径偏心等原因引起车辆的振动和冲击。

弹簧减振装置使车辆的弹簧以上部分与簧下部分既有联系，又有区别；簧上、簧下的作用力相互传递，运动状态（位移、速度、加速度）却不完全相同。车辆动力性能的好坏，与弹簧减振装置的结构形式及参数选择密切相关。良好的弹簧减振装置能使车辆运行平稳、振动小、噪声低、乘坐舒适性好，车辆结构及设备的松动及损坏少，同时对线路的冲击破坏少，对行车安全有积极意义。

二、弹簧减振装置的分类

车辆的悬挂方式可分为一系悬挂和两系悬挂两种，其中两系悬挂有轴箱悬挂装置（或一系悬挂装置）和中央悬挂装置（或二系悬挂装置），轴箱悬挂装置设置在转向架构架与轴箱之间，中央悬挂装置设置在车体底架与转向架构架之间。

采用两系悬挂可以减小整个车辆悬挂装置的总刚度，增大静挠度，改善车辆垂向运动平稳性，减小车辆与线路之间的动作用力。地铁、轻轨车辆都采用两系悬挂装置，两系悬挂如图4-13。

车辆采用的弹簧减振装置按其作用的不同，大体可分为三类：第一类为主要起缓冲作用的弹簧装置，如中央弹簧、轴箱弹簧和橡胶垫等；第二类是主要起衰减振动（消耗振动能量）作用的减振装置，如垂向、横向减振器等；第三类是主要起弹性约束作用的定位装置，如轴箱定位装置、心盘与构架之间的纵、横向缓冲止挡等，图4-14所示为横向减振器及缓冲器。

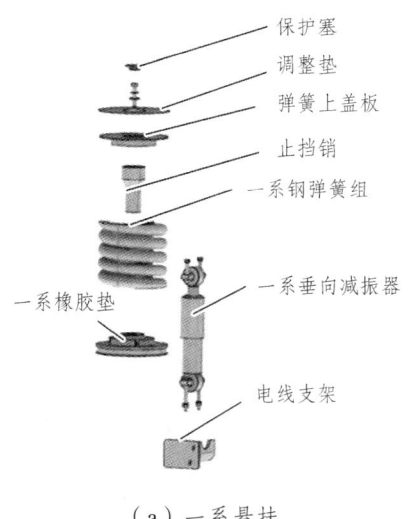
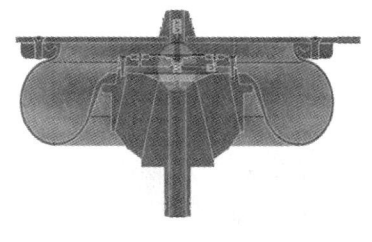

（a）一系悬挂　　　　　　　　　　（b）二系悬挂

图 4-13　两系悬挂

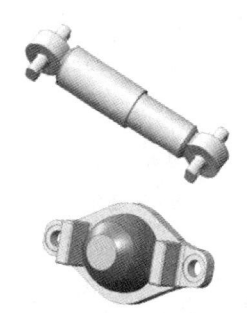

图 4-14　横向减振器及缓冲器

三、弹簧结构及特性

（一）螺旋弹簧

弹簧的主要特性以挠度、刚度或柔度来衡量。挠度是指弹簧在外力作用之下产生的弹性变形的大小或弹性位移量，而使弹簧产生单位挠度所需的力的大小，称为该弹簧的刚度，反之在单位载荷作用下产生的挠度称为该弹簧的柔度。

弹簧的特性可用弹簧挠力图表示，纵坐标表示弹簧承受的载荷 P，横坐标表示其挠度 f，如图 4-15 所示（不考虑内部阻力的情况）。图（a）表示力与挠度呈线性关系，即弹簧刚度为常量。螺旋圆弹簧的特性就属此例。图（b）表示力与挠度呈曲线关系，即刚度随着载荷的变化而变化，为非线性特性。图（b）中曲线 1 的刚度随载荷增加而逐渐增大，如车辆上采用的一些橡胶弹簧、横向缓冲器就属于这种特性。显而易见，在车辆悬挂系统中，为了减小振动，控制振动位移在一定范围内，不能使用图中曲线 2 的特性（"先硬后软"或随载荷增加，刚度逐渐变小）弹簧。

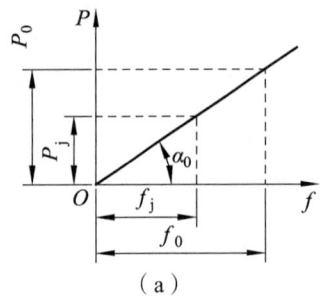 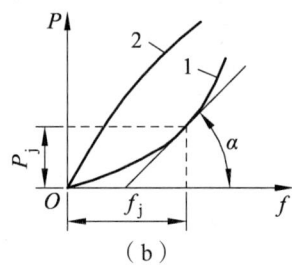

图 4-15 弹簧挠力图

为了改善弹簧的特性，适应安装位置及空间大小的需要，在车辆上常采用组合弹簧，即并联、串联或串并联，如图 4-16 所示。一般城轨车辆采用的两系弹簧减振装置（即空气弹簧装置和轴箱弹簧减振装置）就是彼此相互串联。

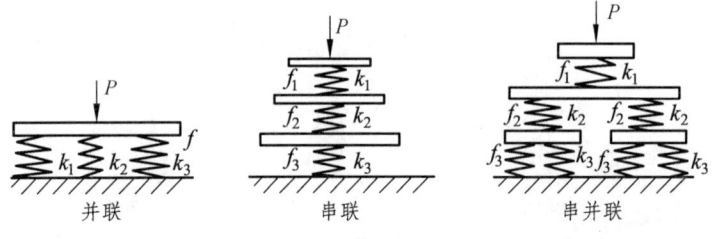

图 4-16 弹簧系统布置

为提高车辆运行平稳性，在结构空间位置、车钩高偏差等条件允许的情况下，应尽量增大弹簧总静挠度，使车体浮沉振动的自振频率控制在 1 Hz 左右。城轨车辆，特别是地铁车辆，由于受到转向架净空和隧道轮廓的限制，或者考虑到空重车地板面高度与站台高度相配合，对空重车之间的弹簧高度差有限制，弹簧配置必定要硬些，其浮沉振动的自振频率可能要增大至 1.2~2 Hz。

（二）抗侧滚扭杆

抗侧滚扭杆装置由扭臂、扭杆、固定杆、支承座等组成。扭杆与扭臂之间的连接为圆锥花键，易于组装和检修。扭杆两端支承在装有关节轴承的支承座内，避免扭杆两端偏磨。固定杆与扭臂，扭杆吊座之间的连接处均装有关节轴承，以免固定杆别劲。固定杆两端装有橡胶密封圈和防尘盖，支承座与扭杆连接处也装有橡胶油封，防止水侵入以免连接销及扭杆锈死，便于检修。抗侧滚扭杆装置可以控制车体的侧滚振动，提高车辆运行的平稳性和舒适性，如图 4-17 所示为抗侧滚扭杆装置。

（三）橡胶弹性元件

橡胶元件的力学性能不同于一般的金属元件，橡胶的弹性模量比金属小得多，可以获得较大的弹性变形，容易实现预想的非线性特性；可以自由确定其形状，也可以根据设计要求达到在各个方向上不同刚度的要求；橡胶具有较高内阻，对衰减高频振动和隔音有良好效果；橡胶比重小，自重轻。由于这些特性，橡胶元件在车辆上获得越来越广泛的应用，常常用于转向架弹簧减振装置和轴箱定位装置、钢弹簧支承面上的橡胶缓冲垫以及各种衬套、止挡等。

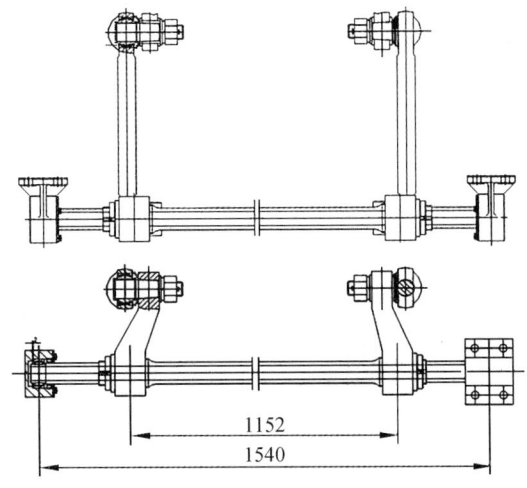

图 4-17 抗侧滚扭杆装置

在使用橡胶弹性元件时应予以特别注意：橡胶元件的性能（弹性、强度）受温度影响较大，一般随温度升高，刚度和强度有明显的降低。同时橡胶具有蠕变的特性，即当载荷加到一定值后，虽不再增载，但变形仍在继续，即使卸去载荷后，也不能立即完全恢复原状，因此橡胶弹簧的动刚度比静刚度大。另外，橡胶具有体积基本不变的特性；橡胶的耐高温、耐低温和耐油性能普遍较差，使用时间较长后容易老化。

（四）空气弹簧

现代轨道交通车辆不断地朝着高速化、轻量化以及低噪声方向发展，而空气弹簧悬挂系统具有诸多钢制螺旋弹簧不具备的优点，空气弹簧的采用可以显著提高车辆系统的运行平稳性，大大简化转向架的结构，使转向架实现轻量化和易于维护，因此在城轨车辆转向架中广泛地采用空气弹簧作为二系悬挂装置。

微课：空气弹簧

车辆悬挂装置采用空气弹簧的主要优点：

（1）空气弹簧能够大幅度提高车辆悬挂系统静挠度以降低车体的振动频率。

（2）与钢弹簧相比，空气弹簧具有非线性特性，可以根据车辆振动性能的需要，设计成具有比较理想的弹性特性曲线。在平衡位置振动幅度较小时（正常运行时的振幅），刚度较低，若位移过大，刚度显著增加，以限制车体的振幅。弹性曲线的形状可设计成挠力图 4-15（b）中曲线 1 所示。

（3）空气弹簧的刚度随载荷而改变，从而保持空、重车时车体的振动频率几乎相等，使空车和重车状态的运行平稳性一致。

（4）空气弹簧用高度控制阀控制时，可使车体在不同静载荷下保持车辆地板面距钢轨面的高度基本不变，这一性能应用在地铁和轻轨上则可保持车辆的地板面与站台面的高度相协调。

（5）同一空气弹簧可以同时承受三维方向的载荷。利用空气弹簧的横向弹性特性，可以代替传统的转向架摇动台装置，从而简化结构，减轻自重。

（6）在空气弹簧本体和附加空气室之间装设有适宜的节流孔，可以代替垂直安装的液压减振器。

（7）空气弹簧具有良好的吸收高频振动和隔音性能。

采用空气弹簧的缺点：由于它的附件（如高度控制阀、差压阀）较多，成本较高，并增加了维护与检修的工作量。

1. 空气弹簧悬挂系统的组成

空气弹簧悬挂系统如图 4-18 所示，主要由空气弹簧、附加空气室、高度控制阀、差压阀及滤尘器等组成。空气弹簧所需的压力空气，由列车制动主管（1）经 T 形支管接头（2）、截断塞门（3）、滤尘止回阀（4）进入空气弹簧储风缸（5），再经纵贯车底的空气弹簧主管向两端转向架供气。转向架上的空气弹簧管路与其主要连接软管（6）接通，压力空气经高度控制阀（7）进入附加空气室（10）和空气弹簧（8）。

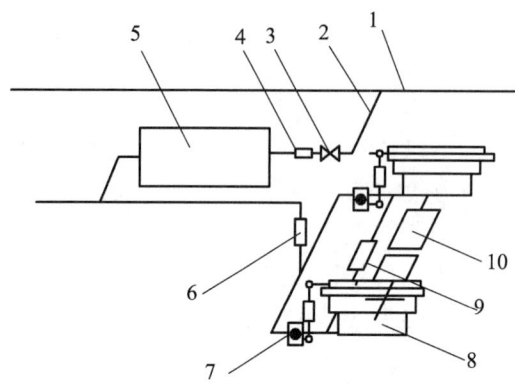

1—列车主风管；2—支管；3—截断塞门；4—止回阀；5—储风缸；6—连接软管；
7—高度控制阀；8—空气弹簧；9—差压阀；10—附加空气室。

图 4-18　空气弹簧悬挂系统装置

2. 空气弹簧的结构

空气弹簧分膜式和囊式两类。目前应用较普遍的为膜式空气弹簧，它有两种结构形式：约束膜式和自由膜式。

约束膜式空气弹簧的结构如图 4-19 所示，它由内筒、外筒和将两者连接在一起的橡胶囊等组成。这种形式的空气弹簧刚度小，振动频率低，其弹性特性曲线容易通过约束裙（内、外筒）的形状来控制，但橡胶囊工作状况复杂，耐久性较差。

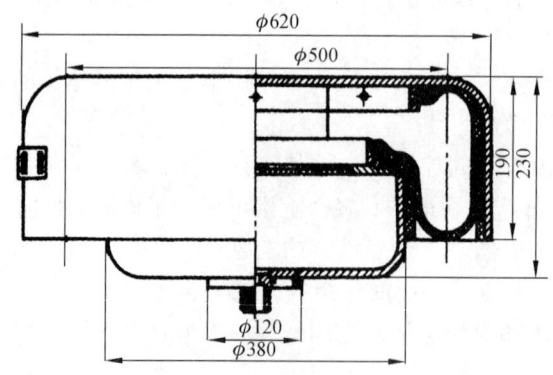

图 4-19　约束膜式空气弹簧

自由膜式空气弹簧的结构如图 4-20 所示，由于它没有约束橡胶囊的内、外筒，可以减轻橡胶囊的磨耗，提高了使用寿命。它本身安装高度比较低，可以明显减少车辆地板面距轨面的高度。由于其重量轻，并且其弹性特性可以通过改变上盖边缘的包角加以适当调整，使弹簧具有良好的负载特性，在无摇动台装置的空气弹簧转向架上应用较多。

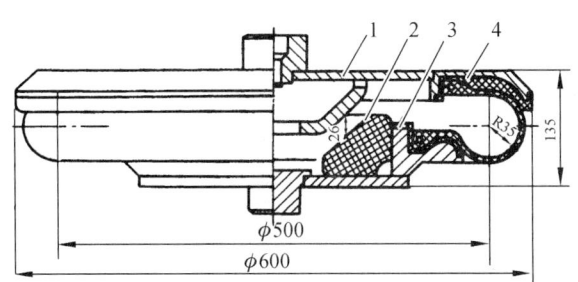

1—上盖板；2—紧急叠层弹簧；3—下盖板；4—橡胶囊。

图 4-20　自由膜式空气弹簧图

空气弹簧的密封要求高，以保证弹簧性能稳定和节省压缩空气。一般采用压力自封式和螺钉紧封式两种密封形式。压力自封式是利用空气囊内部空气压力将橡胶囊的端面与盖板（或内、外筒）卡紧加以密封；螺钉紧封式是利用金属卡板与螺钉夹紧加以密封。压力自封式的结构简单，组装检修方便，应用较多。

空气弹簧橡胶囊由内、外橡胶层、帘线层和成型钢丝圈组成。

内层橡胶主要用于密封，需采用气密性和耐油性较好的橡胶材质；外层橡胶除了密封外，还起保护作用。因此，外层橡胶应采用能抗太阳辐射和臭氧侵蚀并耐老化的橡胶材质，还应满足环境温度的要求，一般为氯丁橡胶。

帘线的层数为偶数，一般为两层或四层，层层帘线相交叉，并与空气囊的经线方向呈一角度布置。由于空气弹簧上的载荷主要由帘线承受，而帘线的材质对空气弹簧的耐压性和耐久性起着决定性的作用，故采用高强度的人造丝、维尼龙或卡普隆作为帘线。

3. 空气弹簧附件

1）高度控制阀

如图 4-21 所示，高度控制阀是空气弹簧悬挂系统中一个重要组成部件。可以在每个转向架与车体连接处安装一个高度控制阀，位于转向架中间，也可以安装两个高度控制阀，分别在构架两侧。主要作用及要求：根据载荷的变化自动调整空气弹簧内部压力使车体保持一定高度；车辆在直线上运动时，正常的振动和轨道冲击作用不使高度控制阀发生进、排气作用；当车辆（装有两个高度控制阀）通过曲线时，由于车体的倾斜使得转向架左右两侧的高度控制阀分别产生进气和排气，从而减少车辆的倾斜。

高度控制阀通过驱动杆来带动阀内的转盘及其偏心小销，拨动高度控制阀的心阀。心阀的上下运动即可控制各相关阀口的开启，连通主风管与空气弹簧的气路或连通空气弹簧与大气的气路，控制空气弹簧充气或排气。驱动杆的运动是根据车辆载荷变化，在车体高度变化时驱动，具体原理如图 4-22 所示。

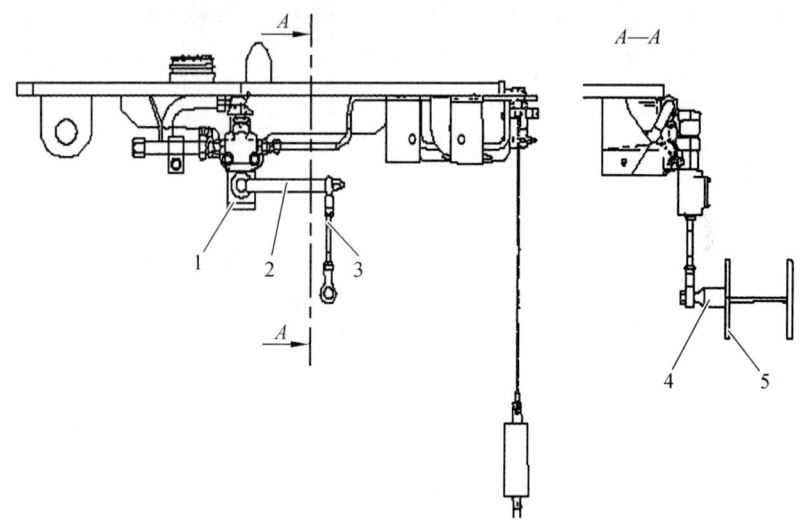

1—高度调节阀；2—操纵杆；3—杆；4—支座；5—构架。

图 4-21 高度控制阀系统

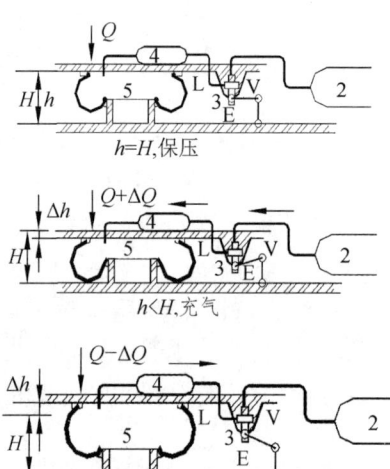

图 4-22 高度控制阀工作原理

正常载荷时，车体与转向架距离等于 H：高度阀关闭通路 L、V、E，气囊保压，维持车体高度不变；载重加大到一定程度，车体与转向架距离小于 H，高度控制阀导通主风管道空气弹簧气囊通路 V→L，气囊充气，直至车体升高到标准位置；载重减少到一定程度时，车体与转向架距离大于 H，高度控制阀导通空气弹簧气囊与大气通路 L→E，气囊排气，直至车体降低到标准位置。一般要求车辆载荷变化时地板面高度调整的时间不超过车站停车时间，地板面高度的变化范围为±10 mm。高度控制阀只能用来补偿乘客重量的变化，而不能用于补偿车轮和转向架零件的磨损。

2）差压阀

如图 4-23 所示，差压阀是在左右空气弹簧出现超过规定的压力差时，使压力高的一端空气流向较低的一端，以防止车体异常倾斜的装置。在转向架一侧空气囊破裂时，另一侧空气囊的空气也能泄出,保证车辆仍能在低速下继续安全运行。压差阀的动作压力一般有 $1\ kg/cm^2$、$1.2\ kg/cm^2$、$1.5\ kg/cm^2$ 三种。压差阀动作压力的选择应综合考虑多方面的因素,在条件允许的情况下尽可能选择较小值,以减小车辆在过渡曲线上的对角压差,提高车辆的抗脱轨安全性。

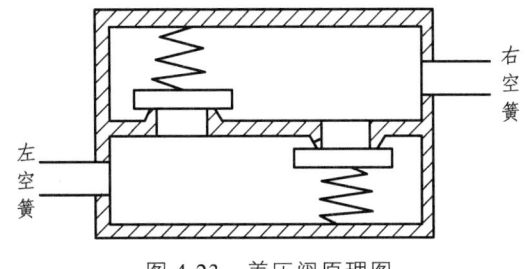

图 4-23　差压阀原理图

4. 空气弹簧悬挂的工作原理

如图 4-24 所示,车辆静载荷增加时,空气弹簧(1)被压缩使空气弹簧工作高度降低,这样高度控制阀(2)随车体下降。由于高度调整连杆(3)的长度固定,此时高度调整杠杆发生转动打开高度控制阀的进气机构,压力空气由供风管(5)通过高度控制阀的进气机构进入空气弹簧(1)和附加空气室(8),直到高度调整杠杆回到水平位置即空气弹簧恢复其原来的工作高度。车辆静载荷减小时,空气弹簧(1)伸长使空气弹簧的工作高度增大,高度控制阀(2)随车体上升。同样,由于高度调整连杆(3)的长度固定,高度调整杠杆(4)发生反向转动打开高度控制阀的排气机构,压力空气由空气弹簧(1)和附加空气室(8)通过高度控制阀的排气机构经排气口(6)排入大气,直到高度调整杠杆回到水平位置。

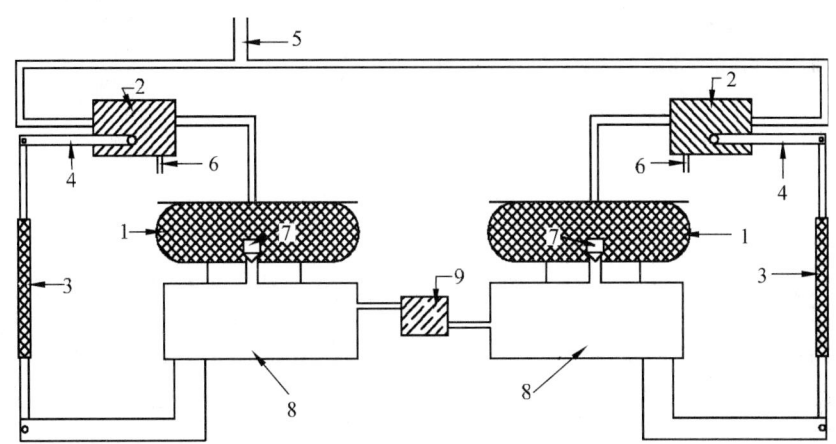

1—空气弹簧;2—高度控制阀;3—高度调整连杆;4—高度调整杠杆;5—供风管;
6—排气口;7—节流孔(阀);8—附加空气室;9—差压阀。

图 4-24　空气弹簧悬挂系统原理

四、减振元件

1. 减振元件的作用及分类

车辆上采用的减振器与弹簧一起构成弹簧减振装置。弹簧主要起缓冲作用,缓和来自轨道的冲击和振动的激扰力,而减振器的作用是减小振动,它的作用力总是与运动的方向相反,起着阻止振动、消耗振动能量的作用。通常减振器有使机械能转化为热能的功能,减振阻力的方式和数值的不同,直接影响到振动性能。

车辆上减振器按阻力特性可分为常阻力和变阻力两种减振器;按安装位置可分为轴箱减振器和中央减振器;按减振方向可分为垂向、横向和纵向减振器;按结构特点又可分为摩擦减振器和液压(又称油压)减振器。城轨车辆一般都使用液压减振器。

液压减振器主要是利用液体黏滞阻力所做的负功来吸收振动能量,其特点在于它的阻力是振动速度的函数,振幅的衰减与幅值大小有关,振幅大时衰减量也大,反之亦然。这种"自动调节"减振的性能,正符合车辆的需求。

2. 液压减振器的结构及工作原理

一般液压减振器主要由活塞、进油阀、缸端密封、上下联结环、油缸、贮油筒及防尘罩等部分组成,减振器内部还充有专用油液。液压减振器的工作原理可用图 4-25 来说明。

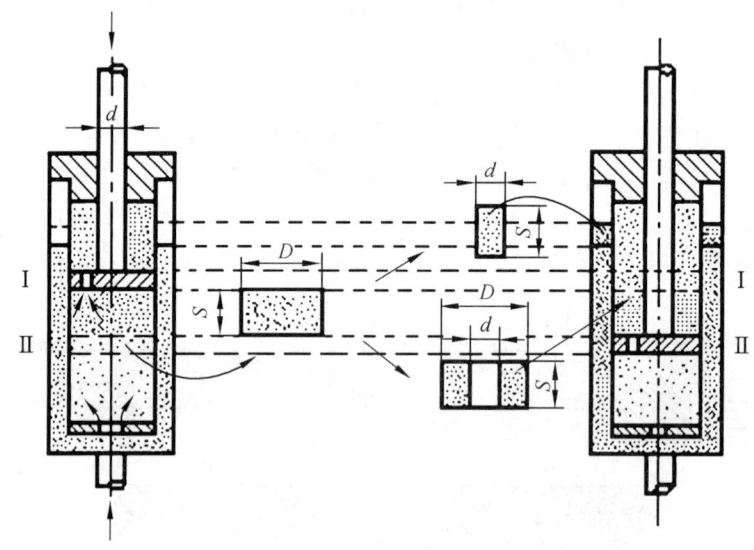

图 4-25 液压减振器工作原理

活塞把油缸分成上下两个部分,当车体振动时,活塞杆随车体运动,与油缸之间产生上下方向的相对位移。当活塞杆向上运动时(即减振器为拉伸状态),油缸上部油液的压力增大,这样,上下两部分油液的压差迫使上部部分油液经过心阀的节流孔流入缸下部。油液通过节流孔时产生阻力,该阻力的大小与油液的流速、节流孔的形状和孔径的大小有关。当活塞杆向下运动时(即减振器为压缩状态),受到活塞压力的下部油液通过心阀的节流孔流入油缸上部,也产生阻力。因此,在车辆振动时液压减振器起了减振作用。

以上讨论的情况只有在活塞杆不占据油缸体积的条件下才是合适的,但实际上活塞杆具有一定的体积,当活塞上下运动时,油缸上部和下部体积的变化是不相等的。

设油缸直径为 D,活塞杆直径为 d,若活塞杆从初始位置 I 向下移动距离 s 后达到位置 II。这样,油缸下部体积缩小 $\frac{1}{4}\pi D^2 s$,而上部体积增大 $\frac{1}{4}(D^2-d^2)\pi s$,上下两部分体积之差为

$\frac{1}{4}\pi D^2 s$，下部排出的油液多于上部所需补充的量。为保证减振器正常工作，在油缸外增加一贮油筒，在油缸底部设有进油阀，当活塞杆由Ⅰ向Ⅱ位置运动时，油缸下部油液压力增大，迫使阀瓣紧紧扣在进油阀体上，同时，多余的油液通过阀瓣中间的节流孔流入贮油筒，使减振器正常工作。反之，活塞杆向上运动，则上部因体积缩小而排出的油液量将不足以填充下部因体积增大而需要的油量，所欠油量从贮油筒经进油阀（阀瓣处于抬起状态）进入油缸下部，使减振器正常工作。

3. 液压减振器的使用

（1）减振器上下的连接环是减振器与车体及转向架构架连接的部分，通过穿入短销与其连接安装。

（2）液压减振器所用的油液对减振器的性能和可靠性起着重要的作用。要求油液物理、化学性能稳定，具有防冻性，在-40～+40 ℃范围内黏度不应有很大变化，无腐蚀性等。可以使用锭子油、仪表油、变压器油以及其他专用油液。

（3）减振器的性能可以通过试验台试验出来。试验台拉压减振器，使其活塞运动，测量拉压过程中的位移变化和载荷变化，软件绘出曲线图——示功图，得出最大最小载荷，计算载荷不对称率、阻力系数。

不对称率：即对减振器进行拉、压时载荷的对称性。允许范围为15%。

阻力系数：减振器的阻尼力和速度的比例就是阻尼系数（C），$C=F/V$。

吸收功率：试件在一个测试循环中所吸收功的平均值。

任务五　牵引连接装置

微课：牵引连接装置

任务介绍

通过对牵引连接装置的功能、结构、特性等的学习，掌握其主要功能和结构。

问题引导

城市轨道交通车辆车体和转向架是通过哪些机构或部件来连接的？

知识素材

城轨车辆普遍采用了无摇枕结构的转向架，由于没有摇枕，车体直接坐落于空气弹簧上，必须靠牵引装置来实现摇枕所具有的传递纵向力和转向功能，所以要求牵引装置具备以下功能：

（1）能够传递纵向的驱动力和制动力，同时允许二系弹簧在垂向和横向柔软地动作。

（2）纵向具有适当的弹性，以缓和由于转向架点头、车轮重量不平衡等引起的纵向振动。

（3）结构上应便于车体与转向架的分离和连接。

（4）由于取消了摇枕，需安装横向油压减振器、横向缓冲橡胶、空气弹簧异常上升止挡等，这些部件的安装和拆卸不能增加车体与转向架分离作业的工时。

一、中央牵引装置

图 4-26 所示是一种典型的城轨车辆的中央牵引装置,中车长春轨道客车股份有限公司设计的地铁无摇枕转向架就采用了这种结构的中央牵引装置。其结构是中心销上端用螺栓固定在车体枕梁上,下部插在能够传递纵向力的牵引梁孔中,能够自如地垂向运动和回转。牵引梁与构架横梁之间设有牵引叠层橡胶,它的特性是纵向较硬、横向柔软,所以既能有效地传递纵向力,又能随空气弹簧做横向运动。每台转向架设 4 组牵引叠层橡胶,安装时能使其在纵向倾斜,以便牵引梁对准转向架中心。可按隔离纵向振动的要求选定牵引叠层橡胶的纵向刚度值,同时要保证纵向无滑动部位和间隙存在。中心销下部连有空气弹簧异常上升止挡,当空气弹簧因故过充时可以限制车体不断上升,保证安全;在起吊车体时,可使转向架同车体一起被吊起。

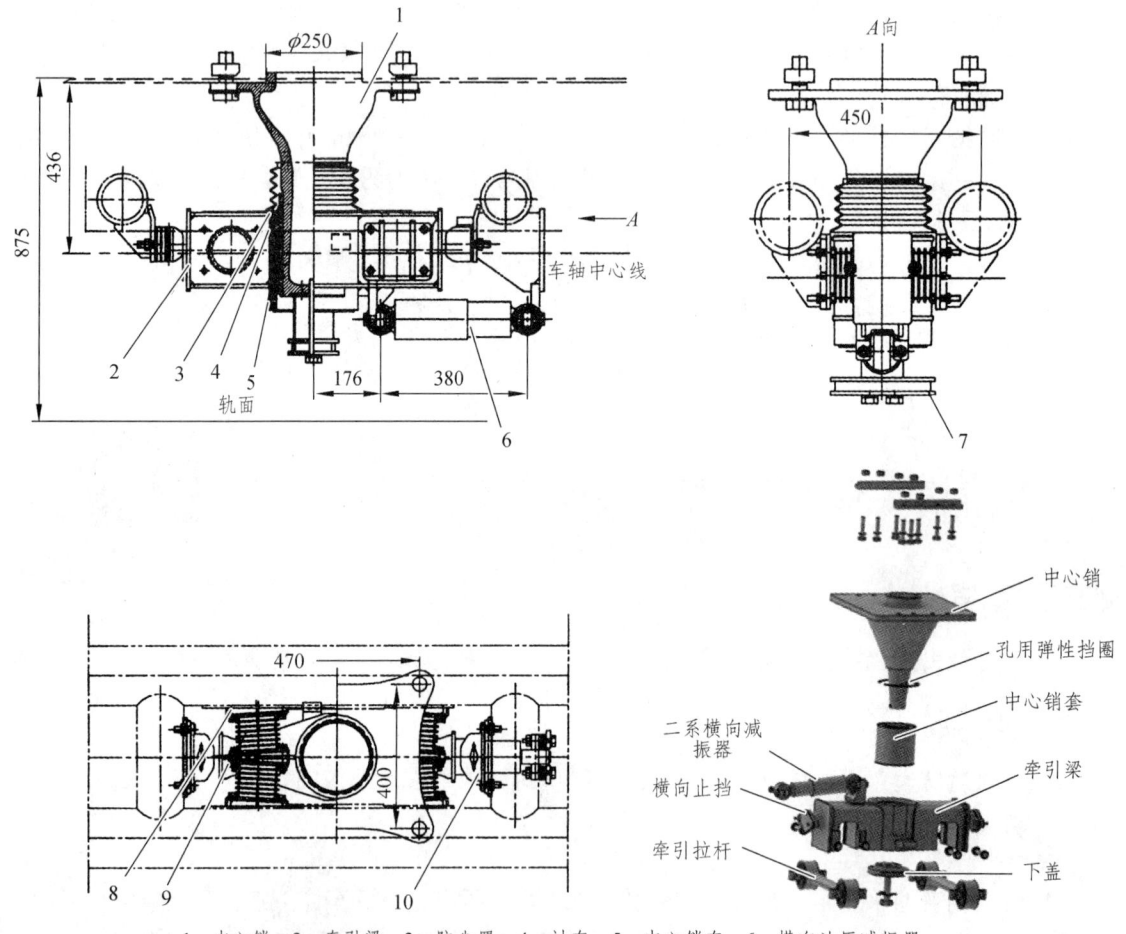

1—中心销;2—牵引梁;3—防尘罩;4—衬套;5—中心销套;6—横向油压减振器;
7—空气弹簧异常上升止挡;8—安装板;9—牵引叠层橡胶;10—横向缓冲橡胶。

图 4-26 中央牵引装置

图 4-27 所示为几种中央牵引连接装置结构,它们都有各自的特点。例如,图 4-27(b)的中央牵引装置结构,由于牵引杆两端与中心销和转向架的连接部位都有橡胶关节,橡胶关节的弹性定位能保证转向架绕中心销在各个方向上有一定程度的摆动,这既保证了转向架抗

蛇行运动的性能,又能实现转向架与车体之间的转角,保证车辆顺利通过曲线。广州地铁二号线车辆采用的就是(b)图的牵引连接装置结构,一号线采用的是(c)图的牵引连接装置结构。值得提出的是,与广州地铁一号线车辆转向架相比,二号线车辆转向架的牵引连接装置比较简单。二号线车辆转向架通过带有橡胶关节的牵引杆连接到与车体连接的车体中心销上,没有中心销座和复合弹簧,更便于拆装转向架。

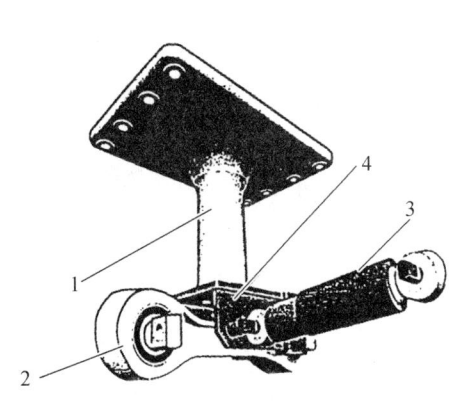
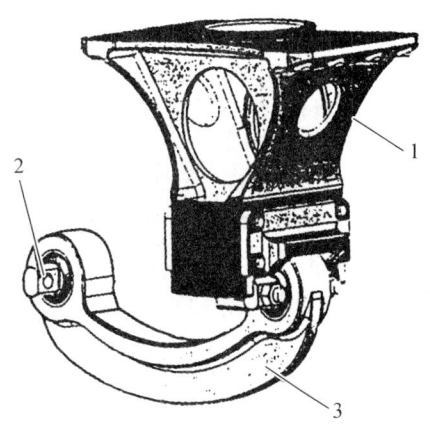

1—中心销;2—牵引杆;3—减振器;4—牵引座。　　　　1—连接座;2—轴;3—牵引杆。

(a)　　　　　　　　　　　　　　　　　　(b)

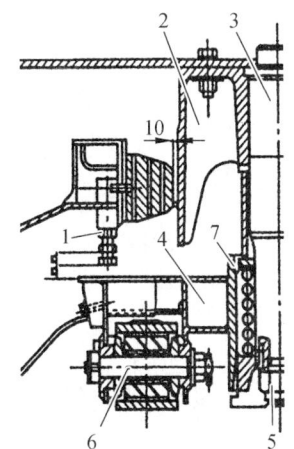

1—起吊保护螺栓;2—中心销导架;3—中心销;4—中心架;5—定位螺母;6—牵引杆;7—复合橡胶衬套。

(c)

图 4-27　牵引连接装置

二、横向油压减振器和横向缓冲橡胶

为了提高城轨车辆的舒适性,转向架采用了低横向刚度的空气弹簧。与此配套,使用横向油压减振器提供相应的振动阻尼,改善横向振动特性。横向油压减振器安装在牵引梁与构架之间。图 4-28 所示为横向油压减振器的阻尼曲线。

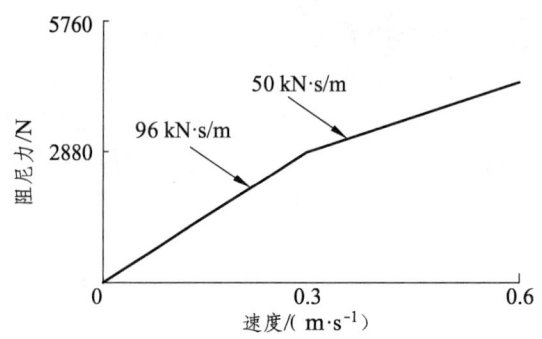

图 4-28　横向油压减振器阻尼曲线

在构架纵向梁上还设有非线性的横向缓冲橡胶，它与牵引梁两端面间隙为 10 mm 左右。车体（牵引梁可认为是车体的一部分）可以在此间隙范围内自由摆动，当振幅超过此间隙范围时，横向缓冲橡胶开始起作用。在横向缓冲橡胶初始压缩时弹性特性很柔软，其后稍硬，刚度随振幅增大而增加，图 4-29 所示为其挠度曲线。

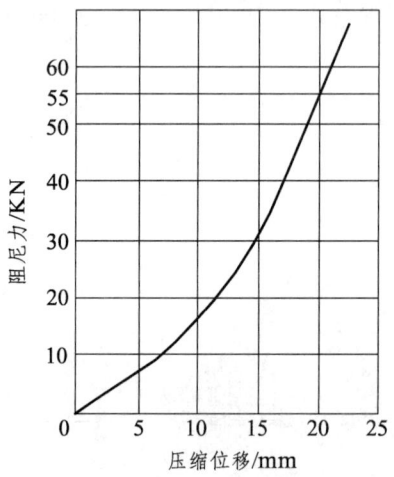

图 4-29　横向缓冲橡胶挠度曲线

任务六　驱动和传动装置

任务介绍

通过对多种结构形式的驱动和传动装置的学习，掌握不同种类驱动和传动装置的结构特征。

问题引导

想一想目前城市轨道交通车辆转向架上采用最多的驱动和传动装置是哪一种？选用这种结构形式的原因是什么？

知识素材

驱动和传动装置是指在动车转向架上，将牵引电机的转矩转化为轮对转矩的执行装置，包括牵引电机、齿轮箱、联轴器等。每台动车转向架装有两套驱动和传动装置,各与一个轮对轴箱装置连接。

城轨车辆的动力转向架不论是采用直流牵引电机还是交流牵引电机,均需通过机械减速装置才能将电机的扭矩转化为轮对转矩,再利用轮轨的黏着作用,驱动车辆沿着钢轨运行,而牵引电机的布置形式直接影响着转向架的动力性能。根据牵引电机在转向架上(或车体上)配置的特征,以及电机转轴与转向架轮对之间传动的特征,牵引电机大致可分为以下 6 种结构形式。

一、抱轴式牵引电机——爪形轴承传动装置

这是城市轨道车辆最古老的传动形式,它是直接利用牵引电机驱动轴上的齿轮带动轮对轴传递扭矩。这时电机驱动轴与轮对轴呈平行配置,牵引电机的一部分重量通过两个爪形轴承支承于轮对轴上,另一部分重量通过弹簧支于构架梁上,也称抱轴式。一般牵引电机的小齿轮与轮对上的大齿轮之间的传动比取 1∶4~1∶6,如图 4-30 所示。

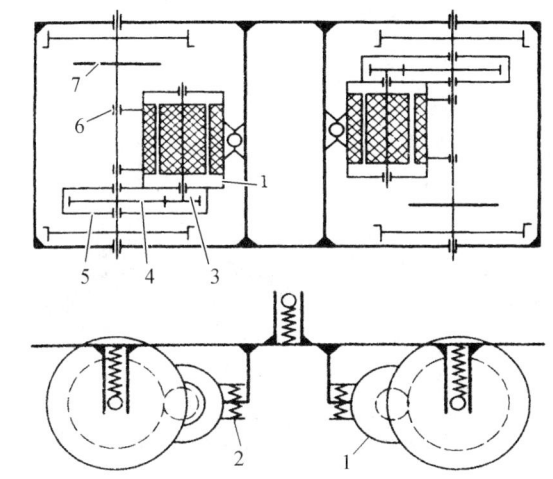

1—牵引电机;2—电机弹性悬挂;3—驱动小齿轮;4—车轴上大齿轮;
5—减速齿轮箱;6—爪形轴承;7—制动盘。

图 4-30 抱轴式牵引电机——爪形轴承传动装置

这种传动装置的很大一部分重量非弹性直接支于轮对轴上,增加了簧下部分的重量,对转向架的运行品质带来不利影响,而且必然导致相关的运动零件(如轴承、齿轮和集电器等)的强烈振动和磨耗。此外,由于这种传动的扭转弹性很低,往往要造成集电器过载,甚至损坏。

由于这种传动结构简单、坚固,所以至今仍在轻轨车辆上应用。

二、架悬式横向牵引电机——空心轴传动装置

该传动装置将牵引电机支承于构架横梁上,如图 4-31 所示,它采用电机空心轴和高弹性的联轴器驱动齿轮减速箱,解决了上述方案的电机直接支于轮轴增加簧下重量和传动件过小的扭转弹性常导致集电器过载的问题。由于牵引电机重量由转向架构架全部承担,所以这是一种典型的架悬式(一种全悬挂)结构,又由于电机采用了空心轴,所以该结构又称为电机空心轴式结构。

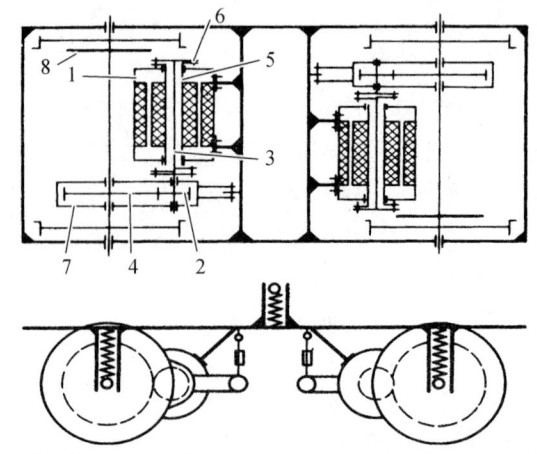

1—牵引电机；2—小齿轮；3—驱动轴；4—大齿轮；5—空心轴；
6—联轴器；7—减速齿轮箱；8—制动盘。

图 4-31　架悬式横向牵引电机——空心轴传动装置

在空心电枢和齿轮减速箱的小齿轮之间设置了一个可移动的橡胶高弹性的钢片联轴器。减速箱一端支于轮对轴上，另一端通过一个可动的纵向可调节的支撑铰接于构架上。

空心轴传动由于其重量轻、作用可靠和耐久性，在城轨车辆中获得了广泛应用。图 4-32 为横向牵引电机——空心轴驱动结构图。

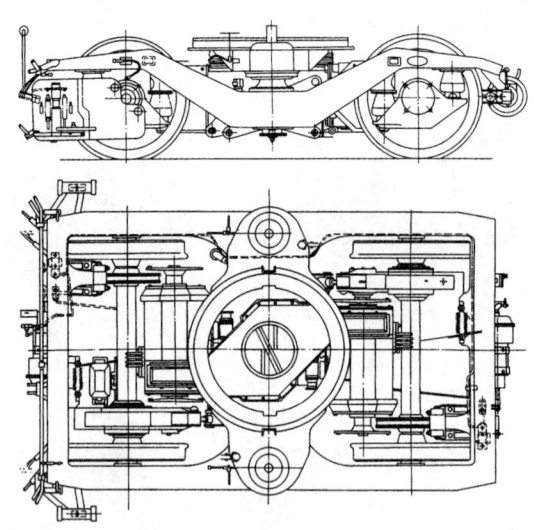

图 4-32　横向牵引电机——空心轴驱动结构装配图

三、两轴——纵向驱动、骑马式结构

沿转向架运动方向配置的牵引电机连同齿轮减速箱组成一组合体跨骑在转向架的两轮对上，牵引电机的两侧与带有法兰的减速箱组成一个自承载的组合体，牵引电机驱动轴经齿轮减速后，借助于空心轴和橡胶联轴器与轮对轴弹性连接，如图 4-33 所示。

两轴纵向驱动的优点：转向架的轴距比以上两种形式可有较大的减缩，有可能在 2 m 以内。另外当一个轮对的黏着摩擦由于局部的蠕滑效应而遭到破坏时，则另一具有良好摩擦条件的轮对担当起后备保险的作用。同样，在加速和减速时所出现的轮对卸载将不起作用，因为一根轴卸载，在另一根轴上就要承担附加的载荷，整个转向架所传递的摩擦力矩总和仍不变。而在单轴分离配置牵引电机时轮对的摩擦极限有被超过的危险，卸载的轮对就有可能打滑空转。

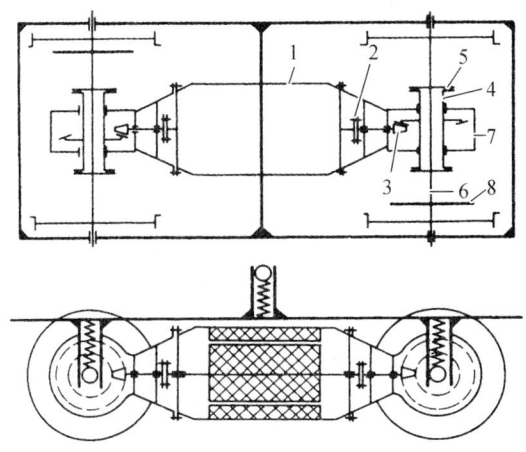

1—牵引电机；2—联轴器；3—驱动伞齿轮；4—空心轴；5—橡胶联轴器；
6—轮轴；7—减速箱；8—制动盘。

图 4-33　两轴——纵向驱动、骑马式结构

这种结构通过机械连接强制驱动转向架的两个轮对具有相同的角速度，若两轮对的车轮直径存在差异，由此也造成运行阻力上升和磨耗的增加。另外它的整个装置均由转向架的两轮对直接支承，增加了簧下重量，加剧了转向架运行的动力作用。

四、全弹性结构的两轴——纵向驱动

这种装置的牵引电机完全弹性地固定于转向架构架的横梁上，电机驱动轴经减速齿轮驱动万向接头空心轴，再经橡胶连杆联轴器将扭矩传递给轮对，如图 4-34 所示。

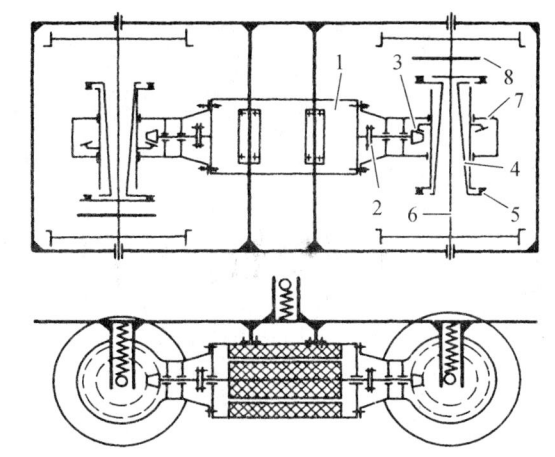

1—牵引电机；2—联轴节；3—驱动伞齿轮；4—万向接头空心轴；
5—联轴器；6—轮轴；7—减速箱；8—制动盘。

图 4-34　全弹性结构的两轴——纵向驱动装置

由于电机的重量由构架全部承担，所以也称为架悬式结构，也由于轮对采用了空心轴，所以又称为轮对空心轴式结构。

五、牵引电机对角配置的单独轴——纵向驱动

两牵引电机对角悬挂于转向架构架的两横梁上，电机与齿轮传动装置之间扭矩的传递经由连杆轴实现，如图 4-35 所示。

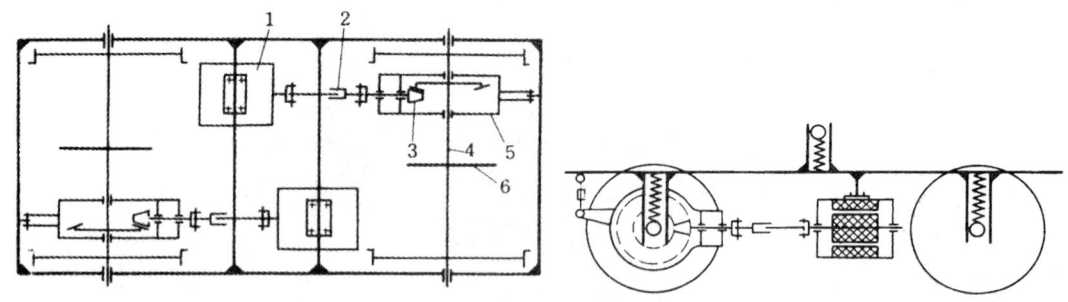

1—牵引电机；2—连杆轴；3—驱动伞齿轮；4—轮对；5—减速箱；6—制动盘。

图 4-35　对角配置单独轴——纵向驱动装置

齿轮减速箱一端弹性悬挂于构架的端梁，另一端抱在轮对车轴上。转向架上两套电机及其传动装置独立地配置，各自驱动一轮对。

六、牵引电机置于车体上的驱动装置

牵引电机装于车体上，电机驱动轴经万向联轴节将扭矩传递给置于转向架上的减速装置，从而使轮对转动。其驱动装置原理如图 4-36 所示。

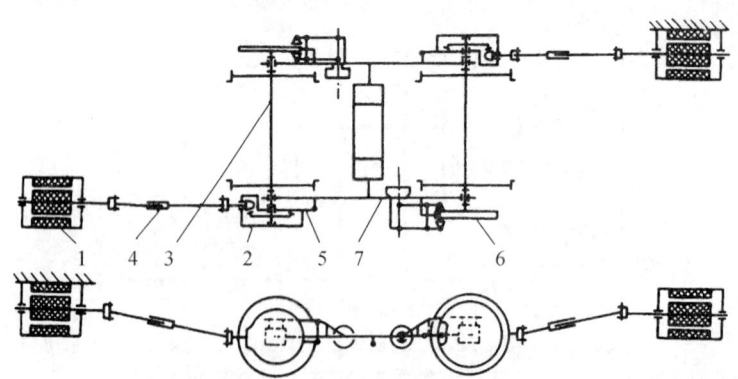

1—牵引电机；2—齿轮传动装置；3—轮轴；4—连杆轴；5—传动支撑；6—制动盘；7—制动装置。

图 4-36　牵引电机置于车体上的驱动装置

由于牵引电机重量由车体全部承担，所以称为体悬式。该传动方式广泛用于城轨车辆的独立旋转车轮车辆的驱动。

任务七 基础制动装置

任务介绍

通过对列车制动系统的学习,掌握车辆制动模式、制动方式以及各自的特征、优势,对比分析两种典型的基础制动装置的优劣势。

问题引导

同学们在乘坐地铁时,有没有注意到列车在制动时采用何种方式?对应的结构又是怎样的?

知识素材

一、列车制动系统

为了能施加或者缓解制动,需要在列车上安装一整套完整可操纵并能进行控制和执行的系统,总称为列车制动系统。它包括两个部分:控制部分和执行部分。

制动控制部分主要包括制动信号的发生与传输装置,以及制动控制装置。

制动执行部分主要包括闸瓦制动和盘式制动等不同的制动装置,也叫基础制动装置。

随着轨道交通技术的发展,制动装置越来越多地采用了电气信号控制和电气驱动控制设备,特别是微机和电子设备的出现使制动装置变得无触点化、集成化,并且使制动控制功能融入其他系统控制而不是独立出来,因此将具有控制功能的电子线路、电气线路和空气制动控制部分总称为列车制动系统。

二、制动系统的功能

(1)能够使运行中的列车迅速地减速或者停车。

(2)防止列车在下坡道时由于重力作用导致列车速度增加。

(3)列车停稳后,避免停放的列车因重力作用或风力作用而溜车,这时的制动也称为停放制动。

(4)对已经施加制动的列车,重新启动或者再次加速,必须解除或减弱其制动作用,称为制动的缓解。

三、列车的制动能力

列车制动距离:运行的列车从司机施加制动(将司机制动手柄置于"制动位")的瞬间开始,到列车速度降为零的瞬间为止,列车在这段时间行驶的距离称为列车制动距离。

列车制动能力:该列车的制动系统能使其在规定的安全范围内在规定的安全制动距离内可靠停放的能力,与列车运行安全直接相关。

四、车辆制动模式

根据运行要求,车辆制动采用停放制动、常用制动、紧急制动、快速制动等制动模式。

1. 停放制动

由于车辆断电停放时,制动缸压力会因管路泄露(空气压缩机停电或不工作)并无压力空气补充的情况下,逐步下降为0,使车辆失去制动力,所以需采用弹簧产生制动力,弹簧力的大小不随时间而变化。弹簧停放制动缸充风,停放制动缓解,并附加手动缓解功能。

2. 常用制动

常用制动是指正常情况下,为调节或控制列车运行速度(包括进站停车)所施加的制动。其特点是:作用比较缓和,制动力可调节,通常只用到列车制动能力的20%~80%,大多数情况下只用50%左右。

常用制动模式下,电制动和空气制动一般处于激活状态。一般情况下(AW2工况以下,速度8 km/h以上),电制动能满足车辆制动要求;当电制动不能满足要求时,空气制动能迅速、平缓地补充,实现混合制动作用。

3. 紧急制动

紧急制动属于非常制动,是在紧急情况下为使列车尽可能快地停下来而施加的一种制动。其特点为:

(1)动作比较迅猛,而且把列车最大的制动力都用上,比常用制动力大10%左右。
(2)电制动不起作用,仅有空气制动。
(3)高速断路器断开,受电弓降下。
(4)不受冲击极限限制,1.7 s内可达到最大制动力的90%。
(5)施加后不能撤除,列车必须减速直至停下。
(6)具有防滑保护和载荷修正功能。

4. 快速制动

当主控制器手柄移到"快速制动位"时,列车将施加与紧急制动相同的快速制动,其特点为:

(1)电制动不起作用,采用电空混合制动。
(2)受冲击率极限的限制。
(3)主控制器手柄回"零位"可缓解。
(4)具有防滑保护和载荷修正功能。

五、制动装置特点和要求

1. 制动装置的特点

(1)城市轨道交通站间距很短,要求列车启动快、制动快、制动距离短。

（2）要求制动装置操纵灵活、动作迅速、停车平稳准确、制动率和制动功率相对较大。

（3）载客量波动比较大，对列车制动时保证一定的列车减速度、防止车轮滑行、减轻车辆纵向冲击都是不利的，所以要求制动装置具备在各种载荷工况下自动调整车辆制动力的性能，使车辆制动率基本不变，从而实现制动的准确性和停车的平稳性。

（4）城市轨道车辆在部分或者全部车辆上装配了牵引电机，为电制动提供了条件。

（5）电制动功率大，在较高速度下可承担大部分制动载荷。

（6）电制动属于非摩擦制动，没有摩擦副的磨耗和噪声，减少了保养维护和对环境的污染。

（7）再生制动可以节约能源，具有一定的经济效益。

2. 对制动装置的要求

城市轨道车辆一般在人口稠密的地区运行，要求制动机：

（1）具有紧急制动性能，能在规定距离内安全停车。

（2）列车运行中发生列车分离、制动装置故障时，应能自动产生紧急制动作用。

（3）紧急制动除可由司机操纵外，必要时还可以由行车人员利用紧急按钮（紧急阀）等进行操纵。

六、制动方式

城市轨道车辆根据动能转移的方式可以分为摩擦制动和电制动。

摩擦制动是通过摩擦副的摩擦将列车的运动动能转变为热能，散逸于大气。常用方式有闸瓦制动（见图4-37）、盘形制动（见图4-38）和轨道电磁制动。

图4-37 闸瓦制动

图4-38 盘形制动

七、基础制动装置

基础制动装置的作用是在制动缸活塞上的压力空气推力增大数倍后，平均地传递给各个闸瓦，使其转变为压紧车轮的机械力，阻止车轮转动而产生制动作用。

基础制动装置按其作用方式可分为闸瓦制动装置和盘形制动装置。

1. 闸瓦制动装置

闸瓦制动也称踏面制动，是最常用的一种制动方式。闸瓦制动装置按闸瓦块数可分为单闸瓦式、双闸瓦式和多闸瓦式制动装置。

闸瓦制动装置在制动时根据制动指令使制动缸内产生相应的制动缸压力，该压力通过制动缸使制动缸活塞杆产生推力，经基础制动装置中的一系列杆件的传递、分配，使每块闸瓦都贴靠在车轮踏面上，并产生闸瓦压力。车轮与闸瓦之间相对滑动，产生摩擦力，最后转化为轮轨之间的制动力。

缓解时，制动控制装置将制动缸压力空气排出，制动缸活塞在制动缸缓解弹簧的作用下退回，通过各种杆件带动闸瓦离开车轮踏面。

为了改善摩擦性能和增加耐磨性，目前城市轨道交通车辆大多采用合成闸瓦，但是导热性较差。

目前也有采用导热性能较好，且具有摩擦性能和耐磨性的粉末冶金闸瓦。

闸瓦制动产热能力强，但是散热能力差，制动功率较大时候可能会使踏面和闸瓦接触面温度升高，严重时会熔化闸瓦或导致车轮踏面产生裂纹，因此闸瓦制动要限制制动功率。

2. 盘形制动装置

盘形制动也称摩擦式圆盘制动。盘形制动是在车轴或车轮辐板侧面装设制动盘，用制动夹钳将合成材料制成的两个闸片紧压在制动盘侧面，通过摩擦产生制动力，把列车动能转变成热能，耗散于大气之中。

根据摩擦面配置不同，制动盘可分为单摩擦面（单面盘）和双摩擦面（双面盘）；根据制动盘位置不同，盘形制动可分为轴盘式和轮盘式。

与闸瓦制动相比，盘形制动有以下优点：

（1）大大减轻车轮踏面的热负荷和机械磨耗。

（2）制动盘可以设计成散热筋，旋转时使其具有强迫通风的作用，以改善散热性能。

（3）制动平稳，几乎没有噪声。

任务八　地铁车辆转向架

任务介绍

通过对北京地铁车辆的无摇动台转向架和上海、广州地铁车辆转向架组成结构的学习，掌握我国不同发展阶段地铁车辆转向架结构特征。

> 问题引导

（1）不同发展时期为什么要用不同结构形式的转向架？
（2）城轨车辆转向架结构的发展趋势是什么？

> 知识素材

转向架技术水平也体现了城轨车辆的发展水平。目前地铁、轻轨车辆转向架的种类很多，这里只介绍两种典型转向架的结构和原理。

一、DK 型地铁客车转向架

DK 型转向架是我国设计制造的用于北京地铁车辆的无摇动台转向架，属于 DK 系列的有 DK1，DK2，DK3，DK6 及 DK7 等型号。

图 4-39 所示为 DK3 型地铁客车转向架。它的走行部由轮对轴箱装置（1）、构架（2）、摇枕弹簧装置（3）、纵向拉杆（4）和基础制动装（5）等组成。

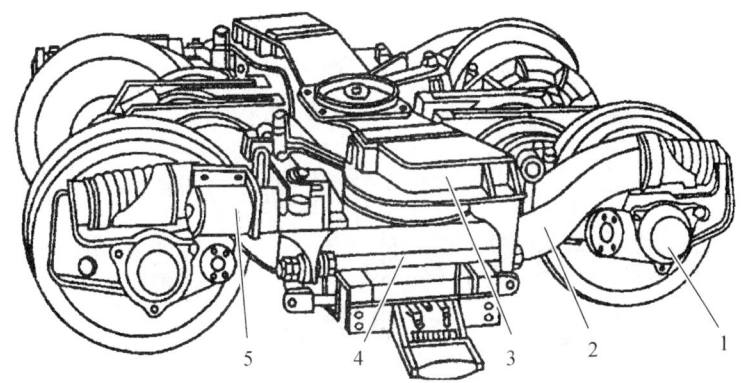

1—轮对轴箱装置；2—构架；3—摇枕弹簧装置；4—纵向拉杆；5—基础制动装置。

图 4-39 DK3 型地铁客车转向架

1. 轮对轴箱装置

DK3 型转向架轴箱装置的特点是轴箱弹簧呈水平放置（见图 4-40），采用金属橡胶弹性铰式轴箱定位结构。

DK3 型转向架采用非标准滚动轴承车轴，中央部分加粗并有专门的传动齿轮安装座，供安装牵引设备之用。滚动轴承采用 42724T 和 152724T 型。为了降低车辆重心，并充分利用地铁车辆限界，采用了 840 mm 直径的车轮。

金属橡胶弹性铰式轴箱定位装置的结构比较独特，这种结构允许绕金属橡胶弹性铰的中心做弹性转动，同时也允许轴箱相对于构架在前后方向有少量位移。轴箱的一侧有一角形弯臂，轴箱弹簧水平地安装在构架和轴箱弯臂之间。当构架的载荷增加时，构架下降，金属硫化橡胶轴套连同心轴也随着下降，于是轴箱绕车轴中心转动，弯臂开始压缩轴箱弹簧。根据几何关系，构架下降量与轴箱弹簧压缩量之比等于车轴中心至硫化橡胶套中心水平距离与车轴中心至弹簧中心线垂直距离之比。

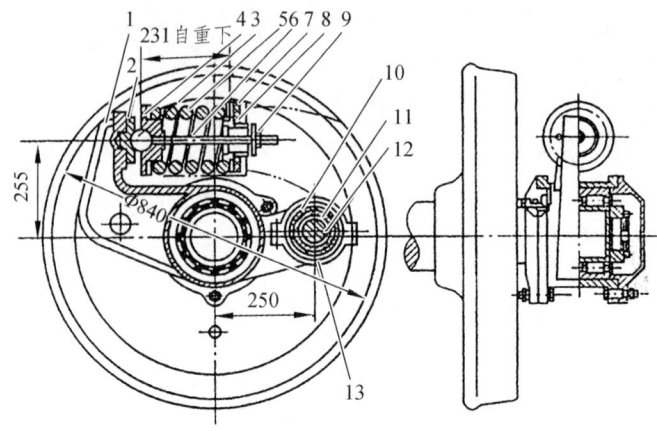

1—轴箱体；2—滚道座；3—钢球；4—弹簧前盖；5—轴箱弹簧；6—螺栓；7—弹簧定位座；
8—橡胶缓冲垫；9—螺母；10—外套；11—硫化橡胶；12—内套；13—心轴。

图 4-40　DK3 型地铁转向架轴箱弹簧装置

2. 摇枕弹簧装置

DK3 型转向架的摇枕弹簧装置采用无摇动台的空气弹簧形式，如图 4-41 所示。

摇枕由钢板焊成空心鱼腹形等强度梁，上、下盖板厚 14 mm，腹板厚 8 mm。由于摇枕兼作空气弹簧的附加空气室，因此做成密封结构。摇枕支承在空气弹簧上，由节流孔与空气弹簧相连通。

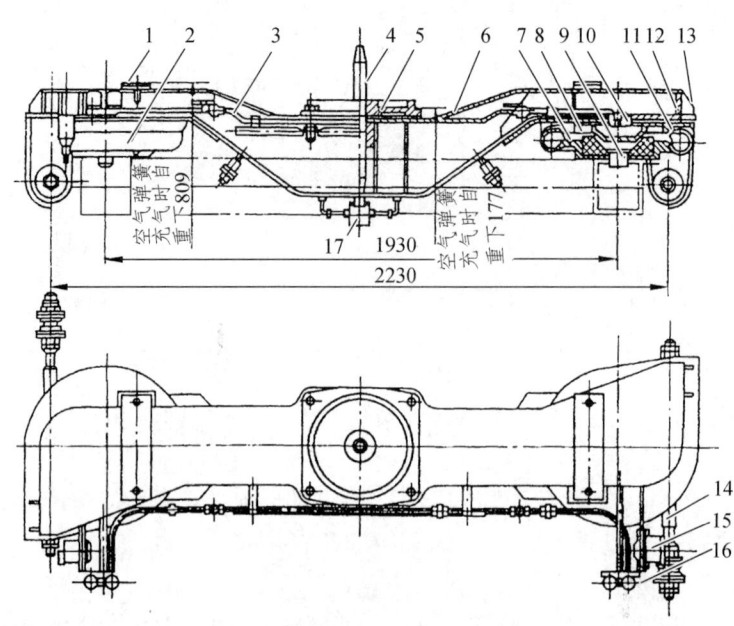

1—下旁承及垫板；2—空气弹簧；3—空气管路；4—中心销；5—下心盘及垫板；6—摇枕；7—空气弹簧下座；
8—碗形橡胶垫；9—定位堵；10—节流孔；11—橡胶囊；12—橡胶垫；13—弹簧上盖；
14—纵向拉杆；15—高度控制阀；16—电磁阀及止回阀；17—差压阀。

图 4-41　DK3 型转向架摇枕弹簧装置

DK3 型转向架采用自由膜式空气弹簧。它由上盖板、下盖板、碗形橡胶垫和橡胶囊等组成。它的主要特点是橡胶囊和上下盖板之间用螺栓连接，靠橡胶囊内的空气压力自封。橡胶囊变形时不受上下盖板的形状约束，故称自由膜式。DK3型转向架利用空气通过节流孔所产生的阻力来衰减振动，故不再设置专门的垂向减振器。空气弹簧上面装有高度控制阀，可以自动地控制弹簧的高度。同时，在左右两空气弹簧之间设置差压阀，它可以保证一侧空气弹簧发生故障时车体不发生倾覆。当空气弹簧无法充气时，其上盖板坐落在碗形橡胶垫上，可避免车体遭受硬性冲击。由于膜式空气弹簧具有横向复原力，故DK3型转向架不再设置摇动台，空气弹簧直接坐落在构架的侧梁上。在转向架的摇枕与构架之间有纵向牵引拉杆，其作用是把牵引力传递到摇枕上，但不妨碍摇枕在上下、左右方向的位移。

DK3型转向架采用心盘承载，下心盘直径为360 mm。下旁承实际上是一块固定在摇枕上的渗碳摩擦板。上下旁承之间的间隙为 3~5 mm，左右的旁承间隙之和不超过 8 mm。

3. 牵引电机及传动装置

每台转向架配置 2 台牵引电机。牵引电机平行于轮对，其一端通过抱轴承支于车轴上，另一端悬吊于构架横梁上。牵引电机通过齿轮传动装置将扭矩传递给轮对。齿轮传动装置由齿轮减速箱、齿式联轴节和减速箱悬吊装置三部分组成。齿式联轴节由 2 个半联轴节、2 个齿轮套、1 个圆弹簧和 16 个螺栓组成，如图 4-42 所示。

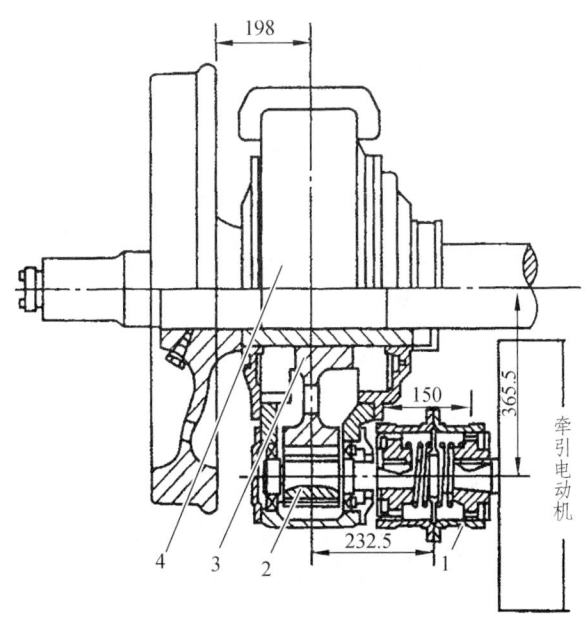

1—齿式联轴节；2—主动齿轮；3—从动齿轮；4—减速箱。

图 4-42 传动齿轮和联轴节

齿式联轴节将主动齿轮轴与牵引电机轴连接在一起，从而将牵引电机产生的转矩传递给主动齿轮。

齿轮减速箱由箱体、牵引齿轮和两对轴承组成。牵引齿轮为一对相互啮合（即具有相同的模数、压力角和螺旋角等参数）的圆柱斜齿轮，其作用是通过齿轮的啮合传动，将牵引电机的转矩由主动齿轮传递到从动齿轮上驱动轮对旋转，同时达到减速和增大转矩的目的。齿轮减速箱体为分箱式结构，箱体内有一定量的润滑油，箱体上设有油针、放油堵、检查盖及透气塞。减速箱悬吊装置将箱体一端弹性地吊挂在构架横梁上，另一端坐在车轴上。

4. 构架

DK3 型转向架的构架是由 20SiMn 低合金钢铸成或采用钢板焊接结构，在水平面呈 H 形，属于 H 形构架。它包括两根横梁和两根侧梁，各梁壁厚均为 12 mm。在构架的两根横梁上焊有牵引电动机座、齿轮箱吊座和制动杠杆座等，两根侧梁是转向架构架的主体梁，在两根侧梁上表面各开有一个 $\phi 60^{+0.5}_{+0.2}$ mm 的空气弹簧安装孔，侧梁两端下部各有两个轴箱水平弹簧安装座。另外，侧梁上还焊有牵引拉杆座、制动缸座和受流器插座等，如图 4-43 所示。

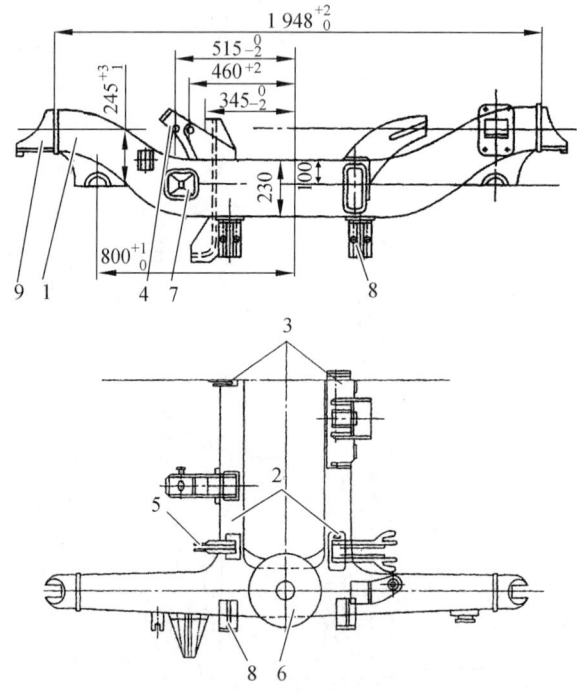

1—侧梁；2—横梁；3—电机吊座；4—齿轮箱吊座；5—制动杠杆座；6—空气弹簧座；
7—牵引拉杆座；8—受流器座；9—轴箱水平弹簧座。

图 4-43 转向架构架

5. 基础制动装置

DK3 型转向架基础制动装置采用吊挂式单侧塑料闸瓦踏面制动。有两个直径为 178 mm 的制动缸分别安装在构架侧梁上，每一个制动缸控制转向架一侧车轮的制动。当使用空气制动时，制动缸推动水平杠杆和移动杠杆以及两轮之间的水平下推杆，使移动杠杆中部的塑料闸瓦压紧车轮，产生制动作用。

二、广州、上海地铁车辆转向架

广州地铁 1 号线和上海地铁 1、2 号线采用相同结构的转向架。该转向架是由德国杜瓦格（Duewag）公司制造的无摇枕空气弹簧转向架。它采用由二系悬挂装置（一系人字形橡胶弹簧和二系空气弹簧）、液压减振器（两个垂向和一个横向）、抗侧滚扭杆和横向橡胶缓冲挡组成的减振系统。车体和转向架构架通过中心架和中心销相互连接，彼此可相对回转，它们之间还有复合橡胶衬套起隔振作用。在构架横梁下面装有两根牵引拉杆，呈对角配置。牵引拉杆的两端嵌有橡胶件，一端与中心架相连接，另一端安装在构架上，车体与转向架之间的纵向力通过构架、牵引拉杆、中心架、复合橡胶衬套、中心销来传递。

每辆车装有两台转向架，动车装设动力转向架，拖车装设非动力转向架，两者的区别为动力转向架上装有两台牵引电机和减速装置。

1. 轮对轴箱装置

轮对由整体辗钢轮和车轴压装而成。转向架的固定轴距为 2500 mm。车轮直径为 840 mm，采用磨耗形踏面，允许车轮磨耗最小直径为 770 mm。并在轮辋上刻有一沟槽记痕作为警告标记；轮缘根部最小厚度为 26 mm；轮缘角为 70°，由于轮缘角的测量很麻烦，因此制造商提供了一个以轮缘角和轮缘根部的宽度等因素为依据而制造的专供测量轮缘形状的专用量具，并用该尺的特定的"QR"值来指示轮缘的综合值。轮缘的"QR"值不得超出制造商特定的 6.5～12.5 这个范围，否则应将车轮进行镟削。

轮毂与车轮装配的内孔是锥度为 1：300 的锥形孔。采用锥形孔主要是为了方便车轮的装卸及在运行时车轮不会因车轴交替的上拱变形而产生向外移动的力。车轮与车轴之间的配合为过盈配合，其过盈量约为 0.30 mm。

动力转向架的轮对轴身上安装有齿轮减速箱，减速箱的大齿轮与车轴的配合也为过盈配合，过盈量为 0.40 mm。

在轮对的两端装有轴箱，采用 SKF 双排单列圆柱滚柱轴承，滚动轴承与车轴的配合过盈量为 0.55 mm 的过盈配合。在轴承的两侧还装有迷宫密封圈，与车轴的迷宫槽配合后可阻止润滑油的外溢。轴箱为铝制品，其作用为连接轮对与构架，传递和承受车体和钢轨之间的垂直和侧向载荷。在轴箱盖上还有速度传感器和接地装置。

2. 弹簧减振装置

弹簧减振装置包括：一系悬挂（人字形叠层橡胶弹簧）、二系悬挂（空气弹簧）、垂向液压减振器、横向液压减振器、抗侧滚扭杆，以及垂向、横向橡胶缓冲止挡。

人字形叠层橡胶弹簧装设在构架与轮对轴箱之间，它是由四层橡胶和四层钢板及一层铝合金经硫化而制成的弹性元件。根据人字形的倾角和橡胶片的层数，可达到所要求的轴箱弹簧的静挠度，并且能做到保证构架和轴箱之间的纵向和横向不同定位刚度的要求。由于拖车和动车本身的自重不同，因此拖车和动车的人字形橡胶弹簧的刚度是不同的，拖车的人字形橡胶弹簧的刚度为 $1120\times(1\pm6\%)$ N/mm，并在外层的钢板上根据不同等级涂有各种颜色的标志，以便安装、维修时选配。而动车的人字形叠层橡胶弹簧的刚度为 $1350\times(1\pm6\%)$ N/mm，外层的钢板上也涂有各种不同颜色的油漆标志。为了能保持车辆良好的动力性能，在安装人字形橡胶弹簧时应注意同一台转向架的八个弹簧刚度必须在规定的范围，另外还要注意橡胶的时效蠕变量的影响。当橡胶弹簧性能趋向稳定时，其垂向蠕变量约为 10 mm。

在车体和构架之间装设有空气弹簧和叠层式橡胶弹簧组合而成的弹性元件，它起着传递载荷、减振和消音的作用。当空气弹簧失效时（气囊破裂、泄漏等），叠层式橡胶弹簧还起着应急维持最低限度运行的要求。在车体和构架之间还装有垂向液压减振器，用来衰减垂向的振动。在转向架的中心架和构架之间设有横向液压减振器，用来衰减车辆横向的振动。为了限制车体和构架之间的横向位移，在构架横梁中部和中心销导架之间设有横向橡胶缓冲止挡。

为了减少缓和车体的侧滚振动，安装有一抗侧滚扭杆，两端装有力臂杆和连杆，并与车体连接。当车体发生侧滚时，转向架两侧的两力臂杆端部作用为一力偶，使抗侧滚扭杆产生转扭变形，对车体的侧滚振动起着抑制作用。

为了使车厢地板面距轨面的高度（1130 mm）保持不变，在车体与转向架间装有高度控制阀，调节空气弹簧橡胶囊内的压缩空气（充气、放气或保持压力），使车辆地板面的高度不受车内乘客的多少和分布不均的影响，始终保持水平，并与轨面及站台面保持规定的距离。

由于转向架上采用了上述多种弹性元件和减振、消音、缓冲的措施，保证了车辆运行的安全性、平稳性和良好的舒适度，并最大限度地降低了车辆运行时的噪声。

3. 构架

如图 4-2 所示，构架由钢板压制成型后，经焊接而成 H 形，其侧梁和横梁为全封闭箱形结构，并在主要受力部位进行补强处理。侧梁的两端设有轴箱导框，用来安装人字形橡胶弹簧；侧梁的中部设有空气弹簧座；构架的中部设有中心架安装座和牵引电机吊座；在横梁的下部设有牵引拉杆座；在构架上还设有抗侧滚扭杆、单元制动机、高度控制阀等安装座。

在安装一系弹簧和轴箱后，轴箱吊座的下方必须安装轴箱拉杆，一方面轴箱拉杆可使轴箱吊座的拱形结构封闭，以提高强度；另一方面，在转向架吊装或运输时，轴箱拉杆可以使轮对随转向架整体起吊。

为了能节约制造成本和增加互换性，拖车转向架和动车转向架的构架可以互换。

4. 中央牵引连接装置

中央牵引连接装置设于转向架的中部，起着连接车体和转向架作用，在通过曲线时彼此可做适量转动，并且通过牵引杆传递牵引力和制动力。其结构如图 4-29（c）所示，它由中心销、中心销导架、复合橡胶衬套、中心架、牵引杆、横向减振器、横向橡胶止挡、起吊保护螺栓和碗形垫结构等组成。

中心销导架通过螺栓固定于车底架上，在中心销与中心销导架之间设有复合橡胶衬套和碗形垫结构。在安装复合橡胶衬套时，要注意将碗形垫上的两个销轴与中心销下部销孔对齐。碗形垫与中心销的连接结构具有止挡作用，当空气弹簧内部压力异常上升时，能抑制车体不断上升，保证安全；还可用于转向架随车体起吊。相对于中心销呈斜对称配置的两个牵引拉杆，其一端与心盘相连，另一端与转向架构架相连，牵引杆的接头设有橡胶弹性缓冲垫。为了限止车体与转向架之间的横向位移，在中心销导架与构架横梁之间装有橡胶横向止挡，每侧自由间隙为 10 mm。在构架与中心架之间还设有四个车辆起吊保护螺栓，与中心架之间间隙为 25 mm，当车轮踏面磨耗造成构架下沉而间隙变小时，必须调整。

5. 牵引电机及齿轮减速箱

每台动力转向架上装有两台牵引电机，用螺栓固定在构架横梁的电机吊座上，为全悬挂结构。每一轮对的轴上装有单级齿轮减速箱，齿轮箱一端吊挂于构架上，另一端通过轴承座装于车轴上。牵引电机的输出轴经弹性联轴节与齿轮箱的小齿轮相连接，大齿轮通过过盈配合装于车轴上，大、小齿轮装于齿轮箱内，相互啮合。这样，电机的转矩通过联轴节、小齿轮、大齿轮驱动轮对。齿轮箱的传动比为 5.95∶1。

上海地铁 1 号线车辆的电机有两种形式，一种是直流牵引电机，另一种是交流牵引电机。而两种电机的功率不同、体积不同，在转向架内部占有的空间也不同。直流电机的体积很大，因此它给联轴节留出的空间较小，这样直流电机的联轴节只能采用橡胶联轴节。交流传动的车辆由于电机体积较小，给联轴节留出的空间较大，因此它可使用对同轴度和轴向窜动要求较低的圆弧齿齿轮的联轴节。交流传动车减速箱的安装为抱轴式安装，其大齿轮套在车轴上。为了取得力矩平稳传递的效果，其齿形采用螺旋角为 4° 的斜齿。整个减速箱为一级减速，只有一对大齿轮，大齿轮为 108 齿，小齿轮为 17 齿，传动比为 6.353；直流传动车减速箱的大齿轮为 113 齿，小齿轮为 19 齿，传动比为 5.96。交流传动车的减速箱的箱体为铸铁浇铸而成的，而直流传动车的减速箱的箱体为铝合金材料浇铸而成。前者的分箱面为垂直的，而后者为水平的，两者各有利弊。

6. 抗侧滚扭杆

为了抑制列车运行时车体所产生的侧滚运动，在每个转向架上都设置了一套抗侧滚扭杆装置。它是由一根扭杆弹簧装在 H 形构架的横梁中间，然后通过曲柄、调节连杆和铰座与车体相连。要注意其两个曲柄的安装方向是一致的，只有这样才能形成一个反力矩，产生阻尼作用。在车体产生侧滚时，扭杆两端的曲柄运动方向相反，产生阻尼作用；而在车体垂向振动时，扭杆两端的曲柄是跟着车体上下运动，方向相同而无阻尼作用。

7. 基础制动装置

广州、上海地铁车辆的制动有两个制动系统：电制动和气制动，电制动与牵引电机有关，与基础制动装置无关。基础制动装置为单元制动机，是气制动的执行机构，其吊挂在转向架上的制动吊座上。每个转向架上共有 4 个单元制动机，其中 2 个单元制动机带有弹簧制动功能，在转向架上呈对角布置的。

项目小结

城市轨道车辆走行部主要以转向架的形式出现，并为二轴构架式转向架。转向架的分类有多种方式，如从转向架结构形式分，有构架式和侧架式；从二系悬挂结构分为：有摇动台、无摇动台及无摇枕结构转向架等。但不同转向架的基本组成是相同的，均由以下几个部分组成：构架、轮对轴箱装置、弹性悬挂装置、制动装置、牵引电机与齿轮变速传动装置等。

构架是转向架的组装基础，主要有铸钢构架和焊接构架等形式，由侧梁、横梁、端梁等组成，还有电机安装座、齿轮箱吊座、制动吊座等。

轮对是由一根车轴和两个相同的车轮通过过盈配合组成，其车轮与钢轨的接触面称为踏面。轮对踏面具有一定的斜度，所以称为锥形踏面；如果新造轮踏面制成类似磨耗后相对稳定的形状，即为磨耗形踏面。

地铁、轻轨车辆普遍采用滚动轴承轴箱装置。轴承基本结构由外圈、内圈、滚子、保持架组成。

轴箱定位装置是指约束轮对与轴箱之间相对运动的机构，它对转向架的横向动力性能、抑制蛇行运动具有决定性作用。常见的定位装置的结构形式有：拉板式定位、拉杆式定位、转臂式定位、层叠式橡胶弹簧定位、导柱定位等。

弹簧减振装置也称弹性悬挂装置，包括弹性元件及减振器。地铁、轻轨车辆都采用两系悬挂装置。空气弹簧悬挂系统在城轨车辆中广泛用于二系悬挂装置。车辆上采用减振器与弹簧等一起构成弹簧减振悬挂装置。

牵引装置用来实现车体与转向架之间的纵向力传递。普遍采用牵引杆与中心销的弹性连接结构，车体与转向架之间既能传递纵向力，又能做横向的相对运动。

城轨车辆的动力转向架通过机械减速装置，将电机的扭矩转化为轮对转矩，有多种驱动形式，如爪形轴承的传动、横向牵引电机-空心轴传动、两轴-纵向驱动等。

城轨车辆的转向架形式，种类很多，各有特点，如摇动台式、无摇枕式、橡胶轮式、单轮对式、独立旋转车轮式等。

思考题

1. 城轨车辆转向架的作用有哪些？
2. 城轨车辆转向架是如何分类的？其结构如何？
3. 构架的作用有哪些？如何分类？其结构如何？
4. 什么是踏面？使用磨耗型踏面有何好处？
5. 轴承的基本结构是怎样的？纵、横向力传递顺序又是怎样的？
6. 轴承保养应注意哪些问题？
7. 为什么要进行轴箱定位？如何进行轴箱定位？
8. 简述车辆悬挂装置的作用及分类。
9. 车辆结构中，有哪些种类的弹簧？作何用途？
10. 简述空气弹簧悬挂系统的组成、作用原理。
11. 举例说明液压减振器的结构及工作原理。
12. 中央牵引连接装置的作用是什么？有哪几种连接方式？
13. 动力转向架有哪几种驱动形式？举例说明其驱动过程。

项目五　城市轨道交通车辆车门

项目概述

车门系统作为城轨车辆的重要子系统，关系着车辆的运行安全，在车辆实际运营时具有高频率的开关动作，以满足司乘人员与乘客上下车需求。

车门的结构和控制若在设计上不够安全可靠，将会影响运营，损害城市和运营公司的形象，有的甚至直接危害乘客的人身安全。据有关车辆专家介绍：车门故障占地铁日常总维修的 40%。世界各国的城轨运营公司在采购运营车辆时，都十分重视车辆客室车门在安全性、可靠性方面的设计，这既是对乘客生命财产安全的负责，也可以有效改善运维过程中的人力、物力等成本。

能力目标

（1）结合车门实物，能说出车门的作用、组成，掌握开关车门的工作原理。
（2）能够根据不同的车门故障类型进行有效查找并进行处理。

任务一　车门概述

任务介绍

通过本任务对车门相关知识的学习，掌握其分类方式和结构特点。

问题引导

（1）你知道哪几种城轨车辆车门？
（2）你知道郑州地铁是使用的哪种车门吗？

知识素材

根据城轨交通的特点，城轨车辆的车门应方便乘客，并尽量缩短乘客上、下车时间，以满足列车运行密度的要求。因此要求车门：

（1）要有足够的有效宽度（一般为 1300～1400 mm）。
（2）要均匀分布，以方便乘客的上、下车。
（3）要有足够数量的车门（一般 4～5 对/辆）。

（4）附近要有足够的空间和面积，方便上、下车乘客的周转。

（5）要确保乘客的安全。

目前国内地铁车辆使用的客室车门以双扇电动塞拉门和双扇电动内藏门为主，部分线路采用外挂移门、外挂密闭门等。2000—2018 年，国内地铁车辆上采用的不同型式客室车门中，塞拉门占比呈现逐年上升的趋势，内藏门占比呈下降趋势，外挂门占比最小，也呈下降趋势。另外经调研统计，2013 年至今，国内地铁车辆客室电动塞拉门总占比约 61%，电动内藏门总占比约 34%，其他类型车门占比约 5%。就车辆速度而言，80 km/h 车辆采用塞拉门占比约 55%，内藏门占比 38%，外挂门占比 7%；120 km/h 车辆使用塞拉门占比 98%以上。

目前世界各国的城轨车辆的车门种类较多，一般按照以下两种方式进行区分。

一、按驱动方式的不同进行区分

1. 电控风动门

电控风动门由压缩空气驱动传动气缸，再通过机械传动系统和电气控制系统完成车门的开关动作。机械传动系统的作用是将传动气缸活塞杆运动传递至车门，使车门动作。电气控制系统包括气动门控制、再开门控制、车门动作监视和列车控制电路联锁等内容，其作用是为了保证车门动作可靠和行车安全。

微课：客室车门常见类型

车门的电气控制系统一般采用电子控制技术，可根据不同要求编制程序修改操作过程，自动监控装置具有全方位监控车门的系统、自动故障报警和记录等功能。为了防止车门夹伤乘客，现代自动车门还具有防夹功能，其中欧洲标准规定，在关门时的最大挤夹力应小于 250 N。

2. 电传动门

电气驱动车门由电动机、传动装置（轴、磁性离合器、皮带轮和齿形皮带）、控制器、闭锁装置和紧急开门装置组成。齿形皮带与两个门翼相固定，闭锁和解锁所需的扭矩由电动机提供。另一种电气驱动装置为电动机通过一根左右同步的螺杆和球面支承螺母驱动滚珠摆动导向件和与其固定的门翼。

二、按其开启方式的不同进行区分

1. 内藏嵌入式对开侧移门

此类车门开关车门时，门翼在车辆侧墙的外墙与内护板之间的夹层内移动，传动装置设于车厢内侧车门的顶部，装有导轮的门翼可在导轨上移动并与传动装置的钢丝绳或皮带相连接，借助气缸或电动机驱动传动机构，从而使钢丝绳或皮带带动门翼动作（见图 5-1）。它的主要的特点是：气缸的尾部是铰接连接，而活塞杆的头部是球铰连接，因此整个气缸是处于浮动状态，不会因车体变形而产生活塞在气缸内卡死现象。每扇门叶的顶部装有 4 个尼龙轮，吊嵌在 C 字形的导轨内，只要准确地调整好尼龙轮与导轨的间隙，就可使门叶平稳地灵活滑动。尼龙轮（上轮）与导轨的间隙一般在车两端的车门为 0.3 mm，而在中间的车门为 0.5 mm。

若门叶在运动时有跳动则可适当减少其间隙，但要保证车体在承受最大载荷时，即车体有一定挠度时，车门也能正常地开关。

图 5-1　内藏嵌入式对开侧移门

北京地铁车辆的车门就采用了这种形式的车门，其有效开度为 1900 mm×1200 mm。司机可操纵按钮通过电气控制系统实现对列车所有车门的同步动作，也可对没关好的车门单独进行再关门控制。它由两大部分即机械传动系统和电气控制系统组成。机械传动系统包括传动气缸、传动系统和电磁阀等；电气控制系统包括控制电路、信号监视电路等。气动门的风源由总风缸通过总风管供给，总风管的压缩空气压力经减压阀减至 0.5 MPa，通过支管截断塞门、电磁阀（常开阀或常闭阀）充至传动气缸内，推动活塞运动，再经钢丝绳、导轮、滚轮、导轨组成的机械传动部分使门动作。双向对开拉门开门时间为 2~3 s，关门时间为 3~4 s，门移动有快慢两档速度，通过双重活塞双向作用式传动气缸来实现，门翼快速运动时挤夹力为 740 N，慢速运动时挤夹力为 320 N。

内藏门结构简单、可靠性高，价格较低，每辆车较塞拉门低 6~8 万元，适合大客流情况。但车门内墙板空隙易进杂物不利清洁，密封性及隔音效果稍差。

2. 外挂式车门

此类车门通过 EDCU 来控制电机带动丝杆转动，通过丝套在丝杆上的横向移动来带动安装在光杆上的门页在导轨上滑动，门页在一个平面内移动（见图 5-2）。

图 5-2　外挂式车门

外挂门车门系统采用模块化设计和安装，门页、车门悬挂机构以及传动机构的部分部件安装于车体侧墙外侧，电子门控单元和驱动电机装于车体侧墙的内侧。车门的开/关动作由电机驱动实现，其运动轨迹与内藏门完全相同。

3. 塞拉门

此类车门借助于车门上端的传动机构和导轨，车门开启状态时门翼贴靠在侧墙的外侧，车门在关闭状态时，门翼外表面与车体外墙成一平面，这不仅使外表美观，而且有利于在高速行驶时减少空气阻力，车门不会因空气产生涡流产生噪声，也便于自动洗车装置对车体的清洗，同时具有密封、隔音、防水性好的优点。在车门的上方设有门翼导轨，气缸（或螺杆）带动连杆机构使门翼沿着导轨滑移（如图5-3）。

图 5-3 塞拉门

广州地铁1号线和上海地铁1、2号线车辆采用内藏嵌入式对开侧移门，采用电控气动控制系统。在每节车两侧各设置了5组车门。每组车门由气动系统、机械传动系统、门叶、导轨等组成，并受专门的车门电气控制系统控制。另外，上海地铁3号线车辆采用电控塞拉门，广州地铁2号线车辆采用外侧移门。

三、按其用途的不同进行区分

除了客室车门以外，还有紧急疏散门和司机室车门等。

微课：其他类型车门

1. **紧急疏散门**

列车在隧道内运行一旦发生火灾或其他险性事故时，必须疏散车上的乘客。这时司机可打开设在前后A车端墙中间的紧急疏散门，引导乘客通过紧急疏散门走向路基中央，然后向两端的车站疏散（见图5-4）。GB/T 7928—2003 明确规定，在未设安全通道的线路上运行的列车两端应设紧急疏散门。

紧急疏散门为可伸缩的套节式踏级板，两侧设有扶手栏杆，中间铝合金踏板上涂有防滑漆，故乘客在上面行走时不会滑跌。其门锁在驾驶室内或室外都可开启，一旦门锁开启车门能自动倒向路基，并且还有缓冲器，不致使倒下的加速度过大，而使疏散门装置损坏。

图 5-4 广州地铁紧急疏散门

常用紧急疏散门如图 5-5 所示。

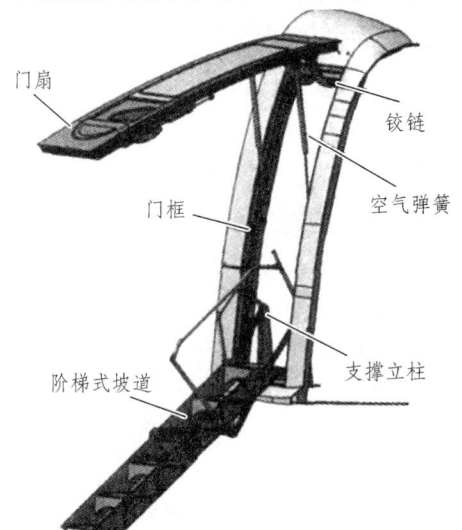

(a) 上翻式疏散门和阶梯式坡道

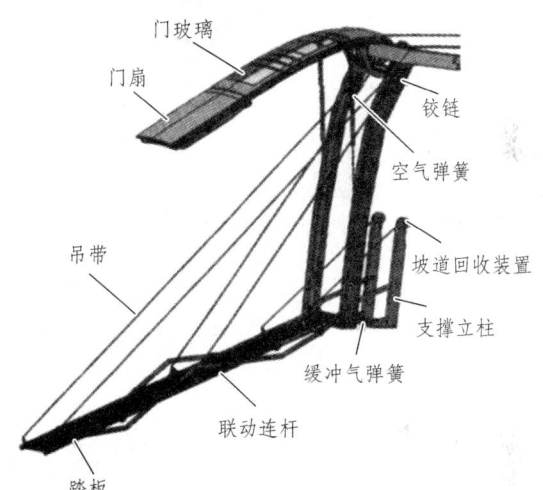

(b) 上翻式疏散门和平板式坡道

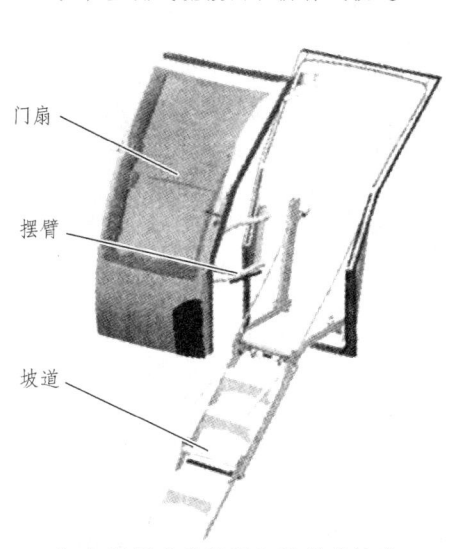

(c) 侧摆式疏散门和阶梯式坡道

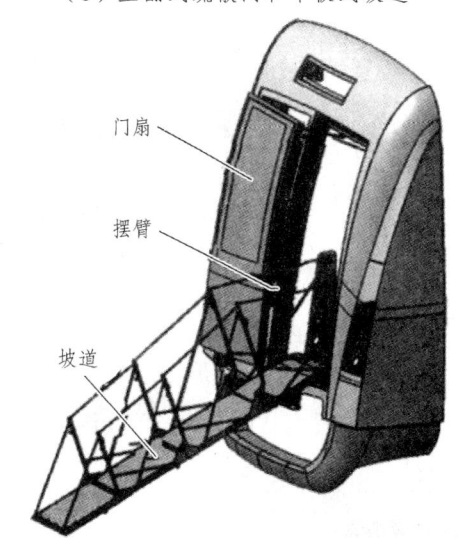

(d) 侧摆式疏散门和平板式坡道

图 5-5 常见紧急疏散门

2. 司机室车门

在司机室两侧墙上各有一扇单叶的内藏式滑动移门，其结构与客室车门类似，只是没有气动装置，采用人工开关，以供司机上下车（见图5-6）。

图 5-6　司机室侧门

在司机室背墙中间有一通往客室的通道门，是供司机走入客室的通道。它在客室一侧没有开门把手，乘客是不能开启这扇门的。但在其上方有一红色紧急拉手，其用途是当乘客发现司机突发急病时，可用紧急手柄开启通道门对司机进行抢救（见图5-7）。

图 5-7　司机室通道门

任务二　客室车门控制

任务介绍

通过本任务对车门相关知识的学习，掌握车门的控制方式。

> **问题引导**

（1）不同驱动方式的车门驱动力的来源主要是什么？
（2）风控式车门的结构有什么特点？

> **知识素材**

本任务主要以电控气动门为例介绍车门的控制。

以广州地铁 1 号线列车为例，车门通过中央控制阀来控制，以压缩空气为动力驱动双向作用的气缸活塞前进和后退，再通过钢丝绳等组成的机械传动机构完成门的开关动作，机械锁闭机构可以使车门可靠地固定在关闭位置。

车门的开关通过操作车门按钮，使电气控制系统控制中央控制阀上的 3 个二位三通电磁阀 MV1（开门）、MV2（关门）、MV3（解锁）的通、断来实现车门的开、关及锁定。在气缸的终端有 150 mm 的缓冲行程。调节中央控制阀上的调节旋钮可调整开、关门速度及缓冲速度。由 4 个限位开关 S1（锁闭）、S2（关闭）、S3（切除）、S4（手动解锁）给出车门状况信号，司机可以在司机室操纵按钮，通过电气控制系统实现列车所有门的同步动作，也可对没关好的车门单独进行重开门的控制。当列车按 ATP（列车自动保护系统）模式运行时，列车到站停稳后能自动开门。

广州、上海地铁车辆的车门既可在 ATO（列车自动驾驶系统）模式下自动打开也可以由司机进行开关。无论是哪种方式，都要求符合以下三种情况：① 当列车速度大于 5 km/h 时，列车上任何与外界联系的车门都不允许正常打开，一旦被强行打开（如启动紧急开门按钮），列车将紧急制动；② 当列车上任意与外界联系的车门处于开启或非正常关闭状态，列车将不能启动；③ 列车开门侧与站台侧要求严格对应。

一、客室车门的气动控制系统及原理

车门的控制是由电控制压缩空气，然后再由压缩空气通过气缸转换成机械动作。每扇门的气动控制原理图如图 5-8 所示。

（一）元　件

1. 电磁阀

电磁阀 MV1、MV2、MV3 均为二位三通电磁阀，分别为开门、关门、解锁电磁阀。

2. 节流阀

共有 4 个节流阀，其功能分别为调节开门速度、关门速度、开门缓冲、关门缓冲。

3. 快速排气阀

共有 2 个快速排气阀。主气缸两端排气管是通过快速排气阀排向大气的，它相当于一个双向选择阀，它的排气口是常开的，当主气缸通过它充气时，其阀芯将排气口关闭。

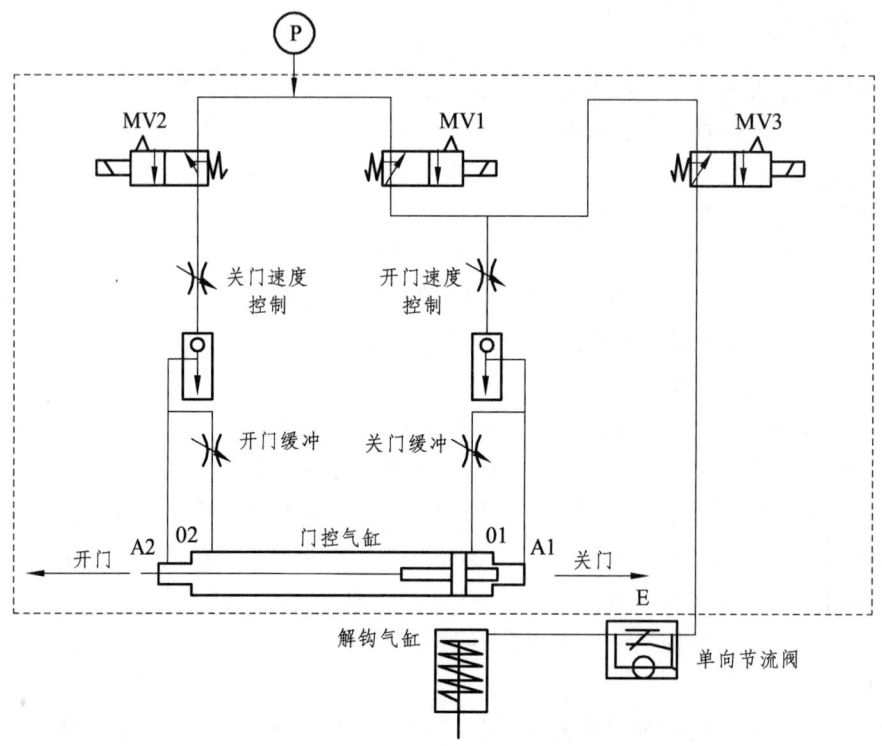

图 5-8 车门的气动控制原理图

4. 气 缸

(1) 门控气缸：开关门动作的执行元件，其中的活塞是一个对称的带有台阶的非等直径的活塞，即两侧直径为 20 mm，中部为 40 mm；其气缸的内径也是非等直径的，两端头的公称内径为 20 mm，中间为 40 mm。这样的结构可使活塞变速运动。

(2) 解钩气缸：执行门钩解钩动作（门钩呈反 S 形，锁住门叶上的圆销使门不能开启）。

5. 其他元件

另外，车门的打开和关闭还设置了 4 个行程开关 S1、S2、S3、S4，4 个行程开关分别对门钩位置、开门行程、门控切除及紧急手柄位置进行限制和位置显示。

其中 MV1、MV2、MV3 三个电磁阀，以及开门速度、关门速度、开门缓冲、关门缓冲节流阀和快速排气阀集成在一起，即为中央控制阀。

（二）工作原理

压缩空气从 P 口进入集成体，而电磁阀均为失电状态。
下面将分别叙述开、关门时，压缩空气的流程及气缸活塞的动作。

1. 开 门

开门的空气流程图如下：

1）进气

压缩空气 → MV1 得电 → MV3 得电 → 节流阀 → 解锁气缸 活塞伸出 → 顶开门钩

　　　　　　　　　↓ → 开门节流阀 → 主气缸进气 $\dfrac{O1}{A1}$ → 活塞杆外伸

2）排气

活塞左移 → 主气缸排气 $\dfrac{O2}{A2}$ → 开门缓冲节流阀 → 快速排气阀 → 大气

当活塞的左端头进入气缸左端的小直径处侧 A2 出口被封堵，大气缸内的气体只能从 O2 一个出气口排出，并最终经过缓冲节流阀到快速排气阀排至大气。由于 A2 出口的被堵，整个排气速度就大大降低，使开关门的速度有了一个极大的缓冲。

2. 关门

关门的空气流程如下：

MV3 失电 → 门锁气缸排气活塞缩回 → 门钩复位（在扭簧作用下）

1）进气

压缩空气 → MV1 / MV2（失电/得电）→ 关门节流阀 → 主气缸进气口 $\dfrac{O2}{A2}$ → 活塞杆缩回

2）排气

活塞杆右移 → 主气缸排气口 $\dfrac{O1}{A1}$ → 关门缓冲节流阀 → 快速排气阀 → 大气

关门缓冲的原理与开门缓冲的原理相同。

由于活塞杆的端头与一扇门叶及钢丝绳的一边相连接，而另一扇门叶与钢丝绳的另一边相连接，则使门叶在活塞杆运动时，能同步反向移动。而运动的速度则由快速至突然缓慢，最后使门叶完全关闭或打开。

二、客室车门的电气控制

（一）操作车门的主要设施

（1）位于司机室左侧墙上的"左门开""左门关""重开门"按钮。
（2）位于司机室右侧墙上的"右门开""右门关""重开门"按钮。
（3）位于司机操纵台上的"强行开门"开关、"开门"开关。
（4）位于司机操纵台上的车门开门操作模式选择开关，有"自动"及"手动"挡。
（5）车载 ATP 列车自动保护系统。具有停车保护、速度监督与超速防护、列车间隔控制、测速与测距、车门监督控制、紧急停车、给发车信号和列车倒退控制功能。
（6）车载 ATO 列车自动驾驶系统。具有停车点目标制动、打开车门、从车站发车、列车加速、区间临时停车、限速区间、手动驾驶与 ATO 随时转换和记录运行信息功能。

（7）RM——受限制人工驾驶模式。列车运行由司机驾驶，列车的运行速度不能大于25 km/h。如果列车的速度超过极限速度，则列车产生紧急制动而停车。

（8）SM——ATP监督下的人工驾驶模式。列车运行由司机驾驶，列车的运行速度受ATP监督，如果列车的极限速度超过了ATP允许的速度，则列车产生紧急制动而停车。

（9）URM——非限制人工驾驶模式。用ATP钥匙开关后才起作用，使用时必须经过批准和登记。列车运行由司机控制，没有限制速度监督。

（二）车门状态及显示

1. 车门状态

列车每个车门（包括紧急逃生门）的车门状态以司机室运行屏中的彩色符号显示（见图5-9），圆圈的颜色代表车门状态，不同颜色的含义分别为①灰蓝色符号：车门关闭状态；②黄色符号：车门打开状态；③黑色符号：紧急打开；④红色闪烁符号：故障；⑤持续红色符号：手动解闭。

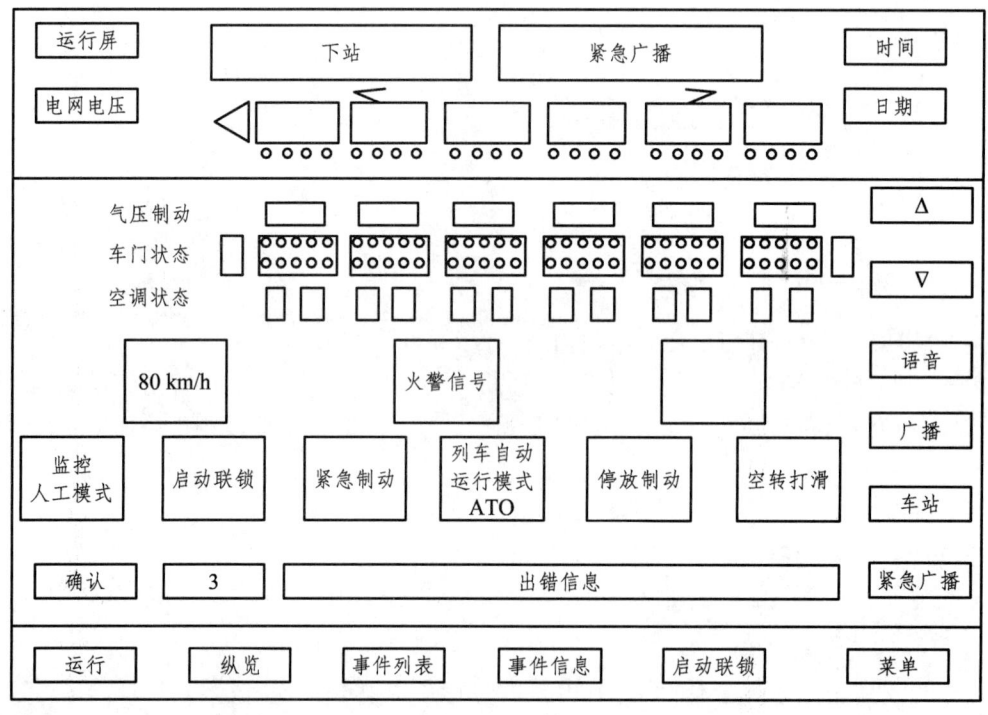

图5-9　HMI屏状态显示

2. 车门状态显示

（1）位于司机室左侧墙上及操纵台上的"左门开"指示灯亮——满足车载ATP允许的条件或操作4S04（非正常情况）或列车停车后（URM模式），且已给出左边门的开门解锁信号，列车左侧门允许打开；"左门关"指示灯亮——列车左边所有车门已经关好且该端司机台已激活。

（2）位于司机室右侧墙上的"右门开"指示灯亮——满足车载 ATP 允许的条件或操作 4S04（非正常情况）或列车停车后（URM 模式），且已给出右边门的开门解锁信号，列车右侧门允许打开；"右门关"指示灯亮——列车右边所有车门已经关好且该端司机台已激活。

（3）位于司机室右侧墙上紧急疏散门指示灯亮——至少有一端的疏散门已经解锁或检测电路故障。

（4）每个客室车门上方的内外侧均有一个橙色指示灯——车门未锁时亮；内侧均有一个红色指示灯——车门切除时亮。

（5）位于每节车后端左右外侧墙上的橙色指示灯——每节车每侧有 1 个以上车门未锁时亮。

（6）位于司机操纵台上的"TFT"彩色显示屏——显示车门被紧急解锁的位置及车载 ATP 系统对车门的控制状态。

（三）控制车门开关按钮的作用及使用

（1）左门开按钮：用于指示列车左边门是否有开门信号和开启列车的左边门，有开门使能信号时，按 8S01 按钮。

（2）左门关按钮：用于指示列车左边门是否"关好"和关闭列车的左边门，按 8S03 按钮。

（3）右门开按钮：用于指示列车右边门是否有开门信号和开启列车的右边门，有开门使能信号时，按 8S02 按钮。

（4）右门关按钮：用于指示列车右边门是否"关好"和关闭列车的右边门，按 8S04 按钮。

（5）左门重开按钮：用于重新开启列车左边未完全关闭的客室门，列车左边有开门使能信号和左边门至少有一个车门未关好。

（6）右门重开按钮：用于重新开启列车右边未完全关闭的客室门，列车右边有开门使能信号和右边门至少有一个车门未关好。

（7）强行开门按钮，其作用将在任务三中详细介绍。

（四）TMS 列车管理系统的开门联锁功能

（1）只有列车静止时，开、关门指令才有效。

（2）当列车上任一与外界联系的车门处于开启或非正常关闭状态，列车将不能起动，即车门没有全部关好，列车无法起动。

（3）当列车速度大于 5 km/h 时，列车上任何与外界联系的车门正常情况下都不允许打开，一旦被强行打开（如启动紧急开门按钮），列车将紧急制动。

（4）当列车牵引时，如车门强行打开，列车将在 ATP 保护下，停止行驶中的车辆，没有 ATP 保护下，VTCU 仅使车辆由牵引转至惰行。

（5）VTCU 接收司机发出/ATP 发出/ATO 发出的开、关门指令，并考虑联锁条件后，发送到 EDCU。

其中，EDCU 为车门电子控制单元；VTCU 为车辆列车控制单元。

（五）开、关门控制原理

下面以广州地铁 1 号线车辆某一门（如 A 车 1/3 门）开门、关门为例。其控制原理如图 5-10 所示。

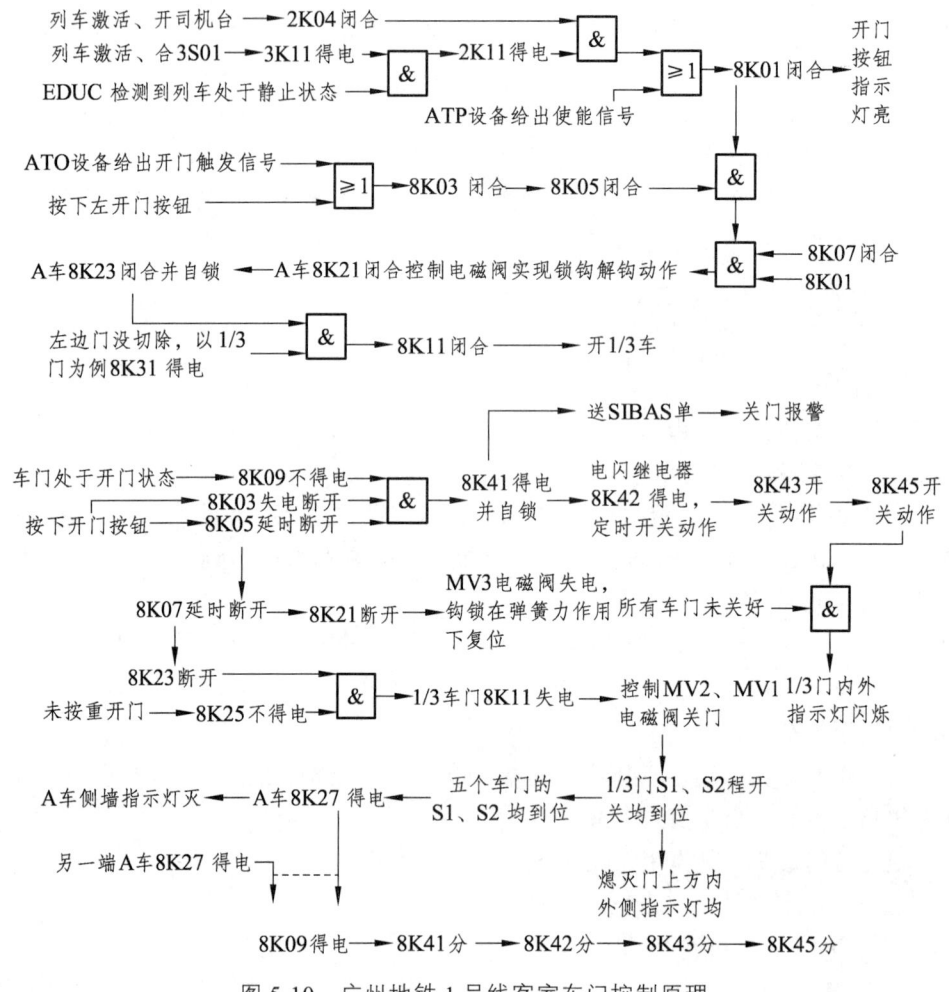

图 5-10　广州地铁 1 号线客室车门控制原理

当开门指令发出后，将使中间继电器 8K11 得电，控制电磁阀 MV1、MV3 得电使车门得以打开；当关门指令发出后，使中间继电器 8K21 触点断开，8K11 失电，控制电磁阀 MV1、MV2 使车门关闭。为了行车的安全，车门监控回路的 8K09、8K10 继电器，S1、S2、S3 行程开关还直接或间接地影响车辆的牵引和制动及紧急制动，起到监控和保护作用，用于车门控制的这些中间继电器的型号都是 SH04。

其中，8K01 为左侧门的门使能继电器；8K03、8K23 为开门继电器；8K05 为延时断开继电器；8K07 为门未锁继电器；8K09 为整列车所有门关好继电器；8K11 为左边门开、关继电器；8K21 为解锁继电器；8K25 为重开门继电器；8K27 为关门监测继电器；8K31 为左边门未切除继电器；8K41 为关门报警起动继电器；8K42 为关门报警电闪继电器；8K43、8K45 为关门报警继电器；MV 为电磁阀；S 为行程开关。

任务三　车门故障的检测及处理

任务介绍

通过本任务对车门故障的学习，掌握其故障类型和处理方式。

问题引导

（1）你知道哪几种车门故障类型？
（2）你知道郑州地铁使用的是哪种车门吗？

知识素材

一、车门三大系统故障及处理

车门的故障表现复杂繁多，其中既有车门气路系统、机械传动方面的问题，也有车门电气控制及信息检测系统的故障。

（一）车门机械系统故障

车门机械故障主要分两种：一种是零部件损坏故障；一种是调整不到位故障。

零部件损坏通常可以通过更换新件解决，但如果同一类零部件损坏率较大，则应当检查是否存在系统设计问题或调整上的失误。

1. 调整不到位

调整不到位通常表现为尺寸超差，影响车门的正常动作。常见问题有：

（1）锁钩间隙过小或左右不均匀，导致锁钩无法下落，S1 行程开关检测认为车门没有锁好，列车无法起动。

处理方法：为确保锁钩左右间隙满足（1±0.5）mm 的要求，必须按以下方法重新调整。

① 在无电情况下，松开连在左门页上与驱动气缸活塞杆的连接以及钢丝绳夹，使左门叶可以自由运动。

② 调整关门止挡位置，使左门叶锁销与锁钩间隙达 1 mm，同时要保证左门叶与门框中心线之间的距离上部比下部大 1 mm。

③ 左门叶位置确定后，固定关门止挡位置，把右门叶推至关闭位，检查左右门叶锁销与锁钩间隙基本均匀，拧紧左门叶的钢丝绳夹，连接驱动气缸活塞杆。

④ 有电状态下进行微调。

（2）S2 行程开关安装位置不准确，使 S2 检测有误。

处理方法：

① 拧松 S2 摆臂的螺钉，拉下摆臂使之与摆臂座之间的齿合脱离。

② 调整 S2 摆臂的角度。

③ 拉下紧急解锁手柄，用手合上两门叶，当锁钩尖对准锁销中心时，S2 必须动作。
④ 调整好以后拧紧摆臂螺钉，有电时检查 S2 的功能。

（二）车门电路故障

车门电路故障主要有继电器卡滞、烧损，行程开关内部弹簧老化造成触头接触不到位等。这类故障均可以通过相关车门电路分析查出并处理。

主要故障：S1/S2 行程开关接触不到位。S1/S2 各有一对常开触点，并联在一起检测单个门的关闭和锁闭状态，一对常闭触点串联在一起用于整节车的车门状态检测。车门关闭并锁好后，如果单个门检测都正常，即 S1/S2 常开触点都已断开，但整节车侧墙黄色指示灯不灭，排除整节车继电器 8K27/8K28 的故障后，说明至少有一个门的 S1/S2 常闭触点没有闭合。在这种情况下，由于单个门指示灯都已熄灭，无法直接判断是哪个门的故障，可以通过逐个切除，即 S3 旁路 S1 和 S2 的串联电路，找到故障的车门。

（三）车门气路故障

车门气路故障主要表现在气动元件调节功能失效、漏气等，可以通过用新件替换查找故障。常见部件失效现象有：

（1）驱动气缸漏气或中央控制阀漏气。这两个部件若发生漏气情况，一般都表现为门关闭或完全开启时，中央控制阀排气口一直有空气排出。通常情况下，驱动气缸漏气情况较为普遍，可先采取更换驱动气缸的处理方法进行检查。

（2）解锁气缸动作不灵活，导致锁钩无法复位，车门无法锁闭。通常情况下，可对解锁气缸的活塞进行清洁并喷涂橡胶保护剂润滑其密封件；若试验多次仍无法恢复正常，可以判断是解锁气缸内部存在故障，一般为内部排气孔堵塞造成，需更换解锁气缸。

（3）中央控制阀速度调节功能失效。旋转各调整针阀，可将针阀拧至"+"或"-"的极限位置，若开关门速度或缓冲速度没有明显的变化，说明针阀的调节作用已失效，需更换中央控制阀整件。

（4）单向节流阀调节功能失效，导致锁钩下落速度不可调，通常情况下关门逻辑为锁钩先落下，门叶上的锁销撞击锁钩后把门锁上，需要更换节流阀。

二、车门特定故障的检测及处理

（一）列车单个车门不能打开的检测及处理

1. 单个/多个车门故障检测处理程序（车辆显示屏在关门状态下有个别车门显示灯显示黄色及红色）

（1）列车在站关门时发现司机室关门指示灯不亮，司机在确认屏蔽门与列车之间的空隙无人后等待 20 s，随后重新开、关门一次，观察能否恢复正常。能恢复正常则确认站台安全、进路正确，可以开车。

（2）若不能恢复正常，则通知站台在岗工作人员，要求其确认好故障车门的位置并准备好"此门故障暂停使用"的字条，通过车辆显示屏确认故障车门的位置并记录在手账上，同时做好乘客广播，将情况报告行调，重新打开屏蔽门、车门，司机带上方孔 T 形钥匙到达故障车门处进行处理。

（3）司机进入客室把故障车门切除。（注：司机到达故障车门时第一时间先检查故障车门的门槽内无异物。开门情况下切除车门，司机必须要用力将车门推至关闭状态，两扇车门之间无缝隙，用力反方向推门，车门打不开，切除指示灯红灯亮。）

（4）切除完毕，要求车站在故障车门张贴"此门故障暂停使用"的告示，从其他车门下车，回到驾驶室后关屏蔽门、司机关车门。

（5）确认站台安全，站台岗给出故障已排除、进路正确信号，动车后报告行调。

2. 列车在站停车开门时发现某一节车门有一个或多个车门不能打开或关闭，相应车门显示屏显示黑色闪烁

（1）报告行调，同时做好乘客广播安抚乘客。

（2）到故障车检查 8F21～8F25 是否跳闸，跳闸则复位，继续维持运营。

（3）若自动开关无跳闸或复位不成功，则报告行调，建议切除故障车门，按行调的指示执行。

其中：

08F21——车门 1/2，微型断路器（MCB）；

08F22——车门 3/4，微型断路器（MCB）；

08F23——车门 5/6，微型断路器（MCB）；

08F24——车门 7/8，微型断路器（MCB）；

08F25——车门 9/10，微型断路器（MCB）。

（二）列车所有左侧车门/右侧门不能打开的检测及处理

1. 单节车整边门不能打开

检查相应车的 8F03、8F05、8F09（左边门）或 8F04、8F06、8F10（右边门）是否跳闸。如果是，请复位；如果不是或复位不了，报告 OCC（运营控制中心），请求运营到前方终点站退出服务。

2. 单节车整边门不能关闭

检查相应车的 8F09（左边门）或 8F10（右边门）是否跳闸。如果是，请复位；如果不是或复位不了，报告 OCC，请求请客退出服务。

其中：

8F03——左门解锁，保护本车"左门解锁"的继电器；

8F04——右门解锁，保护本车"右门解锁"的继电器；

8F05——左门打开，保护本车"左开"的继电器；

8F06——右门打开，保护本车"右开"的继电器；

8F07——左门重开，保护本车"左门重开"的继电器；

8F08——右门重开,保护本车"右门重开"的继电器;
8F09——左门未锁,保护本车左边门的开、关门控制电路和检测电路以及灯显示电路;
8F10——右门未锁,保护本车右边门的开、关门控制电路和检测电路以及灯显示电路。

3. 整列车左侧车门/右侧车门不能打开

手动操作有关继电器开门,疏散乘客后报告 OCC(运营控制中心),退出服务。

(三)强行开门按钮的作用

(1)列车停稳后,显示屏没有释放信号,车门不能打开,此时司机手按强行开门按钮,ATP 旁路给出两侧门的释放命令,司机根据情况手动开门。

(2)关门后,车门故障、显示车门未关好,显示屏显示门释放信号,司机可按压强行开门按钮一次,在旁路 ATP 对门的监督下,司机正常驾驶列车到下一站停车。

如果显示屏显示切断门的监督,司机必须按压强行开门按钮一次,ATP 给出门释放信号后,根据实际情况开门。

如果显示屏没有显示门切断信号,显示屏有门释放命令,在 ATO 下可自动开门(显示开门与门开关必须打到自动开门挡)。

(3)车门在打开的状态下按压强行开门按钮,切断门的监督,使车门自动关闭。

(4)当车门关闭后,显示仍然有一个门释放信号,此时可按压强行开门按钮,切断门监督。

项目小结

城轨车辆的车门按驱动方式的不同可分为电控风动门、电传动门等;按其开启方式的不同可分为内藏嵌入式对开侧移门、外侧移门、塞拉门、外摆式车门等;按其用途的不同分,除了客室车门以外,还有紧急疏散门和司机室车门等。

电控气动门通过中央控制阀来控制、以压缩空气为动力驱动双向作用的气缸活塞前进和后退,再通过钢丝绳等组成的机械传动机构完成门的开关动作,机械锁闭机构可以使车门可靠地固定在关闭位置。

车门的故障表现复杂繁多,既有车门气路系统、机械传动方面的问题,也有车门电气控制及信息检测系统的故障。车门机械故障主要分两种:零部件损坏故障、调整不到位故障;车门电路故障主要有继电器卡滞、烧损,行程开关内部弹簧老化造成触头接触不到位等,这类故障均可以通过相关车门电路分析查出并处理;车门气路故障主要表现在气动元件调节功能失效、漏气等,可以通过用新件替换查找故障。

车门特定故障的检测及处理包括:①列车单个车门不能打开的检测及处理;②列车所有左侧车门/右侧车门不能打开的检测及处理;③强行开门按钮的作用。

思考题

1. 城市轨道车辆车门有哪些主要特点?
2. 城市轨道车辆车门的分类及驱动形式有哪些?
3. 简述城市轨道车辆车门的气动控制原理。它采用了哪些元件?分别起什么作用?
4. 城市轨道车辆车门的主要功能有哪些?

5. 运行屏中车门状态的显示及意义是什么？
6. 司机室车门指示灯的显示意义是什么？
7. 车门机械系统故障有哪些？如何处理？
8. 车门电路系统故障有哪些？如何处理？
9. 车门气路系统故障有哪些？如何处理？
10. 车门有哪些特定故障？如何处理？

项目六　车辆连接装置

项目概述

车辆连接装置主要包括车钩缓冲装置和贯通道装置，通过它们使列车中车辆相互连接，实现相邻车辆之间的纵向力传递和通道的连接。

能力目标

（1）结合车辆连接装置，能说出车钩的作用、组成和不同结构形式的工作原理，能认知各主要部件名称及作用。

（2）对不同结构形式的缓冲装置有一定的了解，掌握当前城轨车辆车钩缓冲装置的具体结构形式。

任务一　车钩缓冲装置概述

微课：车钩缓冲装置概述

任务介绍

通过对车钩缓冲装置的总体概述，掌握车钩缓冲装置的作用、分类及各自优劣势。

问题引导

（1）城市轨道交通车辆中的车钩和高铁或货运列车中的是一样的吗，它们之间有什么区别？

（2）根据所学知识或者生活经验，你能说出刚性车钩与非刚性车钩的区别吗？

知识素材

一、车钩缓冲装置的作用

车钩缓冲装置是车辆最基本的部件，也是最重要的部件之一，用于连接列车中各车辆使之彼此保持一定的距离，并且传递和缓和列车在运行中或在调车时所产生的纵向力或冲击力。

如果上述的功能是由同一装置来承担的，那么该装置称之为牵引缓冲装置。如果它们分别由不同的装置来承担，则分别称之为牵引连挂装置和缓冲装置。牵引连挂装置用来保证车辆和车辆的彼此连接，并且传递和缓和纵向力的作用。缓冲装置起传递和缓和压缩力的作用，并且使车辆彼此之间保持一定的距离。

二、分类

车辆牵引连挂装置按照连接方法的不同,可分为非自动车钩和自动车钩。非自动车钩要由人工来完成车辆的连接,而自动车钩则不需要人参与就能实现连接。

车钩可分为非刚性车钩和刚性车钩。

非刚性车钩如图 6-1(a)所示,允许两个相连接的车钩钩体在垂直方向上有相对位移。当两个车钩的纵轴线存在高度差时,两个车钩呈阶梯形状,并且各自保持水平位置。由于钩体的尾端相当于销接,这就保证了车钩在水平面内的位移。非刚性车钩较普遍地应用于一般铁路客车、货车上。

刚性车钩如图 6-1(b)所示,也称为密接式车钩,它的连接不允许两连挂车钩存在相对位移,而且对前后的间隙要求应限制在很小的范围之内。如果在车辆连挂之前两车钩的纵向轴线高度已有偏差,那么在连挂后,两车钩的轴线处在同一条直线上并呈倾斜状态。两钩体的尾端具有完全的销接,这就能保证两连挂车辆之间可以具有相对的平移和角位移,保证具有这些位移的必要性是由于线路的水平面及纵剖面是变化的,以及由于车体在弹簧上的振动和作用于车辆上的力。

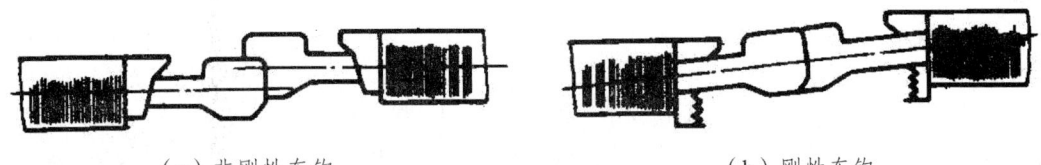

(a)非刚性车钩　　　　　　　　　(b)刚性车钩

图 6-1　非刚性车钩与刚性车钩

刚性车钩与非刚性车钩相比有如下优点:

(1)减小了两个车钩连接表面之间的间隙,从而也降低了列车中的纵向力,提高了列车运行的平稳性。

(2)由于车钩零件的位移减小了,并且在这些零件上作用的力也减小了,因此改善了自动车钩内部零件的工作条件。

(3)减小了车钩连接表面的磨耗。

(4)减小了由于两连挂车钩相互冲击而产生的噪声,这对于城市轨道车辆和客车尤为重要。

(5)避免在意外撞车事故时,发生一个车辆爬到另一个车辆上的危险。

非刚性车钩与刚性车钩相比有如下优点:

(1)简化了两车钩纵向中心线高度偏差较大的车辆相互连挂的条件(例如:不同类型的车辆,车轮及其他部件磨耗程度不同的车辆,以及空车和重车)。

(2)车钩强度大。

(3)不需要复杂的钩尾销连接结构和复杂的对心装置。

(4)车钩钩体的结构和铸造工艺较为简单。

这些特点决定了刚性车钩主要用于城轨车辆以及高速动车组上,我国城轨车辆普遍采用这种形式。

任务二 车 钩

微课：车钩

> **任务介绍**
>
> 通过对车钩的学习，掌握全自动车钩、半自动车钩和半永久牵引杆的结构和特性。
>
> **问题引导**
>
> （1）城市轨道交通车辆中的车钩可以分成哪几种？有什么区别？
>
> （2）根据所学知识或生活经验，你能说出全自动车钩、半自动车钩和半永久牵引杆所用位置的区别吗？
>
> **知识素材**

城轨车辆用车钩基本上可分为自动车钩、半自动车钩和半永久性牵引杆三种。

一、自动车钩

自动车钩位于列车端部，其电气和风路连接装置都组装在钩头上。当车辆连挂时，车钩的机械、风路、电路系统都能自动连接；解钩时，可在司机室控制自动解钩或采用手动解钩。解钩后，车钩即处于待挂状态；电气连接器通过盖板自动关闭，以防止水和尘土进入；主风管连接器也自动关闭，防止压缩空气泄漏。

我国城轨车辆用自动车钩主要有两种：一种是国产密接式车钩，采用半圆形钩舌；一种是 Scharfenberg 式自动车钩，采用拉杆式连接结构。

（一）国产密接式车钩

国产密接式车钩缓冲装置如图 6-2 所示。它主要由车钩钩头、橡胶金属片式缓冲器、风管连接器、电气连接器和风动解钩系统等几部分组成，缓冲器位于钩头的后部。车辆连挂时依靠两车钩相邻钩头上的凸锥和凹锥孔的相互插入，实现两车钩的紧密连接；同时自动将两车之间的电路和空气通路接通。在两车分解时，亦可自动解钩，并自动切断两车之间的电路和空气通路。

在车钩下面有车钩托梁，在缓冲器尾部通过十字头连接器与车体上的冲击座相连，可以实现水平和垂直方向的摆动。

1. 钩头结构

其车钩的内部结构如图 6-3 所示。车钩前端为钩头，它有一个凸锥和凹锥孔，内部由钩舌（半圆形）、解钩杆、解钩杆弹簧和解钩风缸组成。

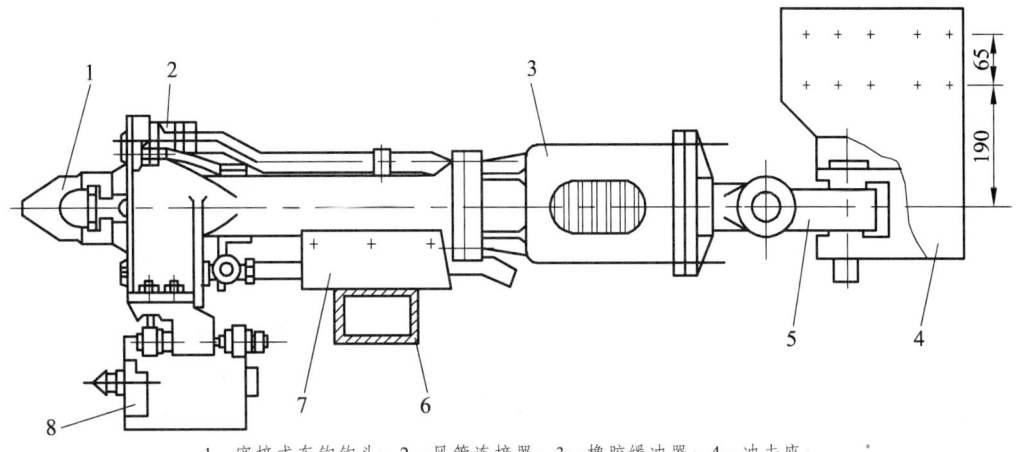

1—密接式车钩钩头；2—风管连接器；3—橡胶缓冲器；4—冲击座；
5—十字头；6—托梁；7—磨耗板；8—电气连接器。

图 6-2 国产密接式车钩缓冲装置

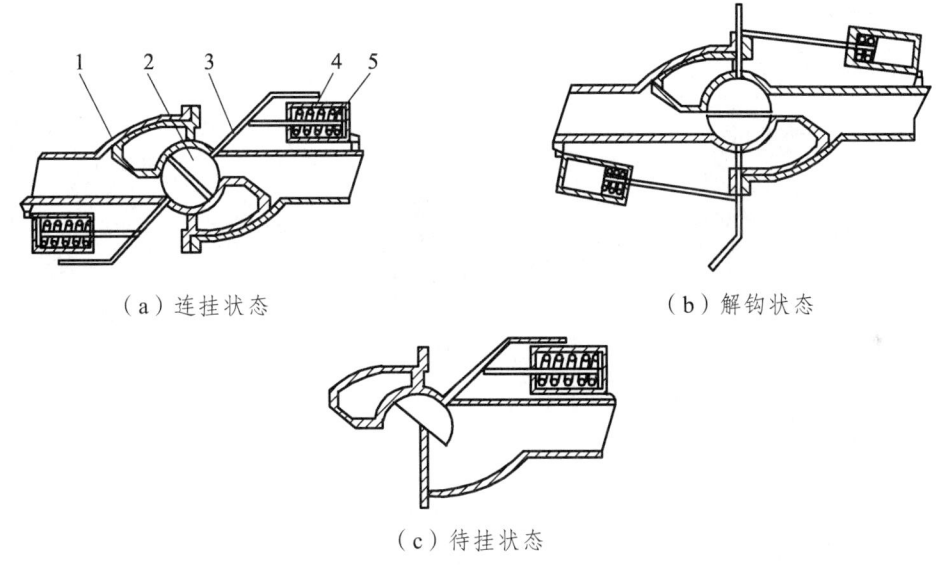

（a）连挂状态　　　　　　　（b）解钩状态

（c）待挂状态

1—钩头；2—钩舌；3—解钩杆；4—弹簧；5—解钩风缸。

图 6-3 密接式车钩作用原理

2. 作用原理

该车钩有待挂、连接和解钩三种状态，如图 6-3 所示。

（1）待挂状态：为车钩连接前的准备状态，此时钩舌定位杆被固定在待挂位置，解钩风缸活塞杆处于回缩状态，此时半圆形钩舌的连接面与水平面呈 40°角。

（2）连挂状态：两钩连挂时，凸锥插进对方车钩相应的凹锥孔中。这时凸锥的内侧面在前进中压迫对方的钩舌转动，使解钩气缸的弹簧受压，钩舌沿逆时针方向旋转 40°。当两钩连接面相接触后，凸锥的内侧面不再压迫对方的钩舌，此时，由于弹簧的作用，使钩舌恢复到原来的状态，即处于闭锁位置。

（3）解钩状态。自动解钩：要使两钩分解，需由司机操纵解钩阀，压缩空气由总风管进入前车（或后车）的解钩气缸，同时经解钩风管连接器送入相连挂的后车（或前车）解钩气缸，活塞杆向前推并带动解钩杆，使钩舌转动至开锁位置，此时两钩即可解开。两钩分解后，解钩气缸的压缩空气迅速排出，解钩弹簧得以复原，带动钩舌顺时针方向转动40°恢复到原始状态，为下次连挂做好准备。

手动解钩：如果采用手动解钩，只要用人力扳动解钩杆，也能使钩舌转动至开锁位置，实现两钩的分解。

我国早期的北京地铁和天津地铁车辆采用了这种车钩形式。

（二）Scharfenberg密接式车钩

Scharfenberg密接式车钩缓冲装置如图6-4所示。它主要由车钩钩头、橡胶缓冲器、风管连接器、电气连接器和风动解钩系统等几部分组成，缓冲器位于钩头的后部。车辆连挂时依靠两车钩相邻钩头前端的锥形喇叭口引导彼此精确地对中，实现两车钩的紧密连接；同时自动将两车之间的电气线路和空气通路接通。在两车分解时，亦可由司机控制解钩电磁阀自动解钩，并自动切断两车之间的电气线路和空气通路。

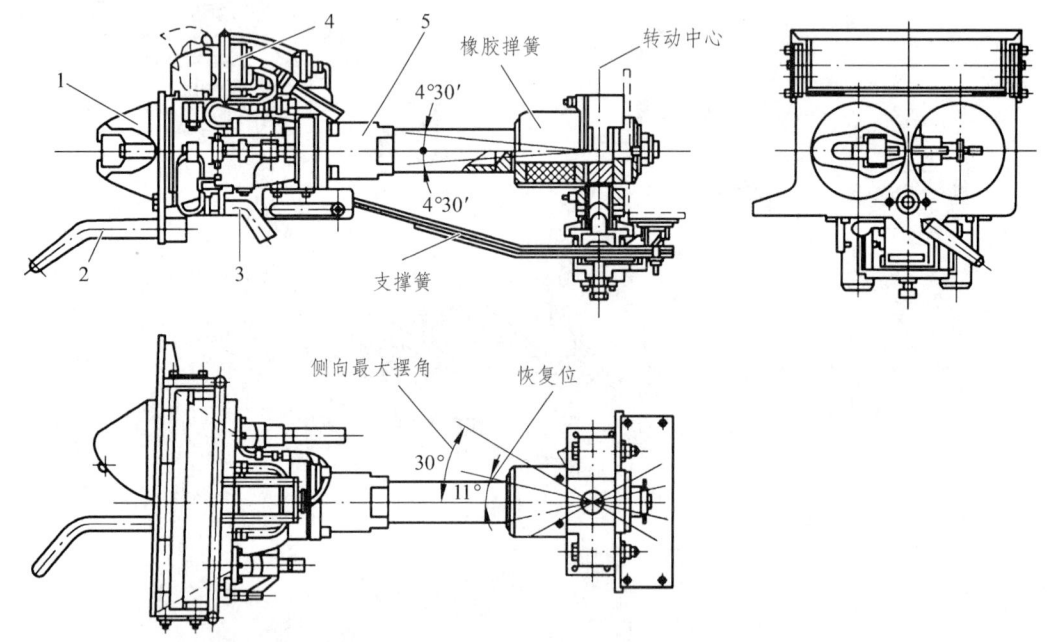

1—密接式车钩；2—引导对准爪把；3—风管连接器；4—电气连接器；5—钩身。

图6-4 Scharfenberg密接式车钩缓冲装置

在车钩下面有车钩支撑弹簧支撑，在缓冲器尾部通过转动中心轴与车体上的冲击座相连，并可通过橡胶弹簧的弹性变形及缓冲器与转动中心轴的相对转动实现垂直和方向的摆动：垂向最大摆角为4°30′；最大水平摆角可达30°。

1. 车钩结构

钩头壳体为焊接件，它由两部分组成，前面为一带有锥体和喇叭口的突出件，后面为连接法兰。当两钩连接时，前面的锥体和喇叭口用来作为引导对准之用，伸出在前面的爪把用来扩展车钩的连接范围。前端的圆孔用来安置空气管路连接器,在钩头壳体中配置有车钩锁闭零件和解钩风缸。借助于钩头壳体后部的法兰将钩头与牵引缓冲装置连成一体。

车钩的闭锁机构由钩舌和钩锁杆组成,两者通过销子彼此可摆动地相连接。

两个弹簧用来保持车钩处在闭锁位。弹簧的一端钩在壳体的锥体上,另一端钩在钩锁杆上。

手动解钩装置设在钩头的侧面,它由横杆通过两解钩杆与钩舌相连接。在该横杆的端部连有一钢丝绳并与手柄连接,手柄挂在钩头壳体的一侧。

2. 工作原理(见图6-5)

1)待挂位

这时钩头中的钩锁杆轴线平行于车钩的轴线,钩锁杆的连接销中心与钩舌中心销连接线垂直于车钩的轴线。弹簧处于松弛状态,该位置为车钩连挂准备位。

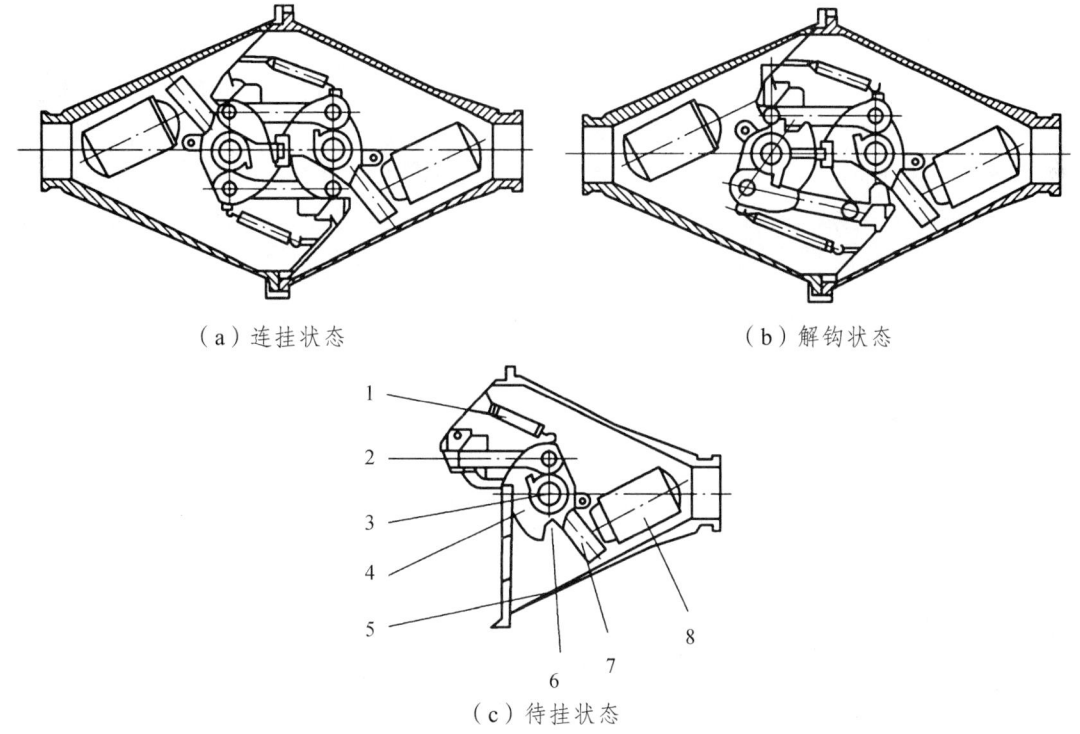

(a)连挂状态　　　　　　　　　　(b)解钩状态

(c)待挂状态

1—钩锁连接杆弹簧;2—钩锁连接杆;3—中心轴;4—钩舌;
5—钩头壳体;6—钩嘴;7—解钩杆;8—解钩风缸。

图6-5 密接式车钩作用原理

2)连挂闭锁位

欲使两钩连挂,原来处于连挂准备位的两钩相互接近并碰撞时,在钩头前端的锥形喇叭口引导下彼此精确地对中,两钩向前伸出的钩锁杆由于受到对方钩舌的阻碍,各自推动钩舌绕顺时针方向转动,直至在弹簧拉力作用下钩锁杆滑入对方钩舌的嘴中,并推动钩舌绕逆时针方向返回到原来位置为止。这时两钩的钩锁杆与两钩的钩舌构成一平行四边形,力处于平衡状态,两钩刚性地无间隙地彼此连接,处于闭锁状态。在连挂闭锁住时,钩舌和钩锁杆的位置与连挂准备状态完全相同,钩舌在弹簧作用下力图保持处于闭锁位。当两钩受牵拉时,拉力均匀地分配在由钩锁杆和钩舌组成的平行四边形两对边即钩锁杆上。当两钩冲击时，冲击力由两钩壳体喇叭口凸缘传递。

3）解钩状态

气动解钩：由司机操作解钩控制阀达到解钩。这时压力空气经过解钩管充入钩头中的解钩风缸中，推动活塞向前运动，压迫在解钩杆上所设置的滚子上，两钩头中的钩舌被同时推至解钩位置。达到解钩后再排气，风缸中受压弹簧使活塞返回到原始位置。

手动解钩：通过拉动钩头一侧的解钩手柄，经钢丝绳、杠杆和解钩杆使两钩的钩舌转动，直至钩锁杆脱出钩舌的嘴口，由此使两钩脱开，处于解钩位。

欧洲地铁大都采用这种车钩形式，上海、广州、深圳地铁等也采用这种形式的车钩。

二、半自动车钩

半自动车钩用于两编组单元之间的车辆连挂。

通常半自动车钩的钩头连接形式与自动车钩相同，连挂方式和锁闭方式也相同。两个相同的车钩可以在直线线路和曲线线路上自动连挂。半自动车钩可以实现列车单元之间的机械连接和风管连接自动连接，电气连接只能手动。解钩时机械和气路部分可自动，也可手动操作，但不能在司机室集中控制。在半自动车钩上设有贯通道支撑座，用于车辆运行过程和解钩之后支撑贯通道。支撑座可以承受贯通道及其所承受的载荷。

三、半永久性牵引杆

半永久性牵引杆用于同一单元内车辆之间的编组，使之编组成单元。列车单元在运行过程中一般不需要分解，通常只在维修时才分解。当两车连挂时即形成刚性连接，其连接间隙最小。垂向运动和转动也很小。这样的连接形式可以保证列车在出轨时车辆之间仍然可以保持相对位置，防止车辆重叠和颠覆，减少列车启动及制动时的冲动。每个半永久牵引杆上均有贯通道支撑座，用于车辆运行过程和解钩之后支撑贯通道。支撑座可以承受车辆正常运行时超员情况下贯通道所承受的载荷。

半永久牵引杆只是将两车的连接方式由车钩连接改为牵引杆连接，取消了风路和电路的连接。风路和电路的连接只能依靠手动连接。不同种类的车辆所安装的半永久性牵引杆的结构可能有所不同，但连接原理是一致的。

如图 6-6 所示为国产地铁车辆半永久牵引杆。其主要特征为半永久牵引杆是将两车的连接方式由车钩连接改为用一根牵引棒代替，将自动车钩中的两个车钩钩体取消，牵引杆的两端直接与两个缓冲器相连，同时取消了风路、电路的连接。

上海地铁车辆半永久牵引杆结构见图 6-7 所示。其主要特征是将两相邻车钩中的一个车钩钩体和另一车钩钩体、缓冲器总成分别由两个牵引杆代替，两牵引杆的端部各有一个锥孔和锥柱，在连挂时起定位作用，通过套筒式联轴器将两个牵引杆刚性相连，其电气、气路通过机械紧固获得永久连接。通常只在维修时才分解，在半永久牵引杆上设有贯通道支撑座。

如图 6-8 是深圳地铁车辆半永久性牵引杆的结构形式。它的连接方式与上海地铁相似，其主要特征是在两个半永久牵引杆中设一个能量吸收装置。

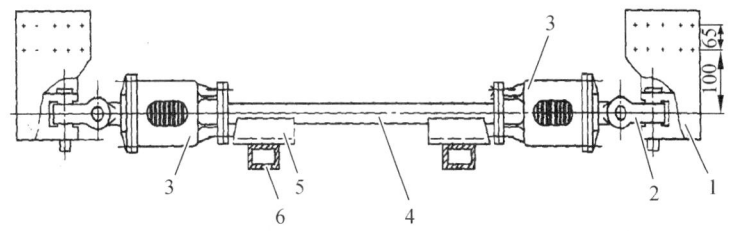

1—连接座；2—十字头；3—缓冲器；4—牵引杆；5—磨耗板；6—车钩托梁。

图 6-6　半永久牵引杆

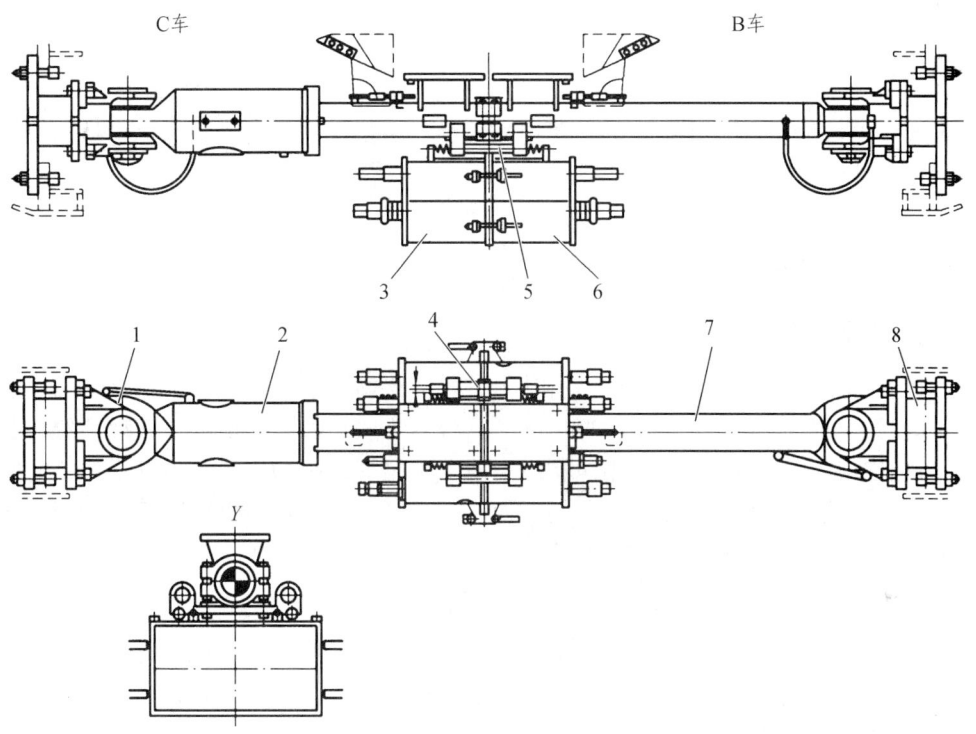

1—支撑座；2—具有双作用环弹簧的牵引杆；3，6—电气连接盒；4—风管；
5—套筒式联轴器；7—牵引杆；8—过渡板。

图 6-7　上海地铁半永久牵引杆

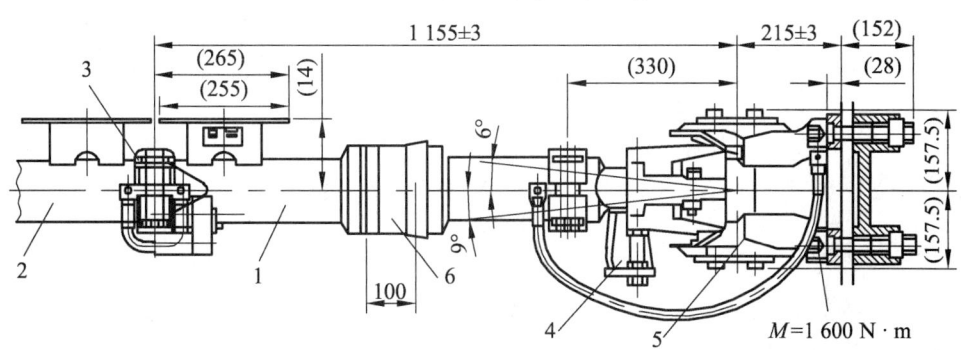

1，2—牵引杆；3—套筒式联轴器；4—垂直支撑装置；
5—橡胶缓冲装置；6—可压溃变形管能量吸收装置。

图 6-8　深圳地铁半永久牵引杆

任务三　缓冲装置

任务介绍

通过对不同结构形式的缓冲装置的学习，掌握起到缓冲作用的机构部件和工作原理。

问题引导

哪些结构或部件能起到缓冲的作用？

知识素材

缓冲装置是车辆牵引连挂装置的重要组成部分，主要用来传递和缓和纵向冲击力。城轨车辆采用的缓冲装置主要有以下几种型式。

一、层叠式橡胶金属片缓冲器

1. 层叠式橡胶缓冲器的结构及原理

层叠式橡胶缓冲器如图 6-9 所示，其作用原理是当车辆受到压缩载荷时，缓冲器体和牵引杆受压，此时力的传递方向为：牵引杆压缩后从板→橡胶金属片→前从板和缓冲器的前端。橡胶金属片受到压缩，起到缓冲作用。在牵引载荷工况下，缓冲体和牵引杆受拉，此时力的传递方向为：牵引杆上的滑套压缩前从板→橡胶金属片→后从板和缓冲体后盖，同样起到缓冲作用。此种缓冲器用于国产地铁车辆上。

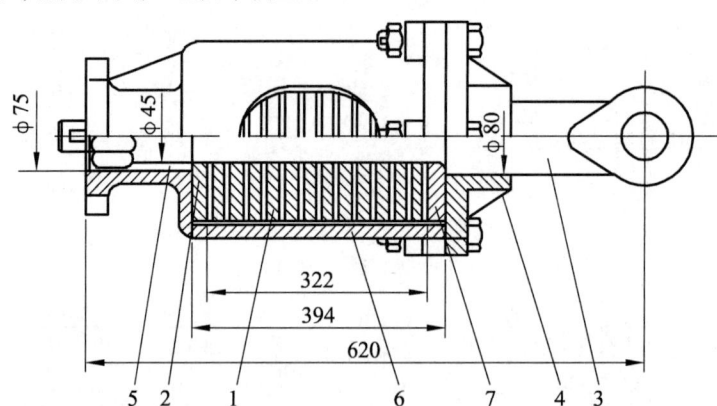

1—橡胶金属片；2—前从板；3—牵引杆；4—缓冲器后盖；5—滑套；6—缓冲器体；7—后从板。

图 6-9　层叠式橡胶金属片缓冲器

2. 主要技术参数

最大牵引力（kN）	150
最大冲击力（kN）	250
允许最大冲击速度（km/h）	3
缓冲器容量（kJ）	5.63

二、环弹簧缓冲器

1. 环弹簧缓冲器的结构及原理

环弹簧缓冲器由弹簧盒、弹簧前后座板、外环弹簧（共 7 片）、内环弹簧（5 片内环弹簧、1 片开口环弹簧和 2 片半环弹簧组成）、端盖、球形支座、牵引杆等组成，其结构如图 6-10 所示。其作用原理：当车钩受冲击时，牵引杆推动弹簧前从板向后挤压环弹簧；当车钩受牵拉时，拧紧在牵引杆后端的预紧螺母带动弹簧后从板向前挤压环弹簧。所以不论车钩受冲击或牵拉，环弹簧均受压缩作用。由于内、外环弹簧相互接触的接触面均做成 V 形锥面，受压缩相互挤压时，外环扩张，内环压缩，这样就产生了轴向变形，起到缓冲的作用。同时内、外环弹簧接触面产生相对滑动，摩擦力做功消耗了部分冲击能。

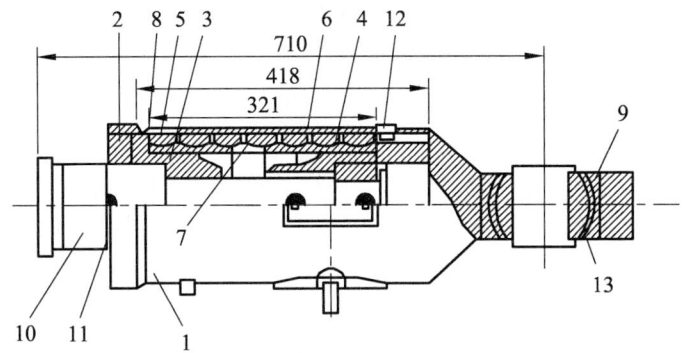

1—弹簧盒；2—端盖；3—弹簧前从板；4—弹簧后从板；5—外环弹簧；6—内环弹簧；7—开口弹簧；
8—半环弹簧；9—球形支座；10—牵引杆；11—标记环；12—预紧螺母；13—橡胶嵌块。

图 6-10　环弹簧缓冲器

环弹簧缓冲器的前端通过一组对开连接套筒与钩头连接，后端的球形支座通过销轴与车钩支撑座相连接。整个车钩缓冲装置在水平面内可绕销轴左右摆动 40°，在垂直面内借助球形轴套嵌有橡胶件可上下摆动 5°，以满足车辆运行于水平曲线和竖曲线的要求。德国进口的上海地铁 1 号线车辆采用了这种缓冲装置。

2. 主要技术参数

最大作用力为（kN）	580
最大行程为（mm）	58
缓冲器的容量为（kJ）	18.7
水平摆角	±40°
垂直摆角	±5°
能量吸收率	66%

三、环形橡胶缓冲器

1. 环形橡胶缓冲器的结构及原理

该缓冲器主要由牵引杆、缓冲器体、环形橡胶弹簧等几部分组成，属于免维护的橡胶缓冲装置。缓冲器安装在车钩安装座上，可以吸收拉伸和压缩能量。半自动车钩和牵引杆均用相同的方法安装固定（见图 6-11）。

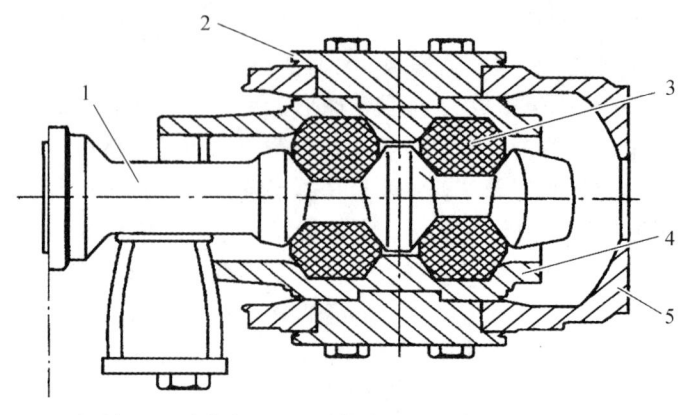

1—牵引杆；2—安装座；3—环形橡胶；4—缓冲器体；5—支撑座。

图 6-11 环形橡胶缓冲装置

缓冲装置间不存在间隙，在承受拉伸和压缩载荷的同时，可以承受较大的剪切力。

缓冲装置允许车钩做垂向摆动和扭转运动。缓冲装置的支撑座用 4 个螺栓固定在车体底架上。该装置用于深圳地铁车辆。

2. 主要技术参数

允许水平最大压缩力（kN）	1250
允许水平最大拉伸力（kN）	850
水平摆角	±11°
垂直摆角	±5.5°

四、弹性胶泥缓冲器

弹性胶泥缓冲器与传统意义上的缓冲器类似，在列车运行过程中起吸收冲击能量、缓和纵向冲击和振动的作用。其后端通过钩尾销连接在安装座上，前端通过连接环与连挂系统连接。弹性胶泥缓冲器性能先进，缓冲器的可靠性和动态吸收性能较好。

1. 缓冲器的结构及原理

缓冲器由牵引杆、弹簧盒、内半筒、端盖和弹性胶泥芯子等组成，弹性胶泥芯子是接受能量的元件。缓冲系统如图 6-12 所示，固定在弹簧盒内。

车钩受拉时，纵向力传递顺序为：牵引杆→内半筒→弹性胶泥芯子→弹簧盒→车体；车钩受压时，纵向力传递顺序为：牵引杆→弹性胶泥芯子→内半筒→弹簧盒→车体。由此可见，无论车钩受拉或是受压，缓冲器始终受压。

2. 主要技术参数

缓冲器容量（kJ）	≥30

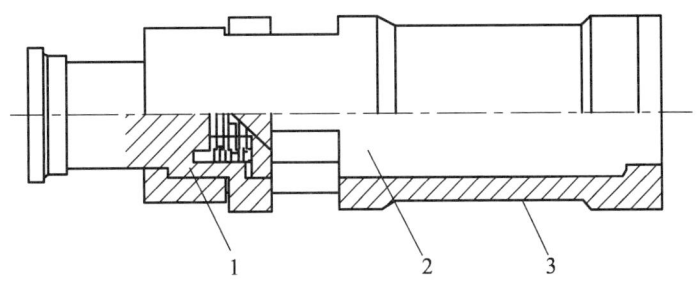

1—牵引杆；2—弹性胶泥芯子；3—内半筒组成。

图 6-12　弹性胶泥缓冲器

缓冲器最大行程（mm）	73
缓冲器能量吸收率	≥80%
缓冲器阻抗力（kN）	800
车钩连挂最大速度（km/h）	5

五、带变形管的橡胶缓冲器

如图 6-13 所示，由拉杆、轴套、锥形环圈、法兰、垫圈、橡胶弹簧以及变形管组成。轴套与钩头壳体螺纹连接，并由法兰紧固使之不致松动，轴套用来作为拉杆、锥形环圈、变形管支承和导向，拉杆穿过两个弹簧 6 和 7，其端部通过蝶形螺母将弹簧压紧。

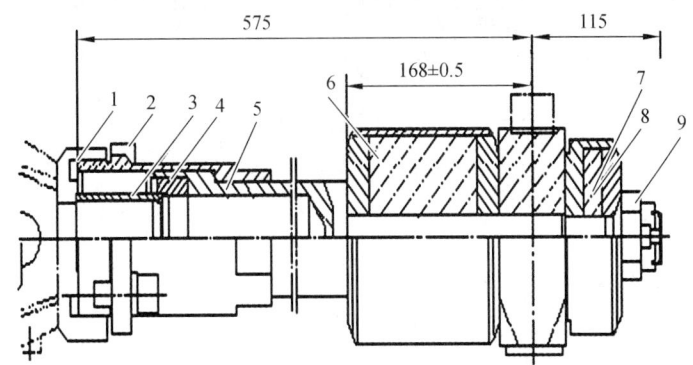

1—轴套；2—法兰；3—变形管；4—锥形环圈；5—拉杆；6,7—橡胶弹簧；8—垫圈；9—螺母。

图 6-13　带变形管的橡胶缓冲器

在正常运行时，车辆之间所产生的牵引和压缩力主要由两橡胶弹簧来承担。这时车辆连挂冲击速度小于 3 km/h。在图 6-14 所示的力-行程图中，作用力小于 100 kN，行程小于 58 mm，橡胶弹簧在变形中所吸收的功如图中所示的阴影线面积。

当车辆在事故冲击时，车辆的碰撞速度超过 8 km/h，这时车钩所受到的冲击压缩力超过橡胶弹簧的承载能力，靠近钩头的冲击吸收装置起作用，变形管（3）与锥形环圈（4）彼此相互挤压，把冲击能转变为变形管和锥形环圈的变形功和摩擦功，变形管产生永久变形，吸收冲击功可达 16.1 kJ，从而达到对乘客和车辆的事故附加防护作用。产生永久变形后的变形管必须予以更换，只要将法兰（2）松开，并将轴套（1）从钩体中拧出，就不难将变形管（3）从锥形环圈（4）中拉出。

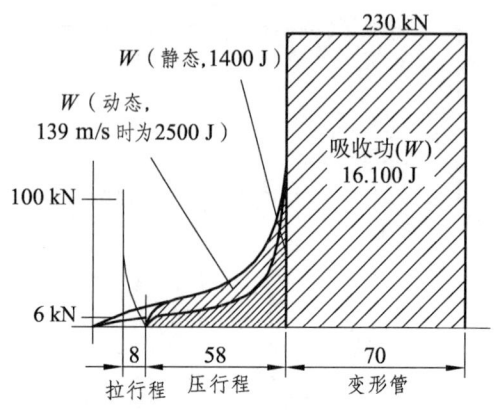

图 6-14 橡胶缓冲器冲击衰减力-行程图

六、可压溃变形管

车钩缓冲装置是车辆冲击能量吸收系统的一部分，可压溃变形管可作为车钩缓冲装置的重要部件，用来吸收车辆冲击能量，如图 6-15 所示。当两列车相撞时，将会产生可恢复的和不可恢复的变形。

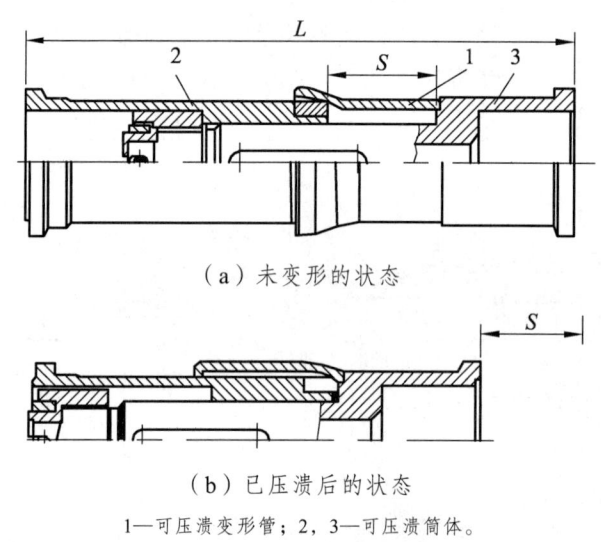

(a) 未变形的状态

(b) 已压溃后的状态

1—可压溃变形管；2，3—可压溃筒体。

图 6-15 可压溃变形管的能量吸收情况

能量吸收可分为三级：

第一级，速度最大为 8 km/h 时，车钩内的缓冲吸收装置吸收全部能量，产生的变形可以恢复；第二级，速度为 8～15 km/h 时，可压溃变形管产生的变形不可恢复；第三级，速度超过 15 km/h 时，自动车钩的过载保护系统产生不可恢复的变形，车辆前端将参与能量吸收以保护乘客。

同时通过可压溃变形管的能量吸收还可以保护车体钢结构免受破坏。当冲击速度过大，导致可压溃变形管变形时，必须更换。

撞车事故发生后，必须对车辆进行检查，尤其是电气连接和机械连接部分。

车钩的事故率相对较低,但可压溃变形管是必备的备件。另外,钩舌弹簧、固定和活动触头及风管连接器等也是相对容易损坏的部件。

任务四 附属装置

> 任务介绍

通过对车钩缓冲装置相关附属装置的学习,掌握风管连接器、电气连接器和车钩对中装置的工作原理。

> 问题引导

车钩缓冲装置需要附加哪些装置?

> 知识素材

一、风管连接器

1. 不带自闭装置的风管连接器

如图 6-16 所示。当车钩互相连挂时,密封圈互相接触受压,借助于滑套、橡胶套和前弹簧使压力达到 70~160 N,保证气路开通时不会泄漏。在制动主管连接器后端的管路上装有一个截止阀。正常解钩时,首先将截止阀关闭,以防止制动主管排风而产生紧急制动。

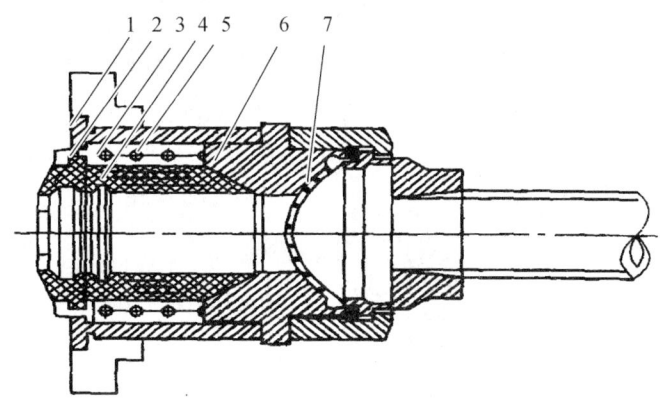

1—阀壳;2—密封圈;3—滑套;4—橡胶套;5—前弹簧;6—后接头;7—滤尘网。

图 6-16 制动主管连接器

2. 自动开闭式风管连接器

如图 6-17 所示为自动开闭式风管连接器。该装置具有自动开闭装置。当两车钩连挂时,顶杆与密封圈同时受压,密封圈防止泄漏的同时,顶杆压缩阀垫、滑阀和顶杆弹簧,阀垫和滑阀后退,使阀垫与阀体脱开,气路开通。解钩时由于密封圈和顶杆失去压力,在弹簧的作用下,各部件恢复原位,风路断开。

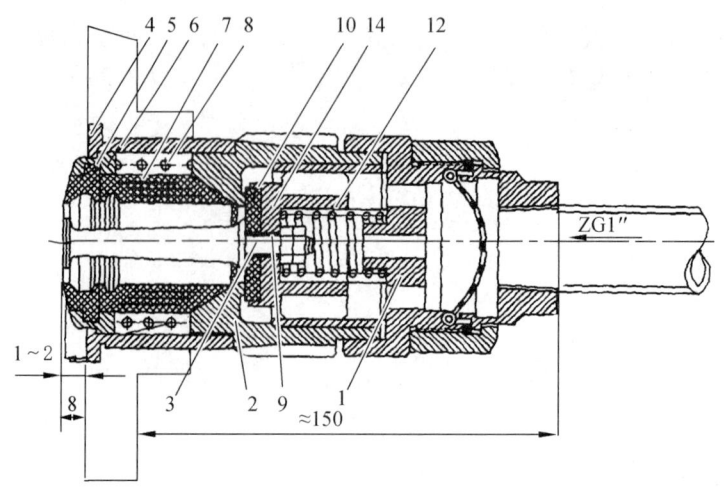

1—后接头；2—阀体；3—顶杆；4—阀壳；5—密封圈；6—滑套；7—橡胶套；
8—前弹簧；9—调整垫片；10—阀垫；11—滑阀；12—顶杆弹簧。

图 6-17　自动开闭式风管连接器

二、电气连接器

电气连接器如图 6-18 所示，它通过悬吊装置使钩体与电气连接器成弹性连接。两车钩连挂时，箱体可退缩 3～4 mm，靠弹簧压力保证良好接触；触头上焊有银片，以减小电阻。它与箱体成弹性连接，靠弹簧压力保证触头处于可伸缩状态，相互接触良好，保证电流畅通。箱体的一侧有一个定位销，对称侧有定位孔，两钩连挂时定位销插入对应的定位孔，以保证触头的准确连接；密封条是防雨水和灰尘的。解钩时，将盖盖好，防止触头损坏。箱体内还设有接线板，使触头的引线和从车上来的引入线对应相连；在它后部有电线孔，为防止电线磨损，设有塑料套。

电气箱外装有保护罩，当两钩连接时，电气箱可推出使其端面高于车钩端面，此时保护罩自动开启；当解钩后，电气箱退回至原位置，保护罩自动关闭。电气箱内的触点分别为固定触点和弹性触点，保证电气连接时密接可靠。电气箱主要应用于自动车钩上。

1—箱体；2—悬吊装置；3—车钩；4—定位孔；5—定位销；6—密封条；7—触头；8—箱盖。

图 6-18　电气连接器

三、车钩对中装置

如图 6-19 所示，在缓冲器的尾部下方左右各设有一个对中气缸，它的活塞头部安有一个水平滚轮，当气缸充气活塞向外伸出时，能自动嵌入固定在球铰座下方的一块呈桃子形的凸轮板左右的两个缺口内，从而达到使车钩自动对中的目的，也就是使车钩缓冲装置的中心线与车体中心线在一个垂直平面内，以便使一个车钩钩头对准对方车钩的钩坑。

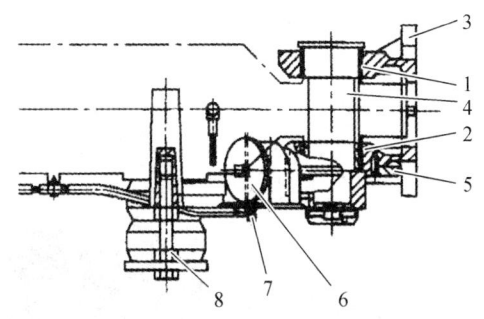

1，2—轴套；3—安装座；4—中心销；5—凸轮盘；6—对中作用汽缸；
7—活接式气接头；8—垂向支撑橡胶弹簧。

图 6-19　支撑座图

对中气缸的充气和排气是通过钩头心轴顶部的凸轮来驱动二位五通阀的阀芯，从而使对中气缸进行充气或排气。当车钩处于待挂状态，对中气缸充气使车钩自动对中；当车钩处于连接状态时，对中气缸处于排气状态；对中气缸排气，车钩则可自由转动，有利于列车过弯道。

当车辆在弯道上进行连挂时，则必须将对中装置关闭，否则无法进行连挂。这时只需将车钩下方的进气阀门关闭即可使对中气缸排气，使车钩处于自由状态，而在进行连挂时可利用钩头法兰前的导向杆（俗称象鼻子）进行对中，从而顺利地进行连挂。

四、安装吊挂系统

安装吊挂系统的作用是为整个车钩缓装置提供安装和支撑，保证列车通过所有平竖曲线所需的各个方向自由度，保证整套装置在不连挂状态时保持水平，车钩中心线与车辆中心线重合，以便于连挂。车钩通过该装置可以方便地调整车钩中心线的高度。

任务五　贯通道及渡板

任务介绍

通过对贯通道及渡板的学习，掌握其结构、组成和工作原理。

问题引导

你知道贯通道在什么位置吗，除了地铁，在哪些公共交通工具上还见过此装置？

> 知识素材

一、概述

贯通道装置也就是风挡装置，位于两节车厢的连接处，是两车辆通道连接的部分，它具有良好的防雨、防风、防尘、隔音、隔热等功能，能够使旅客安全地穿行于车厢之间。风挡装置分为整体式和分体式。深圳地铁采用的是分体式风挡装置，即风挡装置的一半装在每辆车的端部，在该装置的下部还设有分开式渡板。渡板连接处有车钩支撑，如图 6-20 所示。

图 6-20　风挡遮棚

上海地铁 1、2 号线，广州地铁 1 号线均选用这种风挡装置，其内部高度为 1900 mm，宽 1500 mm。

二、贯通道的结构

1. 波纹折棚组成

折棚由多折环状篷布缝制而成，每折环的下部设有 2 个排水孔。折棚体选用特制的阻燃、高强度、耐老化人造革制作，在 -45 ~ +100 ℃ 范围内能够正常使用，抗拉强度 ≥3000 N/cm²。棚布采用双层夹心结构，大大提高了风挡的隔音、隔热性能。折棚体各折缝合边用铝合金型材镶嵌，折棚体的一端连接于车体端部，另一端与连接座连接固定（见图 6-21）。

2. 紧固框架

紧固框架是由铝型材焊接而成，通过固定在框架上的螺钉将波浪式风挡牢固地与车辆端部连接，在该部件的上面还设有固定内墙板和内顶板的连接装置。

3. 连接框架

连接框架也是铝合金骨架焊接而成，与紧固框架外形相似，但其内部结构和实现的功能是不同的（见图 6-22）。

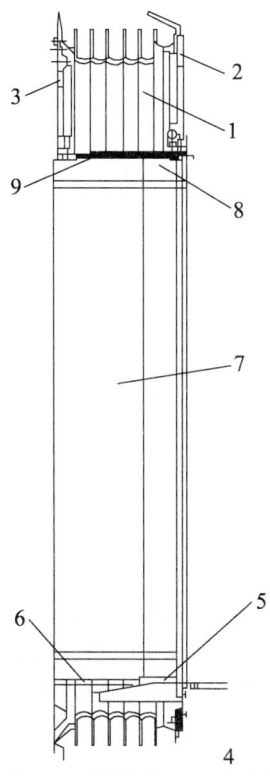

1—波纹遮棚；2—紧固框架；3—连接框架；4—滑动支架；5—渡板组成（1）；6—渡板组成（2）；7—内侧板；8—单层顶板；9—顶板。

图 6-21 风挡侧向断面图

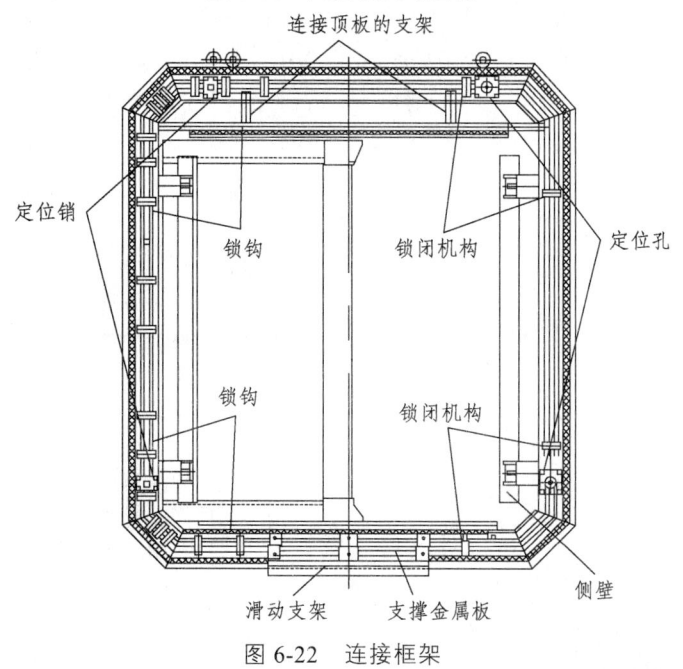

图 6-22 连接框架

（1）在框架的侧面和顶部设有两个定位孔和定位销，当连挂时，定位销插入对应框架的定位孔中而实现准确连挂。

（2）在框架上设有四个锁钩和锁钩机构，连挂后用手工将锁钩插入对应锁闭机构中，实现风挡的惯性连接。

4. 滑动支架

滑动支架采用钢板焊接而成，落在车钩的贯通道支座上，实现支撑贯通道的功能。其上部与支撑金属板相连。

5. 侧护板组成

侧护板的通道表面为镶有凯德板的罩板，内有铝型材与弧面橡胶条镶嵌而成的边护板，可实现拉伸和压缩，护板内表面设有连杆支承机构，使护板有足够的刚度，旅客可依靠护板；护板的两端与车体端部连接，可用专用钥匙快速打开、拆卸护板。

6. 顶板组成

每个通道顶板由两个边护板和一个中间护板组成，顶板内侧设有连杆机构，使车辆运行时中间护板始终保持在中间位置，不会偏移，顶板组成通过边框用螺钉固定在车体端墙上。

该设备的锁钩、滑动支架、活动地板和镶边及波纹遮棚都是容易损坏的部件。

北京地铁车辆之间不是采用直接贯通道的形式，而是在车辆端墙中部设有端门，早期的车辆只在门口下部设有渡板，门口两边加装扶手，增加了一个整体式波纹式遮棚。

三、渡板装置组成

在紧固框架和连接框架侧各有一组渡板，在紧固框架一侧的渡板组成靠托架支撑，而在连接框架一侧的渡板一端通过安全支撑座与支撑金属板相连接，另一端支撑在渡板组成上。渡板的详细结构如图6-23所示，渡板组成由车厢侧相互铰接的固定连接板和活动连接板组成，渡板由地板、活动地板和镶边组成。地板为不锈钢板，活动地板为花纹不锈钢板，各相对滑动面间设有磨耗板。渡板装置能够保证追随与适应连挂车辆运行过程中的各种复杂运动，具有足够的强度与刚度，能够确保乘客安全通过，并为站立的旅客提供安全地方，能承受 $9人/m^2$ 的压力负荷，表面无凸起物及障碍物。

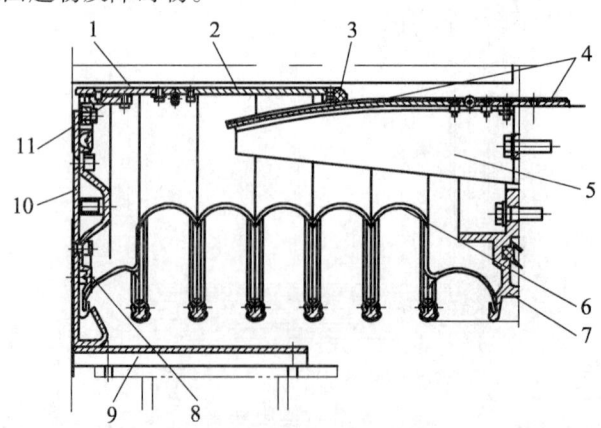

1—地板；2—活动地板；3—镶边；4—固定连接板和活动连接板；5—托架；6—衬油毡的纤维织物；
7—旋紧架；8—连接架；9—活动支架；10—支撑金属板；11—安全支撑座。

图 6-23 渡板

四、主要尺寸及技术性能

连接长度（mm） 520
净通过宽度（mm） 1300~1500
净通过高度（mm） 1900
渡板距轨面高（mm） 1100
隔热系数 $K<5.0$ W/(m^2K)
隔声量 dB（A） ≥30
气密性 压力从 3600 Pa 降至 1350 Pa 的泄漏时间 50 s 以上
阻燃性 所有非金属部件应符合《铁路客车用非金属材料阻燃要求》(TB/T 2402—1993)
使用寿命 主要金属件寿命 30 年，折棚布寿命 15 年

项目小结

车钩缓冲装置是车辆实现编组连挂以及缓和纵向冲击力的重要装置。车钩有两种基本类型：非刚性车钩和刚性车钩。按照车钩连接的自动化程度还可分为非自动车钩和自动车钩。城轨车辆上车钩缓冲装置中，常采用刚性车钩（密接式车钩），具体分为自动车钩、半自动车钩和半永久性牵引杆。

自动车钩主要用于编组列车的端部，必要时与其他车辆进行快速自动对接。根据自动车钩之间的连接方式不同，主要分为国产动车组密接式车钩、夏芬伯格（Scharfenberg）密接式车钩等几种。

半自动车钩用于城轨车辆两编组单元之间的连挂。半自动车钩和自动车钩的结构与作用原理基本相同。

半永久牵引杆主要用于同一列车单元中车辆之间连接，运用过程中，一般不需要分解。其优点是结构简单，缺点是耗费人力，不易拆装。各种结构的半永久牵引杆的基本原理相同，主要区别在于接头形式和是否设有其他附属装置等。

车钩缓冲装置附设有电气连接器、风管连接器、十字头及车钩托梁、钩尾冲击座与车钩支撑座等附属装置。

缓冲器是车钩缓冲装置的组成部分之一，其作用是连接车钩与车体，缓和列车纵向冲击。

贯通道装置位于两节车厢的连接处，具有良好的防雨、防风、防尘、隔音、隔热等功能，能够使旅客安全地穿行于车厢之间。贯通道分为整体式和分体式，上海、广州、深圳地铁等采用宽体分体式贯通道。贯通道及渡板组成包括：波纹折棚、紧固框架、连接框架、滑动支架、渡板组成、内侧板和内顶板等。

思考题

1. 简述城市轨道车辆车钩缓冲装置的用途及分类。
2. 简述国产密接式车钩和 Scharfenberg 密接式车钩的结构及作用原理。
3. 简述半永久性牵引杆的结构及作用原理。
4. 缓冲装置有哪些种类？其结构及作用原理是什么？
5. 举例说明车钩缓冲装置附属装置的作用。
6. 简述贯通道装置的结构及用途。

项目七 车辆设备及其布置

项目概述

城市轨道交通车辆上的设备较多,从设备所处的位置来看,可以分为三个大类:车顶设备、车底设备和车内设备。车顶设备主要包括受电装置、空调单元、避雷设备等。车底设备主要包括各种电能变换设备、空气压缩机、制动设备等。车内设备主要包括各种控制/旋钮开关、座椅、扶手、照明设备、信息显示屏等。

本项目以典型的城市轨道交通车辆为背景,主要介绍城市轨道交通车辆中的车顶设备、车底设备、车内设备。

能力目标

(1)能够认识典型的城市轨道交通车辆的各个设备,熟知其名称与作用。
(2)熟练掌握城市轨道交通车辆中主要设备的名称和作用。

任务一 概　述

任务介绍

本任务从总体上介绍了城市轨道交通车辆的设备、作用和分类,并对机电设备与管线的布置原则进行了介绍。

问题引导

(1)城市轨道交通车辆的主要设备有哪些?它们分别布置在车辆的什么位置?
(2)在安装或布置车辆设备时,应该注意哪些问题?

知识素材

一、车辆设备的作用和分类

按照设备的用途,车辆设备包括两大类:车用设备、服务于乘客的设备。车用设备主要有:牵引动力设备(如受电弓、逆变器、牵引电机)、计算机控制设备(如微机控制单元及总线、传感器)、制动设备、风源设备等,它们用于满足列车运行的需求。服务于乘客的设备主要有：旅客乘坐设备（如座椅、扶手、吊环等）、照明设备、信息广播设备（包括信息显示牌和列车广播）、空气调节设备等，它们用于为旅客提供方便和服务，保证良好的乘车环境。

需要注意的是城市轨道交通车辆是集机械和电气于一体的典型机电设备，还采用了先进的计算机控制技术，按照其设备的性质分类有：机械设备、电气及控制设备。

按照设备的布置位置，城市轨道交通车辆的设备可分为：车顶设备、车内设备和车底设备。一般情况下，城市轨道交通车辆是以动车组的形式出现的，车内空间尽量用于容纳乘客。因此，设备的布置应尽可能使客室环境安全、舒适，而与乘客无直接关系的车辆运营所需设备尽可能悬挂于车底，以使车内空间最大化。

二、车辆机电设备及电、气管线布置的原则

我国城市轨道交通系统中多种车辆并存，车辆电机、电气设备的种类繁多，车辆的管线布置应符合车辆本身设备单元定位的要求，因此城轨车辆的机电设备及电、气管线的布置不尽相同，但一般应遵循以下原则。

1. 重量分配均匀

同一单元中，各车辆重量尽量接近，这样有利于牵引力和制动力的发挥，也有利于提高列车运行的平稳性；同一车辆中，一般采用对称布置，使载荷分布均匀，避免偏载。

2. 安装和维修方便

设备尽可能采用模块化组装，增加可操作性。在车辆运用过程中经常接触的设备应留有足够的维护空间，如车辆的主电路、辅助电路、控制电路和信号（指示）电路，同时还应有可靠的保护，并且设置故障信号显示和故障设备的切除装置。

3. 安全可靠

由于城市轨道交通车辆多为动力分散型车辆，因此设备及管线的布置要以乘客的人身安全为量度，要有足够的防护措施，如不耐热的设备和器件应与热源远离或隔离，高压电气设备及线路应进行充分的绝缘处理。

4. 经济

设备布置时，充分利用空间，大截面的电缆或母线尽可能短，少迂回。风管、风道尽量短，以简化施工和节约材料。

5. 车内空间最大化

设备及管线总的布置原则是提供给车辆足够大的承载空间和舒适的乘坐环境。要求车内设备不影响乘客的视觉角度和低噪声，特别是带司机室的车辆要有一个安全操纵车辆的工作环境，有合适的作业空间，且易于观察仪器、仪表及信号，并远离噪声源。

6. 设备安装牢固

设备安装牢固，并能承受一定的冲击力，有足够的防振防松措施。

7. 整车电路布置的技术规定

（1）各电路应能经受耐压试验，试验电压值为受试电路中的电气设备试验电压最低者的85%。

（2）各电路的电气设备连接导线应采用多股铜芯电缆，其耐压等级、导电性能、阻燃性均应符合有关规范要求。

（3）电线电缆的布放应合理排列汇集，不得已交叉时，高压线缆的接触部分应有绝缘加强。线缆应纳入专用管槽，并用线卡、扎带等捆扎卡牢。电缆管槽要安装稳固，防止车辆运行引起振动损伤。穿越电器箱壳的线缆应用线夹卡牢，与接头压接应牢固、导电良好。

（4）接地连接线应有足够的截面面积，汇集点合理布放、可靠地传导回路电流并保护轮对轴承免受接地电流的影响。

任务二　车顶设备

微课：车辆设备及其布置

任务介绍

本次任务对城市轨道交通车辆的车顶设备进行介绍，主要介绍了受电弓、空调单元以及避雷器。对于车顶上最重要的设备——受电弓，详细阐述了其组成、作用以及升降弓的原理。

问题引导

（1）受电弓是城市轨道交通车辆的主要设备，它有哪些类型？起到什么作用？

（2）受电弓的升弓和降弓是怎么实现的？

（3）车顶上为何要安装避雷器呢？

知识素材

一、受电弓

受电弓一般是通过基础框架安装在车辆的 B 车车顶上，当受电弓升起时，通过碳滑板与架空接触网连接，将直流电能通过车顶线缆传送到列车内并为列车供电。车辆运行时，碳滑板沿架空接触网滑动并保持良好的接触。受电弓的升与降可由司机操作受电弓控制按钮进行控制。受电弓一般设有机械止挡，以限制其在无接触网区段上的垂直运动。常见的受电弓的类型与外观如图 7-1 所示。

（一）受电弓的分类

（1）按结构形式分，受电弓可分为双臂受电弓和单臂受电弓。

（2）按速度分，受电弓可分为高速受电弓和常速受电弓。

（3）按驱动方式分，受电弓可分为气动型和电动型。

（a）气缸驱动式单臂受电弓　　　　　　　（b）菱形双臂受电弓

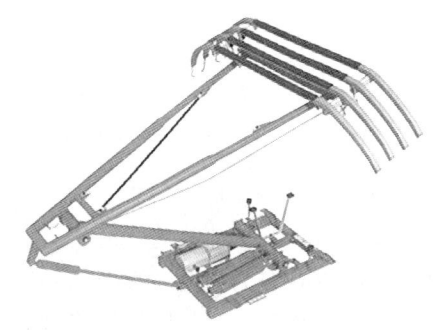

（c）气囊驱动式单臂受电弓　　　　　　　（d）电机驱动式单臂受电弓

图 7-1　常用受电弓的结构

由于城市轨道交通车辆运行速度较低，额定工作电压较低，汲取电流较大，城市轨道交通车辆一般采用压缩空气驱动的单臂受电弓，弓头一般采用 2 根或 4 根滑板来受流，以满足城轨车辆汲取大电流的要求。

（二）对受电弓的基本要求

对受电弓的基本要求：升弓时，对接触网无有害冲击；降弓时，对受电弓底架无有害冲击。这些要求均由传动装置来保证。传动装置还应使受电弓在升、降弓过程开始时动作迅速；升降快到位时动作比较缓慢。升弓快结束时动作缓慢，可减小受电弓对接触网的冲击；降弓开始时动作迅速，可使受电弓快速断弧；降弓快结束时动作缓慢，可减小受电弓对底架的冲击。

（三）受电弓的结构与工作原理

下面以气囊驱动式受电弓为例，介绍受电弓的结构与工作原理。

1. 气囊驱动式受电弓的结构

气囊驱动式受电弓的框架采用单臂轻型结构，其驱动机构采用单气囊驱动式。图 7-2 所示为 CED160 型气动单臂受电弓结构，其主要由底架、阻尼器、框架、气囊升弓装置、下导杆、上框架、平衡杆、拉杆和弓头等组成。升弓装置（气囊）安装在底架上，气囊充气后通过钢丝绳作用于下臂杆，带动拉杆运动，实现升弓。

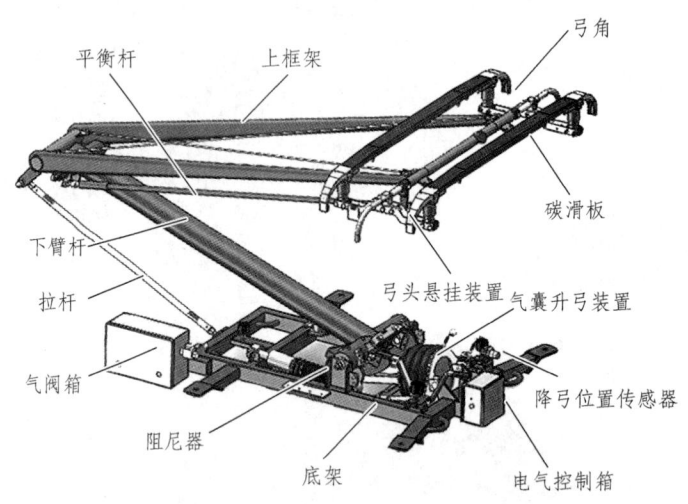

图 7-2　CED160 型气动单臂受电弓结构示意图

1）底架

底架是受电弓的基础单元，如图 7-3 所示。它提供受电弓在车顶的安装固定、电气和压缩空气接口。底架焊接的材质主要是碳钢，导流线接线板、母线接线板和避雷器接线板使用不锈钢。橡胶堆、弓头托架、供气管路等部件也均安装在底架上。

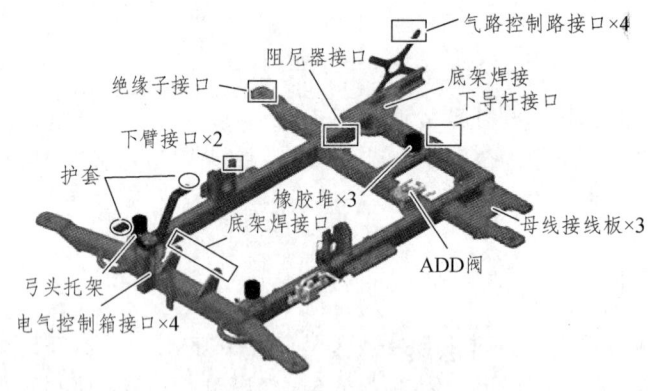

图 7-3　受电弓的底架

2）下臂杆

下臂杆通过钢丝绳与升弓装置连接，是受电弓框架的重要组成部分。下臂杆焊接的材质主要是碳钢，软连接线与连接板使用不锈钢，其结构如图 7-4 所示。

3）升弓装置

升弓装置是整个受电弓的执行机构，受电弓升弓以及保持升弓状态的动力均来自于此。在任何时候，只要达到要求的压缩空气通入气囊驱动装置，升弓装置就会运动，通过钢丝绳带动下臂旋转，随之上臂向上移动，直至弓头接触到接触网线为止，其结构如图 7-5 所示。

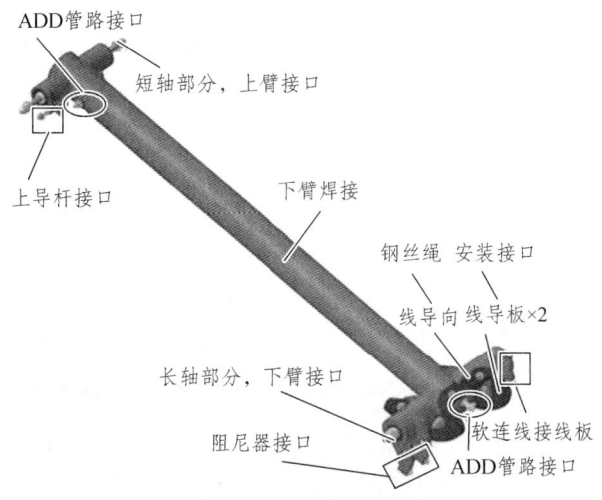

图 7-4　受电弓的下臂杆

图 7-5　升弓装置

4）上框架

上框架用于连接下臂杆、拉杆和弓头。上臂采用斜拉杆结构，用于增强上臂的横向刚度。上臂一般要求重量轻，由铝合金焊接而成，其结构如图 7-6 所示。

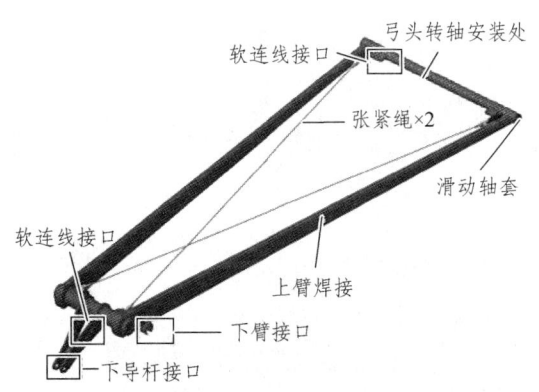

图 7-6　受电弓的上框架

5）拉杆

拉杆是底架与上臂之间的连接杆件，其一端连接至底架，另一端连接至上臂。下导杆在受电弓升弓和降弓时引导上臂就位，其结构如图 7-7 所示。

图 7-7　受电弓的拉杆

6）平衡杆

平衡杆的作用是限制受电弓在升、降过程中弓头翻转。它使用弹簧箱形式的可伸缩结构，上导杆的长度可随弓头翻转角度进行自动调整，其结构如图 7-8 所示。

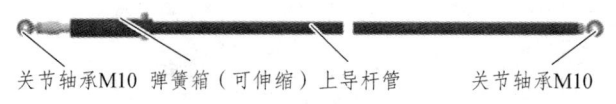

图 7-8　受电弓的平衡杆

7）弓头组成

弓头主要由弓头弹簧、滑板、弓角等组成，是受电弓受流的核心部件。弓头部分的材质主要以不锈钢和铝合金为主。弓头使用弹簧减振，以适应刚性接触网恶劣的冲击振动条件，其结构如图 7-9 所示。

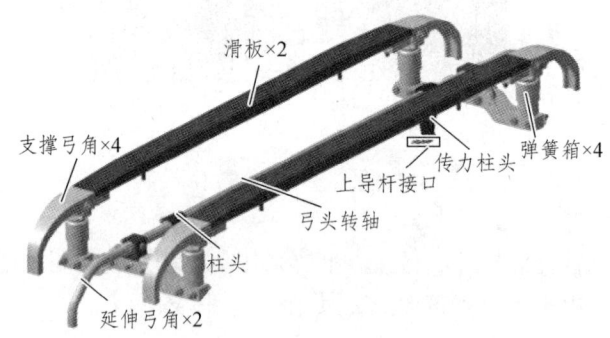

图 7-9　受电弓的弓头

8）气阀箱

气阀箱是压缩空气的处理单元，主要由过滤器、精密减压阀、升弓节流阀、降弓节流阀、安全阀、压力开关等组成，其结构如图 7-10 所示。

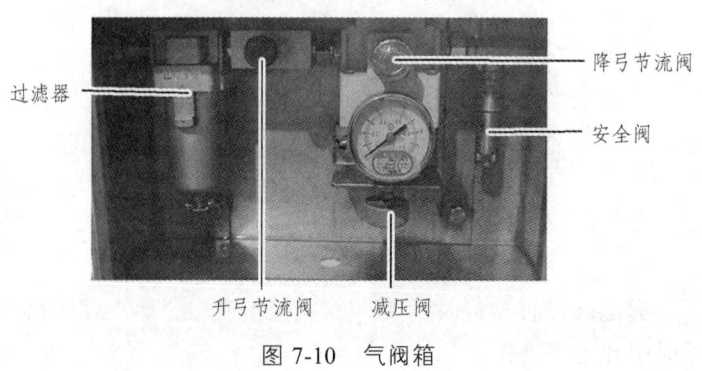

图 7-10　气阀箱

9）阻尼器

阻尼器为油压阻尼器，主要用于保证弓网之间的接触力稳定，同时可吸收部分弓网之间的振动冲击，有效减轻落弓时对受电弓和车顶造成的冲击，其结构如图7-11所示。

图 7-11　阻尼器

10）导流线

导流线用于传输电流，避免电流对轴承等转动部件造成伤害，其结构如图7-12所示。

图 7-12　导流线

11）绝缘子

绝缘子主要保证受电弓与车体件的绝缘性能良好，同时又是受电弓与车体之间的连接部件，起到支撑受电弓的作用，其结构如图7-13所示。

图 7-13　绝缘子

12）电气控制箱

电气控制箱的结构如图 7-14 所示，电气控制箱内主要安装有升弓压力开关（反馈升弓信号和故障信号），并将反馈降弓信号的电气接线引到控制箱内。

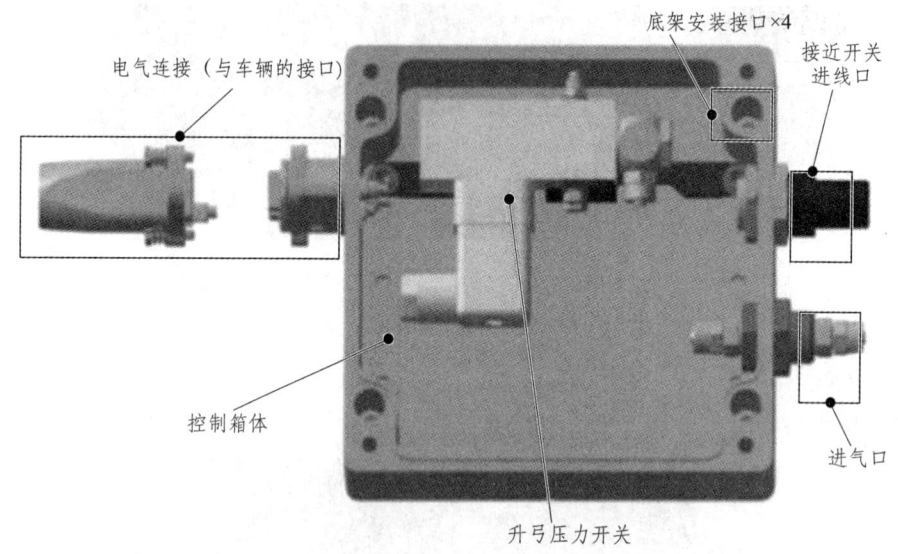

图 7-14　电气控制箱

13）降弓位置传感器

降弓位置传感器采用成熟的非接触式传感器，可准确且及时地反馈受电弓是否处于降弓状态。降弓位置传感器的接近开关使用电感式器件，具有工作温度范围大、耐压性能好、适用于严苛的工业环境等优点，其结构如图 7-15 所示。

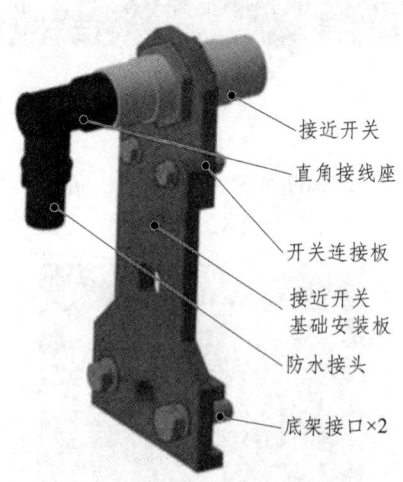

图 7-15　降弓位置传感器

2. 气囊驱动式受电弓工作原理

1）电气传输原理

受电弓是车辆的受流部件，受电弓升起后与接触网接触，从接触网上汲取电能，并将电能传送到车辆的电气系统。接触网的电流首先由滑板流入受电弓弓头,然后依次经过上臂、下臂后流入底架,由弓头到上臂、上臂到下臂、下臂到底架的连接处都用导流线短接的,最后经过底架上的汇流板和车顶母线进入车辆电气系统。

2)气路控制原理

(1)升弓原理。

受电弓气路控制原理图如图 7-16 所示,司机按下司机室中的受电弓升弓按钮后,升弓电磁阀得电,风缸向受电弓控制箱提供压缩空气。压缩空气依次经过空气滤清器、升弓节流阀、减压阀、安全阀等部件后向受电弓的气囊供风。压缩空气进入升弓气囊后气囊膨胀,并带动钢丝绳拉拽下臂杆,使下臂杆转动,从而使受电弓逐渐升起,直到受电弓弓头与网线接触并保持一定的静态接触压力。

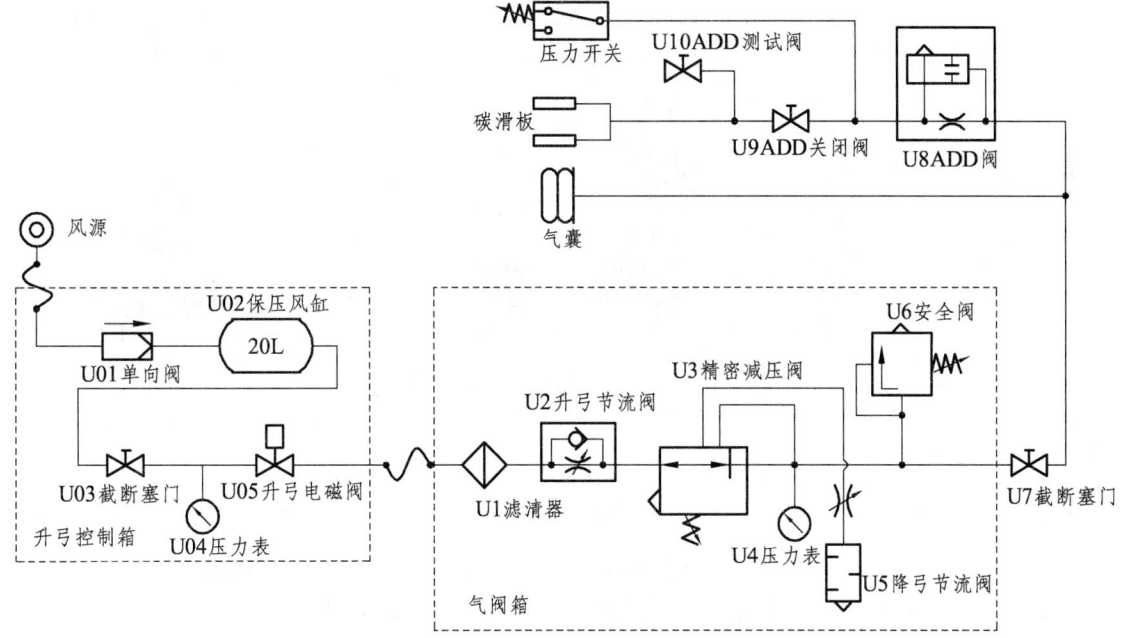

图 7-16 受电弓气路控制原理图

(2)降弓原理。

司机按下降弓按钮后,升弓电磁阀失电,风缸不能向气囊提供压缩空气。受电弓气囊中的压缩空气经原路返回并经过 U5 降弓节流阀的排气口排出,随着气囊中压缩空气的压力下降,受电弓将在自身重力的作用下降落。

(3)气囊式受电弓 ADD 自动降弓系统。

正常情况下,碳滑板气路压力与气囊气路压力相等,快排阀进、出气口压力差为零,压力开关闭合,列车司机显示单元显示受电弓正常工作。受电弓滑板破裂或磨损到限情况下,滑板气路气压下降,但气囊气压不变,快排阀进、出气口出现压力差,达到其动作值后快排阀打开,升弓气囊连接大气,压力开关跳开,列车司机显示单元显示受电弓故障,受电弓迅速自动下降。碳滑板若存在微小裂缝和少量漏气,但能够正常升弓,则属于正常允许范围,不影响受电弓的正常工作。

二、避雷器

（一）概述

避雷器是一种过电压限制器，常见的避雷器的外观如图 7-17 所示。避雷器与被保护设备并联运行，安装于车顶。当作用电压超过一定幅值后总是避雷器先动作，将大量的能量泄入大地，限制过电压，保护电气设备。大电流过后，避雷器应能迅速切断工频续流，保证电力系统的安全运行。因此，对避雷器基本技术要求有两条：

（1）过电压作用时，避雷器先于被保护电力设备放电，降低过电压幅值。

（2）避雷器应具有一定的熄弧能力，以便可靠地切断在第一次过零时的工频续流，使系统恢复正常。

以上所述两条要求对有间隙的避雷器都是适用的，这类避雷器主要有：保护间隙避雷器、管式避雷器、阀式避雷器等。以下将以一些比较常见的避雷器为例，介绍其结构与工作原理。

图 7-17 常见的避雷器的外观

（二）火花间隙避雷器

1. 结构原理

火花间隙避雷器通常由火花间隙和非线性电阻两部分组成，其结构原理如图 7-18 所示。在正常电压下，火花间隙不会被击穿，只有出现过电压时火花间隙才会被击穿。过电压幅值越高，火花间隙被击穿得越快。

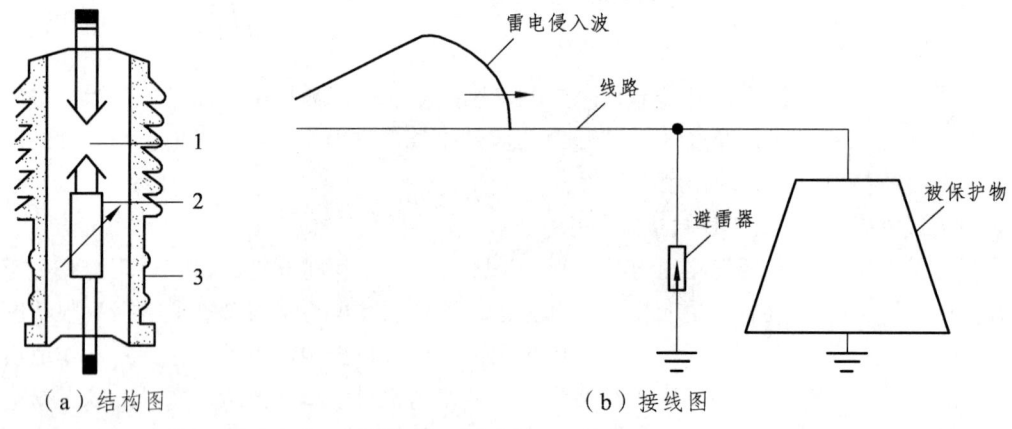

（a）结构图　　　　　　　　　　（b）接线图

1—间隙；2—可变电阻；3—瓷瓶。

图 7-18 火花间隙避雷器

非线性电阻的电阻值与电流之间为非线性关系（大电流时电阻值小），正是由于这个特性，在过压击穿瞬间很大的冲击电流作用下，非线性电阻的阻值很低，避雷器快速对地放电以限制电压的幅值，防止被保护设备的绝缘被损坏；另一方面又可以在火花间隙被击穿后，限制由工频电压所引起的流过避雷器的电流，从而使火花间隙能很容易地切断电流。

击穿电压的幅值与击穿时间的关系被称为伏秒特性，如图 7-19 所示。若要可靠地保护被保护电器，避雷器的伏秒特性必须比被保护电器的伏秒特性低，即在同一过电压作用下避雷器先被击穿。

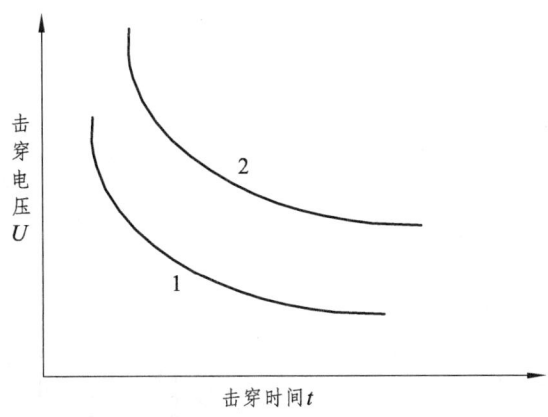

1—避雷器的伏秒特性；2—被保护电器的伏秒特性。

图 7-19　伏秒特性曲线

2. 工作原理

由于避雷器与被保护设备是并联关系，当出现过电压并危及被保护设备时，避雷器放电使冲击电流泄入大地。随后，避雷器仍能恢复原工作状态，截断伴随而来的正常工频电流，使电路与大地绝缘。过电压越高，火花间隙击穿越快，从而限制了施加于被保护电气设备上的过电压。图 7-20 所示为避雷器在地铁车辆上的常见的安装位置。

图 7-20　避雷器在列车上的安装位置

（三）氧化锌避雷器

氧化锌避雷器又叫无间隙避雷器，是一种新型避雷器，阀片以微小氧化锌晶粒为主要材料，加入一些金属氧化粉，经过加工做成氧化锌电阻片。氧化锌电阻片具有理想的伏安特性，电阻非线性极好。它在正常工作电压下电阻很大，电流很小，可视为无工频续流，所以可以取消火花间隙。氧化锌避雷器的工作原理如图7-21所示。

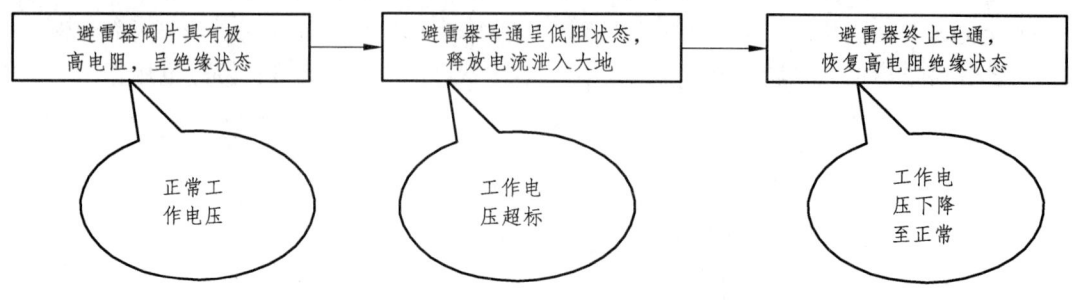

图7-21 氧化锌避雷器工作原理

氧化锌避雷器的基本结构如图7-22所示。

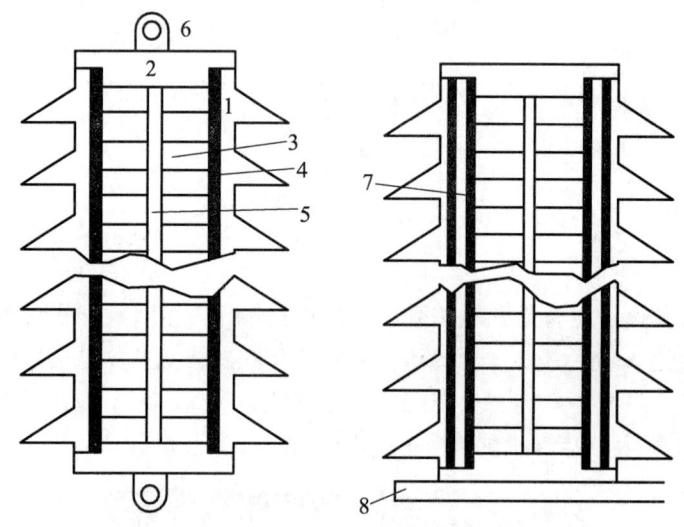

1—硅橡胶裙套；2—金属端头；3—ZnO阀片；4—高分子填充材料；
5—环氧玻璃钢芯棒；6—吊环；7—环氧玻璃钢筒；8—底座。

图7-22 氧化锌避雷器的基本结构

氧化锌避雷器具有下列优点：

（1）无间隙。由于省去了串联火花间隙，所以结构大大简化，体积小很多。

（2）无续流。在雷电或内部过电压作用下，只需吸收过电压的能量而不需吸收续流能量，因而动作负载轻。

（3）通流容量大，能制成重载避雷器。

（4）残压低，可降低设备的绝缘水平。一般性维护保养，始终保持瓷套表面干燥、光洁和无裂痕。

三、空调单元

空调系统的作用就是确保车内有一个舒适的温度、湿度和充足的新鲜空气。目前绝大多数城市轨道交通车辆的每节车的车顶都安装有两个车顶一体式空调单元，位于 1 位端的空调单元称作空调单元Ⅰ，位于 2 位端的空调单元称作空调单元Ⅱ，其分布图如图 7-23 所示。

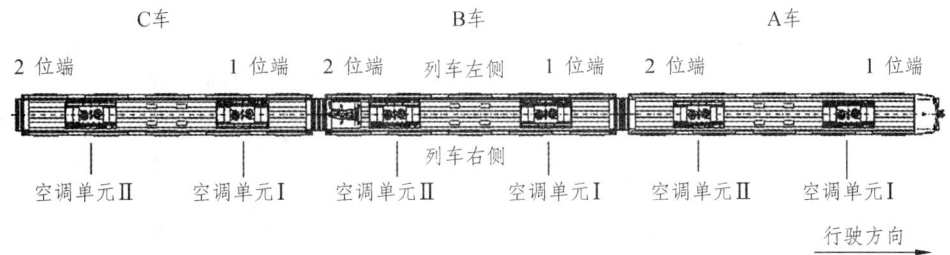

图 7-23　某列车车辆空调单元布置图

在通风机作用下，新风从吸风口吸入，与从客室来的回风混合，再经过过滤和冷却后，在风道里按整车长度均匀分配，并通过安装在车顶上的空气隔栅吹入客室，如图 7-24 所示。带司机室的车辆，除了有客室通风系统，还安装了单独的司机室通风单元（见图 7-25），它与风道系统相连，通过人工控制。

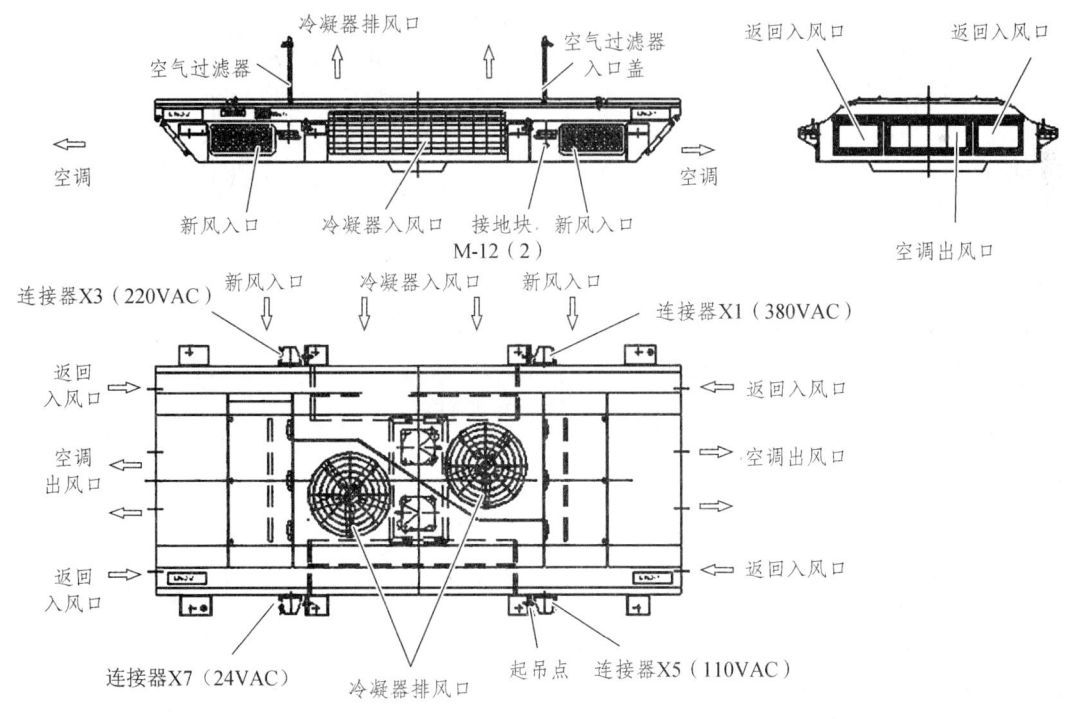

图 7-24　车顶一体式空调单元

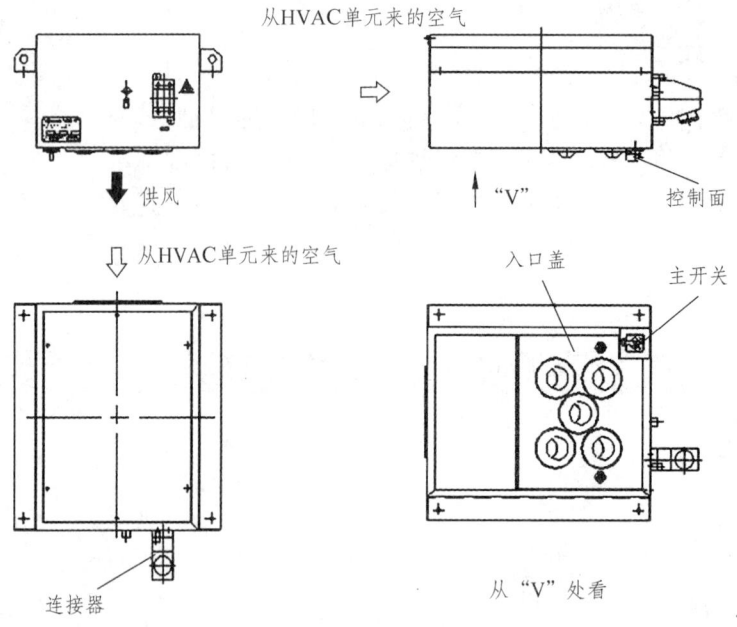

图 7-25 司机室通风单元

任务三 车底设备

任务介绍

本任务对城市轨道交通车辆的车底设备进行介绍,主要介绍了牵引逆变器、辅助逆变器以及蓄电池单元等。

问题引导

(1)城市轨道交通车辆的车底设备较多,你认为哪些设备是非常重要的?
(2)牵引逆变器的功能是什么?
(3)辅助逆变器的功能是什么?它和牵引逆变器有什么区别?

知识素材

车底设备一般包括供风设备、制动系统设备和一些其他电气设备,图 7-26 和图 7-27 为广州地铁 1 号线车底设备的分布图,各主要部分如下。

一、高压设备

城市轨道交通车辆直流 1500 V 的供电电源是通过受电弓从架空电网上得到的。电流从受电弓终端流到位于车底的逆变器箱(PH 箱-牵引-高压)。

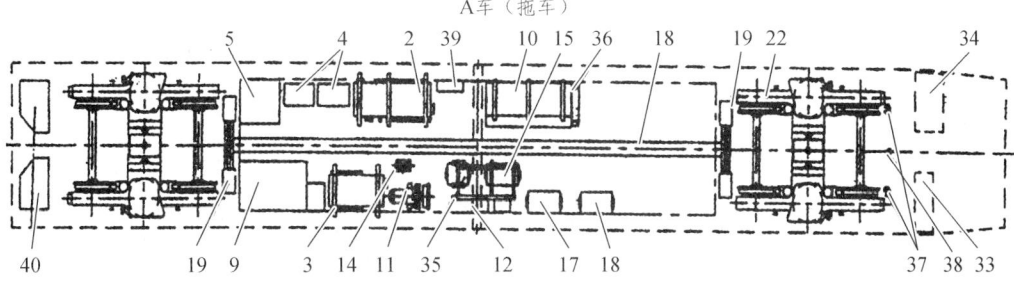

图 7-26　广州地铁 1 号线拖车底架设备分布

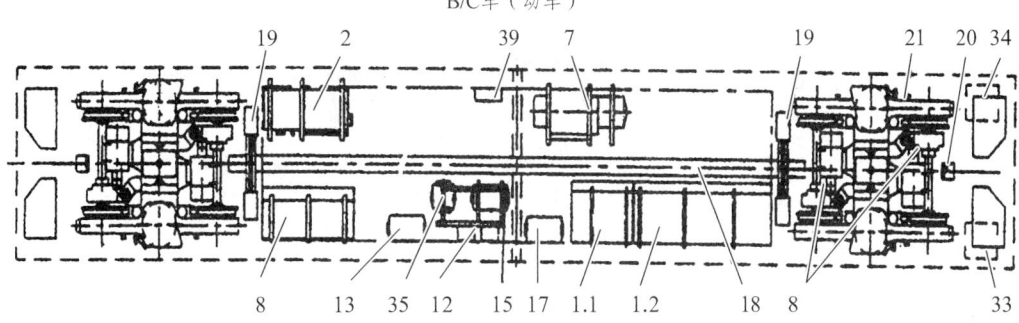

1.1—线路滤波器；1.2—牵引逆变器 VVVF；2—DC/AC 逆变器；3—DC/DC 转换器；4—高速断路器；5—车间电源；
6—牵引单元；7—制动电阻；8—辅助设备柜，B/C 车；9—蓄电池；10—辅助设备柜，A 柜；11—空压机单元；
12—空气控制屏；13—主风缸；14—空气干燥器；15—制动风缸；17—空气弹簧供风缸；18—电缆槽；
19—电缆分布槽；20—电机连线；21—动车转向架；22—拖车转向架；33—A 车电气柜；
34—A 车电阻柜；35—门控风缸；36—空压机起动电阻；37—ATC 天线；
38—通信天线；39—接地装置；40—车钩盒。

图 7-27　广州地铁 1 号线动车底架设备分布

PH 箱的高压部分（见图 7-28）包括大部分用于高压分配的元件。主要的元件有：隔离和接地开关、两个高速断路器（线路断路器）、车间电源插座、车间电源接触器、高压保险、解耦二极管、测量和控制设备。

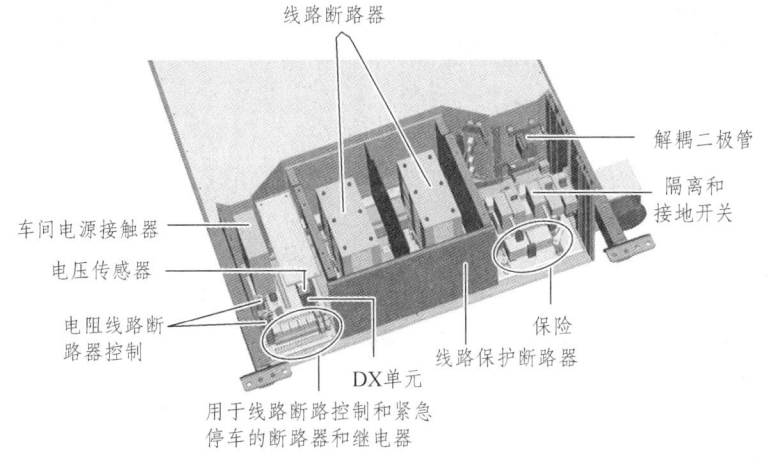

图 7-28　PH 箱结构

一般动车的牵引逆变器从高速断路器处获得电能。辅助逆变器（输出三相 AC 380 V）和蓄电池充电器（输出 DC 110 V）也由 PH 箱供电，并带有保险保护，而其电流回路是通过接地刷闭合。

1. 车间电源

由 PH 逆变器箱右侧的车间电源插座供给 DC 1500 V 车间电源。车间电源的电气元件是与其他高压电气元件一起集成在这个 PH 箱中。这些元件包括：隔离和接地开关、车间电源接触器、提供 DC 1500 V 电源的车间电源插座（在右侧），如图 7-29 所示。

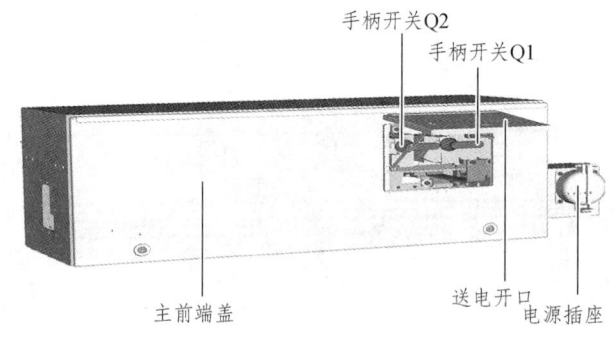

图 7-29 车间电源

2. 隔离和接地开关

隔离和接地开关位于工作舱口下面，线路断路器室的右侧（见图 7-28）。

此开关有两个功能：用于在正常模式（架空电网供电）、车间供电模式（通过 PH 箱处的车间供电插座供电）以及系统接地之间切换。

此开关实际上是两个分别带有手柄的开关，每个开关的手柄有两个位置，而这两个开关机械连接在一起，相当于一个带有三个位置的开关（见图 7-30）。开关的机械互锁使开关手柄不能打到第四种组合（"禁止"）的位置。

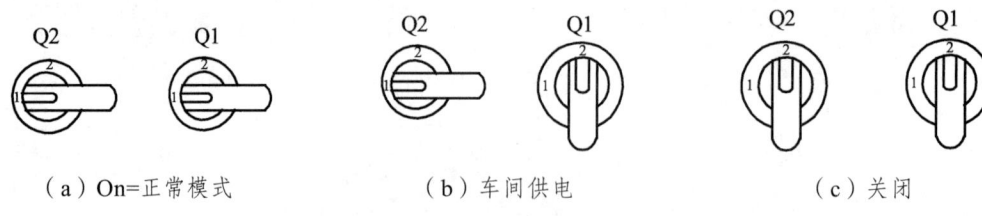

图 7-30 隔离和接地开关

3. 高速断路器

高速断路器是应对过电流的一种迅速高效的保护装置，此断路器设计为一旦检测到过流即迅速反应，通过电弧发生时间内产生的瞬间过电压将电弧抑制。广州地铁 1 号线车辆的每单元 A 车装有两台高速断路器，分别与本单元的 B 和 C 车连接。

高速断路器（HSCB）是一个单极的直流断路器，带有电磁控制和自然冷却功能。它包括自身的直接瞬时过流释放，其值是可调的。高速断路器是专门设计用于半导体逆变器驱动的车辆，并且遵循 IEC 60077。每个牵引逆变器都分别设置一个 HSCB。HSCB 安装在 B 车的逆变器箱（PH 箱）中。集成安装在箱中的主要优点是可以节省车下空间用于其他设备安装，并且使 HSCB 与外界环境隔绝。

在正常运行时，HSCB 用于接通、关断电源回路和保护牵引设备。它的限流特性和高速切断能力能防止由于短路或过载而引起的毁坏。HSCB 用恒定的过电压来灭弧，此过电压是瞬间产生的并且持续在整个电弧出现的过程中。HSCB 的分断能力是双向的，所以它既能从电网隔离设备也可用于在再生制动过程中使设备隔离。

二、线路滤波器

线路滤波器是由电容和电感组成的一种能量储放装置，可以在斩波器导通和关断时吸收和释放能量，使电机电流平滑，并减少车辆在牵引和电制动时对接触网电压的影响。

三、牵引逆变器

由于接触网提供的是直流电能，而车辆的牵引都采用的是交流传动，因此列车上必须设置牵引逆变器。例如，广州地铁 1 号线车辆的牵引逆变器为电压源连接逆变器，通过 3000 A/4500 V 斩波器 GTO 与逆变器相连接，驱动 4 个并联的三相交流牵引电机，它还能执行电阻制动和再生制动。

运行工况：牵引逆变器将接触网得到的直流电能转换为三相交流电能，驱动牵引电机。

制动工况：牵引逆变器将电机产生的三相交流电转换为直流电，反馈回接触网，此为再生制动。由于网压过高，未被吸收的电能由制动电阻转换为热能散逸，这就是电阻制动。

四、制动电阻

在电阻制动时，制动电阻将未能再生的电能吸收过去，转换为热能散逸到大气中。

五、牵引单元

牵引单元包括牵引电机、联轴节和齿轮箱等。三相牵引电机的转矩通过联轴节和齿轮箱传递给轮对。

六、辅助设备

（一）DC/AC 逆变器

广州地铁 2 号线 6 辆编组的列车设计了 PH 箱和 PA 箱牵引逆变器。每个逆变器箱里安装 1 个牵引逆变器和 1 个高压设备（PH 箱）或辅助逆变器（PA 箱）。牵引逆变器驱动 4 个三相牵引电机，这些电机分别驱动 2 个转向架的 4 个轴。

1. 运行模式

电压源型逆变器用于牵引、再生制动和电阻制动。

静态的 DC/AC 辅助逆变器安装位置如图 7-31 所示，车辆通过辅助逆变器从架空网上受电用作辅助电源。输出三相 AC 380/220 V 的 50 Hz 交流电能，为风机、空气压缩机、空调装置和车内其他所有交流负载供电。交流电压可从端子对 U1 和 U2，V1 和 V2，W1 和 W2（相）和 N（中性）上获得。输入与输出隔离开来，辅助逆变器机械地与牵引逆变器一起集成在 PA 箱中，PA 箱安装在 C 车的底架上，为 6 辆编组列车的一半供电。

整列车安装了两个 DC/AC 逆变器以使运行时有足够的余量。

2. 紧急模式（车载供电系统故障时）

如果车载供电系统故障，空调将无法使用，为了保持向客室内供应新鲜空气，地板下的一个静止逆变器（见图 7-31）启动，由蓄电池给供风风机供电。同时，循环空气的盖关闭，只有外部空气供向车内。

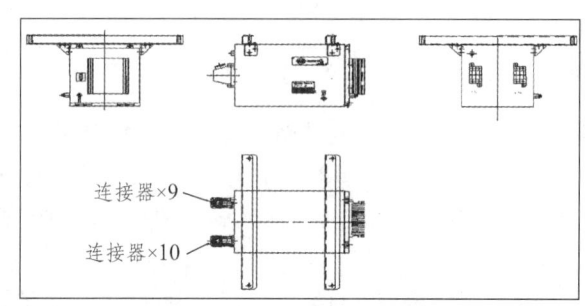

图 7-31　静止逆变器外形图

（二）蓄电池箱充电器

广州地铁 2 号线车辆蓄电池充电器安装位置如图 7-32 所示。它由架空网供电，从输入到输出有一个直流隔离电路。在端子上，有一个额定直流 126 V 的电压供应低压负载端子+BN 和蓄电池充电端子+B。蓄电池充电遵循 CVCC（恒压/恒流）曲线。

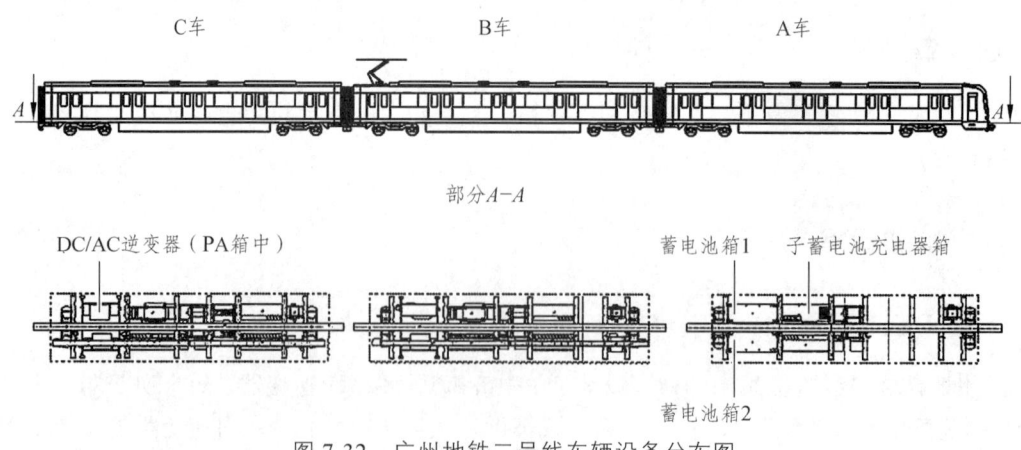

图 7-32　广州地铁二号线车辆设备分布图

（三）蓄电池箱

每个车辆单元必须配有一定数量蓄电池箱，由于车辆配重的要求，通常置于拖车车底架上。

例如，广州地铁2号线每个车辆单元配有两个蓄电池箱，安装于A车的车底，如图7-32所示。该蓄电池包括80个镍-镉电池单元，类型为FNC 232 MR。每个电池单元的额定电压为1.2 V，容量为140 A·h。安装形式是80个电池单元串联在16个不锈钢的隔栅中，用镀镍铜板连接隔栅内部的电池单元，串联的隔栅之间是用无卤的铜线连接的，隔栅连接和布线如图7-33所示。

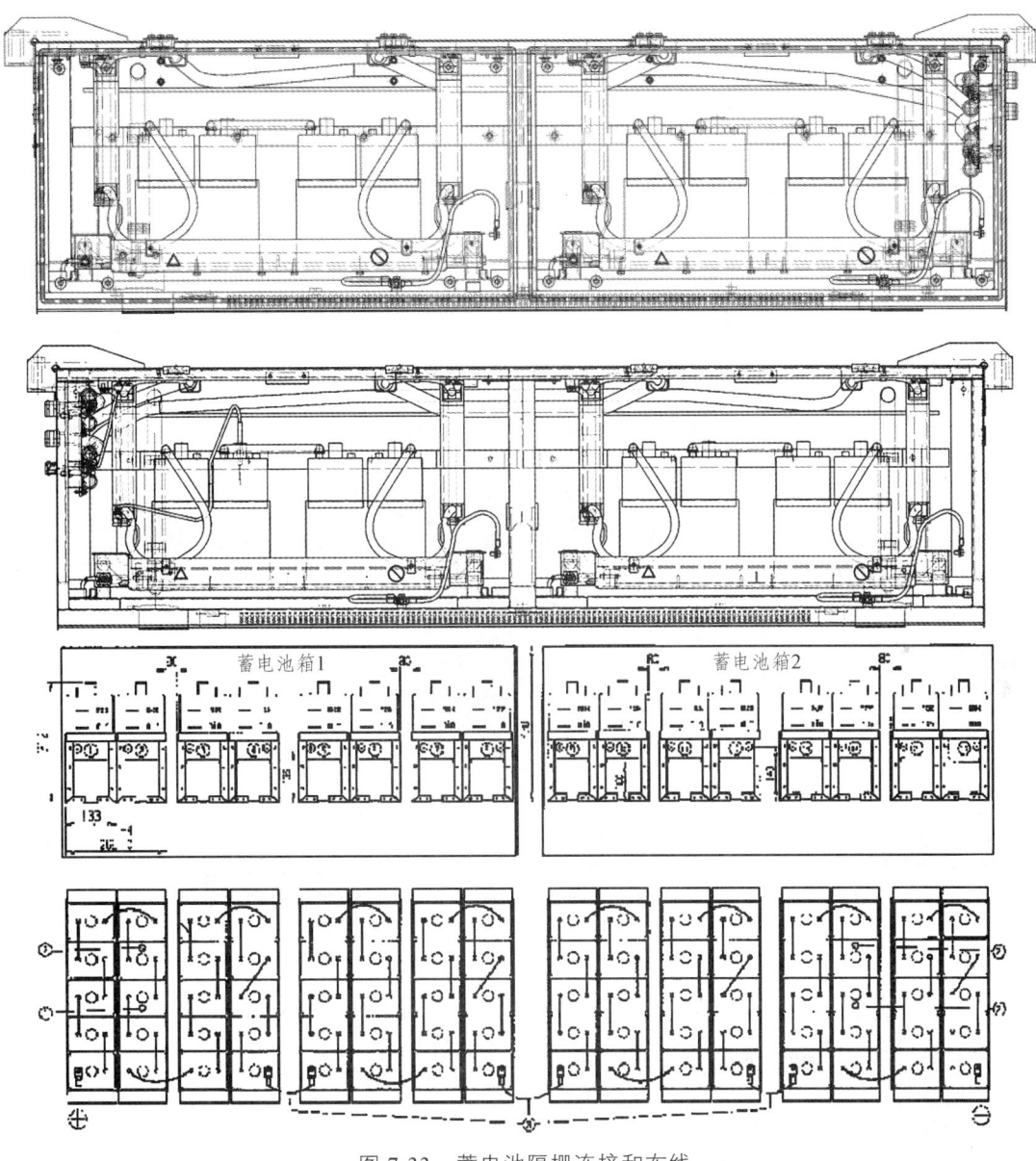

图7-33 蓄电池隔栅连接和布线

七、DC/DC变换器

静态辅助电源变换器（完全静态结构）输出直流110 V电压，驱动所有110 V直流负载，如照明、牵引控制单元等，包括对蓄电池充电，为其提供冗余量。

八、空气制动系统

空气制动系统包括空压机单元、空气干燥器、储风缸（主风缸、制动供风缸、空气弹簧缸、门控风缸等）和装在转向架上的基础制动单元。

九、列车自动控制装置（ATC）

ATC 系统包括自动驾驶系统（ATO）、自动监控系统（ATS）和自动保护系统（ATP）。

ATO 将执行除"启动"外的列车自动运行（自动调速、自动停车、定点停车）。

ATP 将执行列车安全速度和列车安全间隔的功能，当潜在的不安全条件产生时，ATP 将施加紧急制动。ATP 车辆接口设备包括：速度计、天线、司机室显示器、控制器、电源适配器和 ATO/ATO 车载控制设备。

ATS 将执行自动转换道岔、排列进路。

十、列车故障自诊断系统

列车采用微机故障自诊断系统，用便携式数据采集器采集各种有关数据。

此外，在轴箱上还装有速度传感器、接地装置；在列车前端装有 ATC 传感器安装架；还有轮缘润滑装置等。

任务四　车内设备

任务介绍

本任务对城市轨道交通车辆的车内设备进行介绍，主要介绍了司机室设备、客室设备等。

问题引导

（1）城市轨道交通车辆的司机室中，通常有哪些设备？比较重要的设备是什么？

（2）司机室位于城市轨道交通车辆的两端，每列列车设置两个司机室的原因是什么？

知识素材

司机室是列车驾驶的工作场所，其主要设备均与列车操纵有关，设备布置应方便司机操纵列车和提供舒适的工作环境。带司机室的车辆位于列车端部，并设有紧急疏散门等设施。

客室是容纳旅客的场所，其设备的主要作用是为乘客提供服务，设备布置也应保证车内安全舒适。在客室两侧设有车门，两辆车的客室之间通过贯通道连接。

一、司机室

司机室内的设备布置各有差异，但一般遵循一定的规律，如在与客室的隔墙上设有后端门，左右侧各设有一扇侧门，前端一般设有紧急疏散门，司机座椅与地板固定，可前后及上下调整，前端挡风玻璃设有电阻加热丝加热装置、刮雨器和遮光板。

司机室内的司机操作台是比较复杂的部分，在该操作台上设有司机控制手柄（实现牵引与制动）、相关仪器、指示灯、各种按钮和显示屏等。

驾驶室前车窗玻璃为高强度的挡风玻璃，驾驶室前车窗玻璃内埋有的电加热丝，以供加热除霜去雾，另外在玻璃外侧还设有刮雨器。

1. 紧急疏散门（或称紧急逃生门）

紧急疏散门设置在带驾驶室车厢的前端墙上（见图 7-34）。列车在隧道内运行时一旦发生火灾等危险事故时，驾驶员可打开紧急疏散门，释放紧急疏散梯，引导乘客通过紧急疏散梯走向路基中央，然后向两端的车站疏散。

图 7-34 紧急疏散门

2. 列车操纵设备

如图 7-35 所示为列车司机室的列车操纵设备和控制按钮。

3. 司机室座椅

司机室内设供司机乘坐的座椅。司机座椅是专门设计的，可根据司机的体重和身材进行调节。该座椅由座垫、靠背、前后调整装置、升降调整装置、左右旋转装置、折叠滑座装置、固定座等组成，以螺栓固定在底架上方的安装座上。

二、客室

车辆客室设有车门、车窗、座椅和挡风板、扶手栏杆、安全锤、灭火器、排水管罩等设备。

1. 客室座椅

为了适应城市轨道交通短途、大运量的特点，客室座椅一般靠侧墙且纵向布置在两侧车门之间，如图 7-36 所示为某地铁车辆客室局部视图。

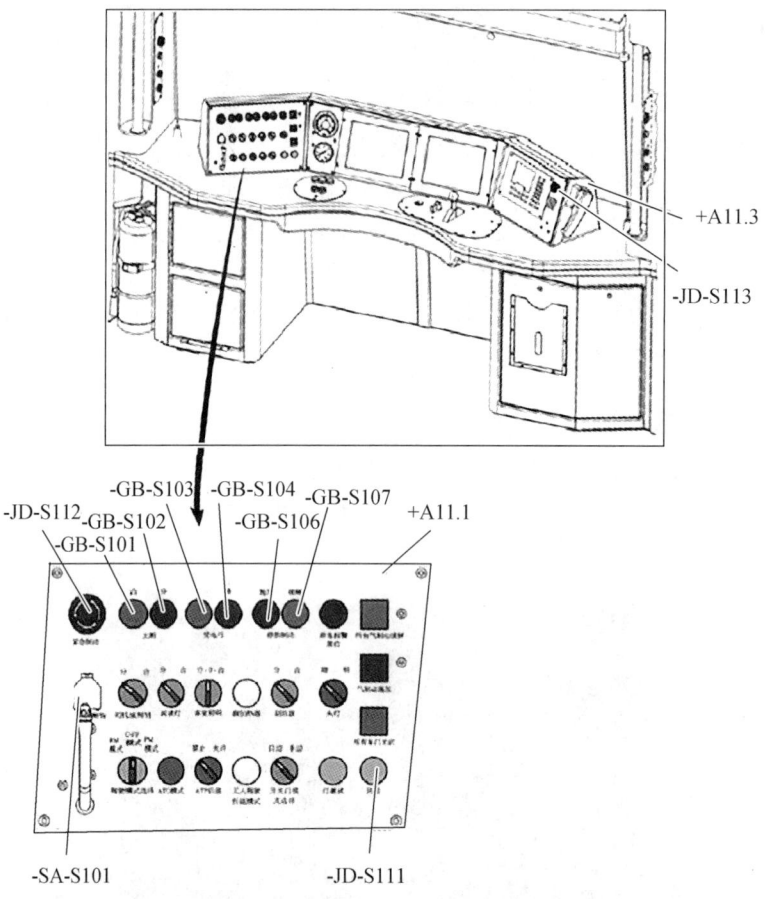

+A11.1—开关面板；+A11.3—无线电面板；-GB-S103—受电弓升弓按钮；-GB-S102—高速断路器断路按钮；-GB-S104—受电弓落弓按钮；-GB-S106—停车制动施加按钮；-GB-S107—停车制动缓解按钮；-GB-S101—高速断路器接通按钮；-JD-S111—气笛按钮；-JD-S112—紧急停车蘑菇形按钮；-JD-S113—紧急停车蘑菇形按钮；-SA-S101—解钩按钮。

图 7-35　广州地铁 3 号线列车司机室设备

图 7-36　纵向布置在两侧车门之间的座椅

2. 立柱、扶手

为了让站立乘客扶稳，一般在客室内设有立柱、纵向扶手和吊环等设施，如图 7-37 所示为有立柱、吊环等车内设施的车辆客室局部视图。

图 7-37 客室内的吊环与扶手

3. 客室车窗

一般在客室侧门之间都设有车窗，就其结构形式而言，有单层玻璃、双层玻璃之分；有楣窗与无楣窗之分；有连续式与非连续式之分。如上海地铁 1 号线就是有楣窗、有窗框的结构，而广州地铁 1 号线就是无楣窗、有窗框的结构，它们都是用氯丁橡胶条固定在车体上。香港机场快速线、深圳地铁采用连续式车窗。

例如，在上海地铁 1、2 号线的车辆中，直流传动车辆的客室每侧均匀布置 4 扇楣窗式车窗，车窗的大小为 1540 mm×880 mm，装有中空双层玻璃，具有隔热、隔音功能。直流车辆的客室车窗上部 1/3 为可向内旋转开启的应急通风窗，以备通风设备发生故障时开启，实施紧急自然通风。应急通风窗装有锁紧机构，要用方孔钥匙才能开启，即必须由乘务员操作，乘客不得随意打开。窗下部分为固定式车窗玻璃，用环型氯丁橡胶条嵌入装配在侧墙内，双层玻璃的内侧四周还安放吸湿剂。

4. 贯通道

贯通道处于车辆与车辆的连接部。车辆中设置贯通道一是使车内的客流密度自动调节；二是当某节车的空调出故障时，列车启动和制动可以使车间的空气经贯通道流动。

5. 消防设施

每个客室必须设置灭火器、安全锤等消防设施，放置在规定的地方。例如，每个客室设置两个灭火器，放置在两端控制柜下部；每个客室设置两个安全锤放置在两侧，并有明显标志，以便紧急情况时使用。

三、车辆灯光

车辆的灯光从位置上一般可分为司机室灯光、中间车辆灯光和其他灯光。从工作性质上可分为指示灯和照明灯。

（一）带司机室的车辆的灯光

在每列车司机室车辆的前端部有照明灯和指示灯，如图 7-38 所示，司机室内部也有照明灯等，司机室灯由 110 V 直流或蓄电池供电。

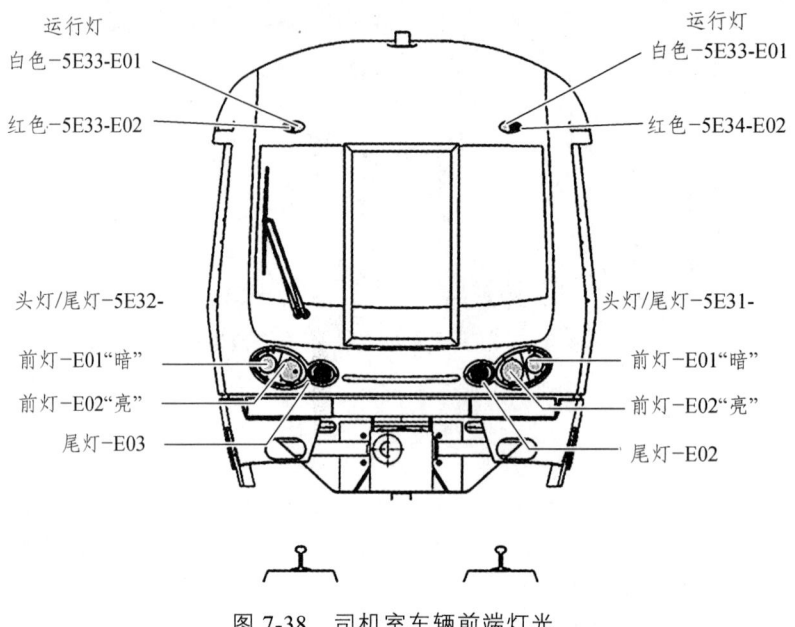

图 7-38　司机室车辆前端灯光

1. 车端灯

车端灯包括 2 个强度水平（暗或亮）的 2 个白色的头灯、2 个红色的尾灯、2 个白色的运行灯、2 个红色的运行灯。

2. 车内顶灯

司机室内的顶灯包括 2 个荧光管，在直流 110 V 主电压下工作，灯的控制开关是一个在司机操作台上的旋钮开关。

3. 阅读灯

阅读灯是为了司机台的照明，它是一个柱形的荧光灯，带有一个镇流器。它安装在司机显示器上面，自身带有开关。

（二）中间车辆灯光

中间车辆的日光灯由 DC/DC 变换器供电，照明应由 110 V 直流列车线经逆变器镇流器进行供电。

1. 客室照明

如图 7-39 所示为广州地铁 2 号线中间车辆客室照明灯的布置图，每辆车的客室的左侧和右侧都有一排照明灯。它们通过司机室中的开关进行控制。如果电源有故障，每辆 A 车中的 6 个紧急照明灯，每辆 B 车和每辆 C 车中的 7 个紧急照明灯将投入使用。

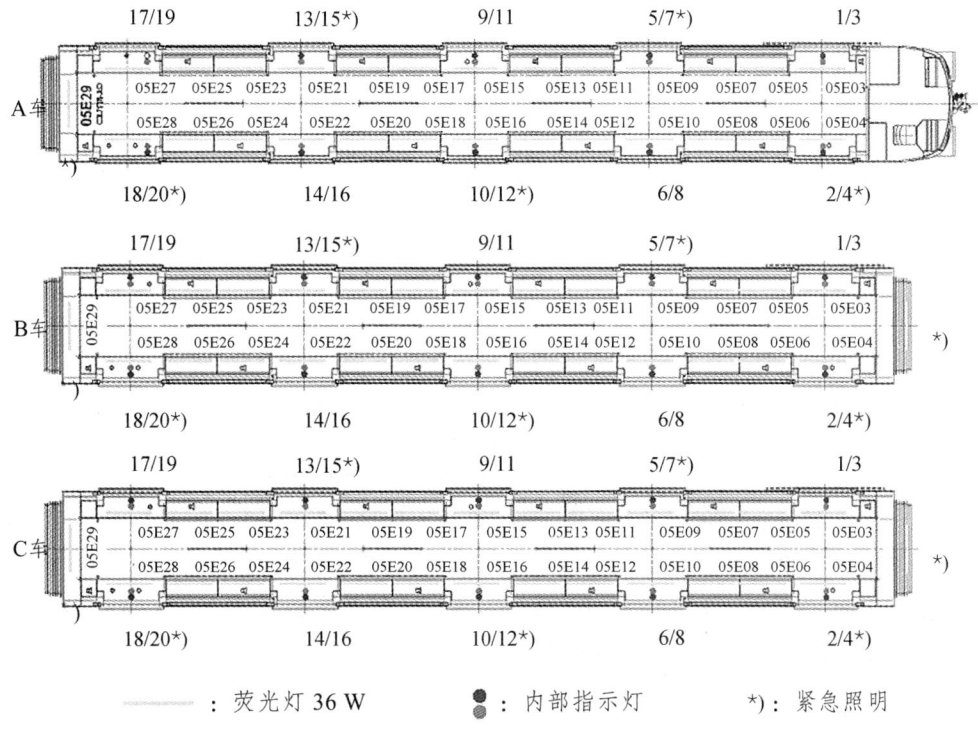

图 7-39 客室灯光分布图

2. 车门指示灯

"门打开"指示灯与"门关闭"指示灯一起安装在车门上部的侧顶板里。车门打开与关闭时车门指示灯的状态如图 7-40、图 7-41 所示。

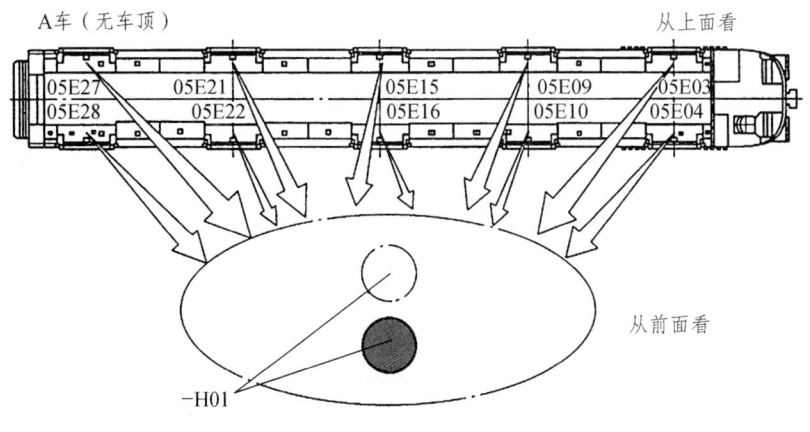

图 7-40 车门打开示意图

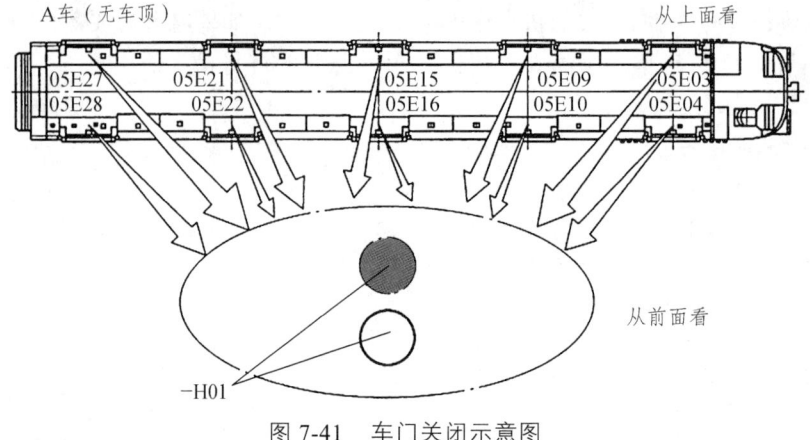

图 7-41 车门关闭示意图

四、乘客信息设备

为了方便乘客知悉列车信息,特别是弱视和弱听乘客的上下车,一般客室均安装有扬声器和显示屏以广播和显示站名等信息。

图 7-42 所示为广州地铁 2 号线车辆的扬声器和显示屏的安装位置示意图。扬声器安装在车顶板格栅的后面,显示器安装在车辆贯通道上部。客室显示器由 110 V 直流供电,并显示通过客室控制单元接收到的连续的数据。

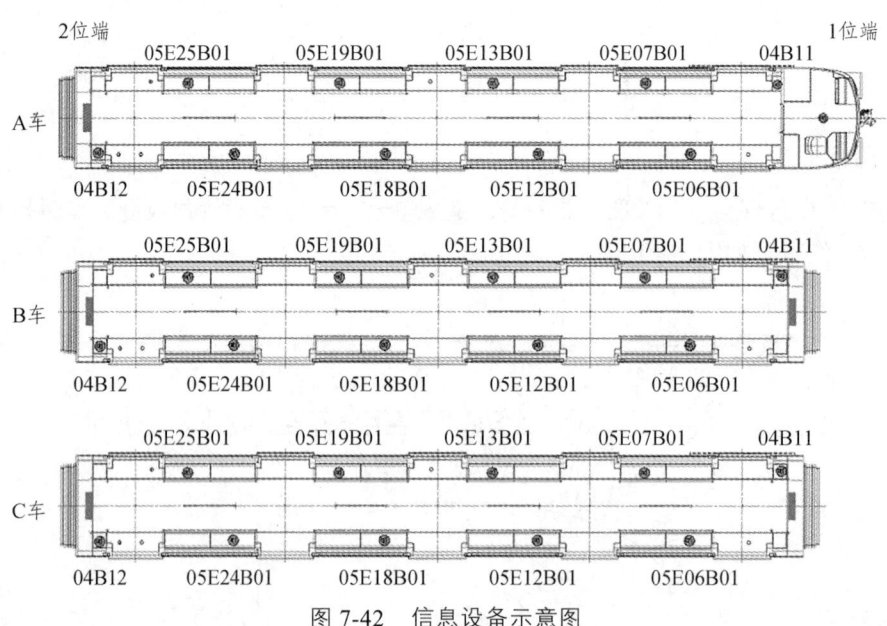

图 7-42 信息设备示意图

为了用内部显示器显示信息和通过扬声器进行广播,列车中必须有一个司机室被激活。一般来说,有两种方法向乘客传递信息。在被激活的司机室中,按下司机台上 PIS 控制板的 PA 按钮之后,司机可以用麦克风向乘客广播。在这种情况下,只有广播而没有信息显示。

在另一个手动触发模式中,司机可以通过司机台上的彩色显示器选择特定的信息。信息将被广播并显示在客室的显示器上。如果列车运行在 ATO 模式下,信息将自动由 ATO 系统触发,不用司机操作。此外,OCC(运行控制中心)能够通过列车无线电向乘客提供信息。

项目小结

按照城市轨道交通车辆设备的用途,车辆设备分为车用设备和服务于乘客设备两大类;按照车辆设备的性质可分为机械设备、电气及控制设备;按照设备的布置位置,车辆设备可分为车顶设备、车内设备和车底设备。一般城市轨道交通车辆以动车组的形式出现,车内空间尽量用于容纳乘客,设备的布置应使客室环境安全、舒适,与乘客无直接关系的车辆运营所需设备尽可能悬挂于车底,以使车内空间最大化。

城市轨道交通车辆的机电设备及电、气管线的布置应兼顾以下原则:重量分配均匀、安装和维修方便、安全可靠等。车顶设备主要有受电弓、空调单元等。受电弓包括基础框架、框架、集流头、压力弹簧和降低装置等。一般通过基础框架安装在车顶上,并尽量靠近转向架回转中心。空调单元可以确保车内有一个舒适的环境温度、湿度和充足的新鲜空气。一般城市轨道交通车辆每节车的车顶安装两个一体式空调单元,位于车顶两端。

车底设备一般包括供风设备、制动系统设备和其他电气设备。PH箱的高压部分包括大部分用于高压分配的元件,主要的元件有隔离和接地开关、两个高速断路器(线路断路器)、车间电源插座、车间电源接触器、高压保险、解耦二极管、测量和控制设备。动车的牵引逆变器从高速断路器处获得电能。辅助逆变器和蓄电池充电器也由PH箱供电,并带有保险保护,而其电流回路是通过接地刷闭合。车间电源的电气元件是与其他高压电气元件一起集成在PH箱中。隔离和接地开关位于工作舱口下面,线路断路器室的右侧。高速断路器(HSCB)是一个单极的直流断路器,带有电磁控制和自然冷却。每个牵引逆变器都分别设置一个HSCB,安装在B车的逆变器箱(PH箱)中。

司机室是列车驾驶的工作场所,其主要设备与列车操纵有关,设备布置应方便司机操纵列车并提供舒适的工作环境。带司机室的车辆位于列车两端,前端设有紧急疏散门等设施。客室是容纳旅客的场所,其设备主要为乘客提供服务,有座椅、扶手、照明、广播系统等设施,设备布置应保证车内安全舒适。在客室两侧设有车门,两辆车客室之间通过贯通道连接。

思考题

1. 城市轨道交通车辆的车用设备主要有哪些?
2. 城市轨道交通车辆服务于旅客的设备主要有哪些?
3. 客室设备有哪些?有何功能?
4. 车顶设备主要有哪些?有何功能?
5. 车底设备主要有哪些?有何功能?

项目八　噪声及其防护

项目概述
本项目主要介绍了噪声的形成、分类、危害、评价指标及其对应的防护措施。

能力目标
结合日常生活中听到的噪声,能够分析噪声所属类型和对应的特征,能准确说明对应噪声的防护方法。

任务一　概　述

任务介绍
通过对噪声的形成、分类和危害的学习,掌握不同类型噪声的特征。

问题引导
在日常生活中,你知道的噪声有哪些类型吗?如何做好相关防护?

知识素材

一、噪声的影响与危害

人类在生产生活过程中不断地进行着能量的交换与转化。一部分物理能量,包括机械能、化学能、热能、电磁波等转化为噪声和振动,进入人们的生活环境。在生活中,每时每刻都可以听到各种各样的声音。声音可以帮助人们借助于听觉熟悉周围环境,进行信息传递;优美的音乐可以使人们心情愉快,消除疲劳;医生通过听诊器聆听心脏和肺部的声音就可以对患者的健康作出正确的判断……这些声音是人们所需要的。但是声音过强,又会妨碍或危害人们的正常活动,甚至危及人体的健康。凡是人们不需要的,使人们感到讨厌和烦躁的声音通称为噪声。

噪声污染属于物理性污染。它与化学性污染、生物性污染有相同的地方,也有不同的地方。相同之处在于它们都能危害人们的身体健康,这种危害有长期的遗留性,表现在能引起人们的慢性疾病、器质性病变及神经等系统的损害。不同之处在于化学性污染、生物性污染是环境中有了有害物质和生物，或者是环境中的某些物质超过正常含量，是人类活动将某些有害物质散布到环境中所产生的污染，当污染源排除以后，这些污染物质依然存在。而环境噪声的污染一般是局部性的、区域性的，同时在环境中不会有残余物质的存在，在污染源停止运转后，污染也立即消失。

噪声干扰人们的工作和生活环境，危害人体健康，是影响面最为广泛的一种公害。它对人体的危害，概括来说可划分为两大类：强噪声可以引起耳聋和诱发出各种疾病；一般强度噪声可以使人感到烦躁，干扰语言交谈，以致对人们的工作、学习和生活带来较大的不利影响。

1. 职业性噪声耳聋

噪声对人体健康的影响是多方面的，表现最明显的是对听觉器官的损伤，长期在强噪声环境下工作，可以导致职业性耳聋，即噪声性耳聋。引起职业性耳聋的发病因素与噪声强度和频率有关，噪声强度越大，频率越高，噪声性耳聋的发病率越高；同时与噪声的作用时间长短也有关系，同样强度的噪声，每天工作 8 小时就比工作 4 小时发病率高得多。一般地说，在 90 dB 以上的噪声环境下长期工作，就有可能发生职业性耳聋。

2. 其他系统疾病

噪声对人体健康的影响还主要表现在其对人体各器官的作用。对中枢神经系统、自主神经系统及心血管系统而言，由于中枢神经系统受到损害，会引起全身其他器官的变化，大脑皮层兴奋和抑制平衡失调，神经细胞边缘染色质溶解，导致条件反射异常，脑血管功能受到损害，脑电位改变。这一问题早期可以恢复，但如果长期在噪声的不良刺激下，就会导致病性改变，从而产生神经衰弱综合征，患者主要有头晕、头痛、脑涨、失眠、多梦、耳鸣、乏力、记忆力减退、恶心、心悸等症状。强噪声刺激中枢神经系统，还会使人们的消化机能减退、胃功能紊乱、消化液分泌异常、胃酸度降低，造成消化不良、食欲减退、消瘦、体质减弱。特别强烈的噪声还能引起精神失常、休克乃至危及生命。

所以，在强噪声下工作的人们一般健康水平下降，抵抗疾病的能力差，即使没有引起噪声性职业病，也容易诱发出其他的疾病，影响人们的健康和工作能力。

3. 干扰正常生活

噪声影响人们的正常生活，妨碍人们休息、睡眠，干扰语言交谈和日常社交活动，使人烦躁异常。

实验证明，当人们在睡眠状态中，在 40～50 dB 噪声的作用下，其自主神经系统出现反应，就是说 40～50 dB 的噪声就开始对正常人的睡眠发生了影响。根据研究，40 dB 的连续噪声使 10% 的人受到影响；70 dB 的连续噪声使 50% 的人受到影响。突然的 40 dB 的噪声可使 10% 的人惊醒；60 dB 的突发噪声则使 70% 的人惊醒。城市噪声对居民的影响很大，会使居民睡不好觉，吃不好饭，精神困倦，烦躁异常，心血管和神经衰弱患病率增高。

4. 降低劳动生产率

强噪声会妨碍人们集中注意力，影响人们思考问题，致使工作发生差错，不仅影响工作效率，而且降低工作质量。噪声级越高，劳动过程越复杂，在劳动过程中脑力劳动的成分越多，则劳动生产率下降的程度越大。

统计表明：在实行了必要的噪声控制措施后，劳动生产率平均提高了9%，写错字的概率减少了29%，计算上的错误减少了52%，发病率减少了37%。

由于噪声的心理作用，会分散人们的注意力，容易引起工伤事故，特别是危险警报信号和行车信号在强噪声干扰下不容易引起人们注意，更容易发生人身伤亡事故。

二、噪声的形成

随着现代工业、交通运输和城市建设事业的发展，特别是城市人口的急剧增加，城市噪声污染已变得日益严重。近几十年来国内外调查资料表明，在环境污染的事件中，环境噪声污染一直名列前茅，以致环境噪声污染已发展成为一种扰民因素。环境噪声主要包括城市的交通噪声、工厂噪声、建筑施工噪声以及商业、体育和文化娱乐场所的人群喧闹、家庭生活等造成的社会噪声。

城市环境噪声以交通运输噪声最为突出，许多国家研究结果都表明，城市环境噪声的70%来自交通噪声。世界上一些主要城市的车辆密度都很大，交通噪声尤为严重。交通运输工具是特殊的流动声源，因此对环境的影响面也最广，它是交通噪声产生的根源。

噪声的形成须有声源（即噪声的发源地，可能是机械的、化学的、电化的，以及生物的，等等）、声音传播途径（即噪声是如何进行传送的），以及接受者三个条件存在，而且只有当声源、传播途径和接受者三者都同时存在时，才对听者形成干扰。城轨交通噪声的形成主要来自轨道交通运输工具内外部的振动和撞击，外部的主要噪声源是轨道交通车辆运行时车轮在钢轨接头处与不平处的撞击和已磨损的车轮在钢轨上的摩擦。此外，还有走行部分的撞击、制动拉杆与闸瓦的颤振和敲击、车厢壁与顶盖的振动、自动车钩的碰撞、制动以及发电机运转中的声音等；内部的主要噪声源是来自车扇、窗扇、间壁、通风器、灯具等的颤振和撞击。

车内的噪声由乘坐该车的人所承受，车站内的噪声由在车站内候车的人所承受，而路边噪声却影响着邻近线路附近区域居住或工作的人们。各种类型的噪声可能来自一个或几个噪声源，并且由这些噪声源沿着各种各样的途径进行传播和扩散。了解声源、传播途径和接受者就可以有针对性地寻求降低、衰减噪声的措施和途径，对现存的噪声进行治理，最大限度地降低对人体造成的损伤。

三、噪声的分类

城轨交通噪声按产生噪声的声源可分为：轮轨噪声、车辆非动力噪声、牵引动力系统噪声、高架轨道噪声、地下铁道的地面承载噪声等，下面重点分析与车辆直接相关的噪声。

（一）轮轨噪声

轮轨噪声是钢轨与车轮之间相互作用而产生的声响。这种相互作用在车轮和轨道相接触处产生力的作用，造成车轮和轨道的振动而向外辐射声波。

轮轨噪声有3种主要类型：摩擦噪声、撞击噪声和轰鸣噪声。每一种均由相对应的机械结构所产生。

1. 摩擦噪声（或尖啸声）

当车辆在一条较小半径曲线线路上运行时会发出一种高音调噪声，因为一般的转向架式车辆，轮对车轴平行地配置于转向架构架中，当运行在小半径曲线线路时，车轮沿曲线钢轨并非纯滚动运行，要产生局部的横向滑动，即所谓"卡滞-滑动效应"，结合车轮和轨道的振动响应，形成一种高音调的尖啸声。影响这种摩擦噪声的因素最主要的是曲线半径、转向架轴距、车轮振动阻尼特性，以及轮轨表面之间的黏着系数和所采用的材料等。

2. 撞击噪声

撞击噪声由车轮或钢轨表面的局部不连续性所产生。这种不连续性包括钢轨的轨隙，不平坦的钢轨接头和车轮踏面局部磨损，以及在制动时闸瓦抱死车轮所造成车轮踏面局部磨平。

3. 轰鸣噪声（或滚动噪声）

轰鸣噪声是由于车轮和钢轨接触表面局部小面积粗糙所造成的。研究结果表明，轮轨接触区域越大，所产生的轰鸣噪声就越少，当轰鸣噪声达到顶点的频率时钢轨将成为主要噪声源。减小轮轨接触面的粗糙度是降低轰鸣噪声行之有效的途径。

（二）车辆非动力噪声

车辆非动力噪声主要指制动系统中在实施制动时闸瓦与制动盘之间摩擦振动，它激发制动闸瓦片、闸瓦托架以及制动盘等产生自激振动形成噪声。

制动系统中悬挂连接和支座中会使用许多销套，由于销套与销轴之间的间隙在运行中相互撞击，故也会产生非动力噪声。此外，车辆的辅助系统（空调装置、空压机等）所辐射的噪声也称为车辆非动力噪声。

（三）牵引动力系统噪声

牵引系统设备运转所产生的噪声包括牵引电机及其冷却风扇、齿轮箱以及空气压缩机的噪声，它是城轨交通主要的噪声。牵引系统的噪声，特别是电机冷却风扇的噪声，随列车运行速度的提高而增长，其程度往往要大于轮轨噪声。

近年来对混凝土高架铁路的研究表明，混凝土高架铁路上的牵引动力系统噪声级比地面道床轨道上的噪声级高 5 dB（A），这主要是因为高架铁路上轨道下面缺少吸音材料，如道碴、泥土等。

（四）高架轨道噪声

当列车行驶于高架铁路上时，轮轨相互作用所产生的振动通过轨道传递给支承结构，支承结构将噪声向周边地区进行传播，它相较列车行驶于一般的路堤带坡度道床时所产生的噪声级要高得多，一般要高 20 dB（A）。

为深入研究高架轨道噪声，可建立 3 种不同类型的高架轨道噪声的数学模型，即钢板梁上有混凝土板的结构，钢板梁上有轨枕板的结构，以及开式钢腹板梁上有轨枕板的结构。同时针对这 3 种高架铁路进行现场测量，结果发现，在高频状态下，钢轨为主要噪声源，而中频的主要声源是钢板梁。所以为大幅度地降低噪声级，就必须同时降低钢轨和钢板梁的噪声。

正因为高架轨道噪声是由于轮轨之间相互作用所产生的振动传递给高架结构所引起的，因此抑制高架轨道噪声一方面可从降低钢轨振动的技术着手，另一方面可从限制传递给高架结构的振动考虑。

（五）地下铁道的地面承载噪声

地下铁道轮轨间相互作用而产生的振动被传递给隧道结构，继而又传向周围的土壤。振动通过土壤再向邻近的建筑物传播，从而导致地下及墙壁的振动和噪声向建筑物内房间的第二次辐射，它是一种低频声响，就如同外界振动使房间中的窗户所发出的"喀喀"声响。

地面承载噪声和振动是一个相当严重的干扰源，也是公众向交通部门抱怨的主要对象之一。因此更有效地预测和抑制地面承载噪声和振动，对缓和这类社会问题具有现实意义。

对于高速铁路，除了以上所述的几个产生噪声的声源外，还有空气动力噪声。随着列车速度的提高，列车车头和在列车上各个突出和凹入的部分，以及车顶的受电弓等在空气中高速移动时，压力空气在非恒定的气流中发生变化，从而产生空气动力噪声。风洞试验表明，物体产生的空气动力噪声与空气的流速呈 6 次方关系增加。通过对车头形状的流线型处理，对于突出于车体的某些设备或装置的结构进行改进或将其移到可用隔音罩予以屏蔽的车体下部，均可抑制非恒定涡流的发生，降低空气动力噪声，从而减少噪声对沿线的影响。

任务二　噪声的评价指标

任务介绍

通过对噪声评价指标的学习，掌握国内外地铁列车噪声评定指标和整车部件对应的噪声要求。

问题引导

在日常生活中，你觉得哪些算噪声的评价指标？

知识素材

控制噪声要从两方面入手：一是组织管理，也就是由国家及有关部门颁发一系列法律法规、条例、标准等，用行政命令的方式限制噪声；二是采取工程技术措施治理噪声，以达到国家、地方标准的要求。

噪声控制可以根据不同的目的要求制定不同的限制标准，例如，为了保护职工身体健康避免引起噪声性耳聋和其他疾病，需要制定保护听力和保护健康的卫生标准；对于保护环境和生活环境不受噪声的干扰，应相应地制定各种环境噪声的允许标准，在不同的时间（白天、晚上）和不同地点进行修正；对于各种强烈的噪声源，还应分别制定限制标准，如机器产品噪声允许标准，机动车辆、飞机等的噪声允许标准，同时为了便于同类产品的评价和比较，还需要制定相应的有关噪声测量方法的标准。

城轨交通噪声级的强度直接与系统的特性相关联。轨道设置的位置，即设于地下、地面或高架等，都是影响噪声级的决定因素。地下铁道一般比地面轨道有更大的车内噪声级。高架铁路轨道产生的路边噪声级比地面轨道的噪声级要高。与高噪声级相关的其他条件还包括列车的运行速度、采用的是无缝长钢轨还是一般有缝钢轨、车轮踏面上的擦伤、钢轨表面局部粗糙状况，以及线路小半径曲线等。

运载设备的使用时间长短是噪声级的另一个决定因素。使用年久的车辆车内噪声级一般较高，新设计车辆及车站由于采用了大量声学上的处理，车内和站内噪声级都会有明显降低。路边噪声级在新旧系统中发生的变化和差异并不像其他的噪声那么大，而更多地受到列车运行速度和轮轨状况的影响。

美国公共交通协会所制定的噪声级指标是以确保私人谈话能以正常声音进行而设计制定的。在背景噪声级为 78 dB（A）时，人们在 0.35 m 的距离处可以用正常的声音进行谈话，但当背景噪声级达 83 dB（A）时，为使对方能听见自己的声音，人们必须增大音量。

按该指标规定，根据城轨交通类型的不同，可接受的最大车内噪声应在 70～80 dB（A）范围内，站内噪声为 75～85 dB（A）。对于地铁来说，噪声级的上限可设得高些，因为将它的噪声级降到与地面铁路相同的程度是极困难的，在经济上也是极昂贵的。路边噪声级的上限随路边地区建筑物和地面类型的不同而有所差异，其上限值在居民区为 70 dB（A），在工业区为 85 dB（A）（距线路中心线 15 m 处）。

我国《地铁车辆通用技术条件》（GB/T 7928—2003）规定，司机室、客室内的允许噪声级应符合 GB/T 14892 的规定。另外，根据我国《铁路机车司机室噪声允许值》（GB/T 3450—94）规定，铁路新造、大修后内燃、电力机车司机室内部稳态噪声应在 78～80 dB（A）范围内，添加间歇噪声后的等效声级应不超过 85 dB（A）。

地铁列车噪声评定指标如下。

1. 整车噪声要求

（1）车辆外部和内部噪声测量必须分别按照 ISO/DIS 3095 和 ISO/DIS 3381 标准执行。

（2）列车静止、辅助系统正常运行时，车内噪声值不超过 68 dB（A）。

（3）列车在野外以 90×（1±5%）km/h 稳速运行时，在车辆中心离地板高 1.5 m 处，测得的客室内连续噪声值应不超过 75 dB（A）。

（4）列车在隧道内行进（90 km/h）、辅助系统正常运行时，车内噪声值应不超过 80 dB（A）。

（5）列车静止，辅助系统正常运行时自列车中心线 5 m 处测量，其噪声值应不超过 68 dB（A）。

（6）在 ISO 规定的环境条件下，列车在野外以 90×（1±5%）km/h 的速度运行时，在离轨道中心 7.5 m 处测得的连续噪声值应不超过 80 dB（A）。

车辆的车门在运转（门在打开或关闭过程中）时，在距车辆地板面 1.2 m 处，离车门或门框 0.3 m 的任何位置，所测得的噪声不超过 73 dB（A）。

（7）在额定电压和频率下，从离车辆上每个日光灯的固定装置 0.3 m 处测得日光灯和整流器噪声不得超过 48 dB（A）。

2. 主要部件的噪声要求

可根据整车对噪声的要求和相关标准及要求确定噪音值（见表8-1）。

表8-1 主要部件的噪声要求

部件名称	试验工况	相关要求
VVVF 逆变器	额定工作状态	≤75 dB（A）
牵引线性电机	额定工作状态	按标准要求
制动电阻风机	额定工作状态	按标准要求
辅助系统（风机关）	额定工作状态	≤70 dB（A）
空调机整机（机组下方测量）	额定工作状态	≤80 dB（A）
空气压缩机（如果使用）	额定工作状态	≤78 dB（A）

任务三 控制与降低噪声的措施

任务介绍

通过对控制与降低噪声的措施的学习，掌握噪声控制系统的要求。

问题引导

在日常生活中，你觉得哪些措施可以有效控制或者降低噪声？

知识素材

随着现代工业迅速的发展，噪声已成为污染环境的公害之一。噪声对环境的污染和其他环境污染不同，声源在空气中发射的是弹性波，对人的干扰是局部的，它在环境中不积累、不持久、也不远距离传输，而且当声源停止发声后，噪声立即消失，只有当声源、声音传播途径和听者三者都同时存在，才对听者形成干扰。因此控制噪声必须从声源、传播途径和接受者三个方面去考虑，既要对这三部分分别进行研究，又必须把这三部分作为一个整体，综合来进行考虑。噪声控制系统既要满足降噪量的要求，又要符合技术经济指标的合理性。

一、降低声源噪声

从声源上根治噪声，是一种最积极、最彻底的措施，具体可以考虑采用以下几方面的措施：

1. 降低车轮和钢轨表面的粗糙度

对钢轨和车轮表面进行磨削和镟修，提高其表面光洁度，使其保持平滑完好状态，是降低滚动噪声行之有效的措施。其可降低列车辐射噪声3~6 dB（A）。

2. 采用焊接的长钢轨

把钢轨焊接起来，可减少车轮对钢轨接缝处的冲击次数，列车辐射噪声可降低 6~8 dB（A）。

3. 选择具有抑制"卡滞—滑动效应"的钢轨材料降低摩擦噪声

由实验室试验研究表明，如果曲线区段的钢轨采用特制的具有摩擦剩磁效应和滑动性的低合金钢 15NiCuMoNb5、50CrMoV4 和 14NiCr14，可使曲线运行轮轨之间产生摩擦噪声的轨道与车轮运行方向之间的临界倾斜角 a_{krit} 可增大至 0.4°~0.5°。也就是说，在不改变转向架结构前提下，通过更改钢轨用钢，可降低车辆过曲线时的噪声，增大轨道与车轮运行方向之间的临界倾斜角，使得转向架过曲线时不产生噪声的最小曲线半径减小。

4. 采用盘式制动方式代替闸瓦制动

这样不仅可以减少闸瓦对车轮的磨耗，而且还可以避免制动时的尖叫声，可降低轮轨噪声达 8 dB（A）。在盘形制动上采用合成闸瓦（粉末冶金烧结闸瓦），其所产生的制动噪声将比采用铸铁闸瓦时低。另外，对制动系统中悬挂连接和支座中所使用的销套加装弹性橡胶元件，可降低由于销套与销轴之间的间隙在运行中相互撞击而产生的噪声。

5. 采用性能良好的车辆辅助系统（空调装置、空压机等）减少声源辐射的噪声

例如，对空调装置中的压缩机采用性能先进的涡旋式压缩机，其运动部件少、振动小、噪声低，而且可靠性高，使用寿命长。

6. 采用弹性钢轨的紧固件来降低噪声

可采用在钢轨垫板与轨枕之间装设弹性材料垫板来减少噪声的传播。或采用另一种可能更为有效的措施——装设弹性的"浮置板面"的轨道路基，即在钢轨与混凝土轨道基板面之间设置一层弹性垫板，这种结构可以削减被传递到隧道墙壁的振动噪声 10~20 dB（A），但其不利因素是涉及费用问题，以及可能要增大隧道的尺寸。

另外还可采用防振钢轨来降低噪声。例如，日本新干线上采用的防振钢轨就是用橡胶从钢轨头部以下将整个钢轨腰部包覆至轨底的上表面，使橡胶件与钢轨组成一个整体，在高架桥上采用这种防振钢轨。

7. 降低地下铁道的地面承载噪声

可在轨道和路基面之间铺设碎石构成的道床，以衰减从钢轨向路基传递的振动和噪声，同时还可以降低车内噪声级。但是采用这种道床要求有较大的隧道直径。

8. 在车轮上装设谐振消声器降低轮轨噪声

车辆在高速运行时，车轮在钢轨上高速滚动，由于轮轨表面粗糙度以及轮轨的缺陷，造成对车轮的激扰，从而产生滚动噪声。另外，当车辆通过小半径曲线时，由于车轮支承点相对于轨面产生横向滑动，导致车轮的轮辋、辐板产生轴向弯曲振动，发出尖啸声。

如果我们在轮辋或辐板上装设一种具有减振阻尼特性的扇形盘式板或环形板，即所谓谐振消声器，使之与车轮的主频率相一致。当车轮受到激扰，发生振动而辐射噪声时，扇形板

或环形板发生共振,板上的阻尼材料将振动的能量转换为热能,就能达到衰减车轮辐射噪声的目的。

国外研制的车轮谐振消声器主要有两种结构型式,即扇形盘式消声器和环形叠板式消声器,在德国 ICE 高速列车上装设这种消声器已经取得了明显的消声效果。

9. 采用橡胶弹性车轮降低轮轨噪声

在车轮轮心(轮毂)与轮箍之间加设弹性元件——橡胶垫,使二者之间金属脱离直接接触,使车轮在空间三维方向的弹性与全钢整体车轮相比更为柔软,利用橡胶元件把轮辋和辐板的振动转化为热能,吸收和衰减一部分噪声。根据橡胶元件的受力状态,弹性车轮的结构型式分承压、承剪和承剪压三种,采用较多的是承剪压式橡胶元件弹性车轮。试验表明:采用弹性车轮,车辆的垂向和水平方向的加速度都显著降低,比装有全钢整体车轮约减小 1/3,并可降低噪声达 10 ~ 20 dB(A)。

10. 在轨道车辆转向架上采用橡胶轮胎降低轮轨噪声

独轨车转向架的走行轮、导向轮和均衡轮,均采用橡胶轮胎来降低噪声。

11. 改进转向架结构,提高转向架性能,降低转向架结构元件的辐射噪声

在城市轨道车辆的动力转向架和非动力转向架中,车体、转向架构架或摇枕均采用空腹的承载结构,彼此之间均采用橡胶连接元件或空气弹簧悬挂,并安装具有适当阻尼的油压减振器。这种结构能够起到降低车体的沉浮自振频率、减轻车体的横向和垂向振动、将各个声源相互隔离和衰减声源噪声的效果,同时也避免了二次激励振动的发生。

另外,也可以选用直线电机系统、径向转向架、轻量化的车体结构等更先进的技术,从根本上改善轮轨接触条件,减少噪声源,降低轮轨噪声的产生。

二、降低传播途径上的噪声

1. 在车体向下延伸部分装设车裙以起到阻挡牵引系统噪声由底架向外辐射的作用

车裙在与车下吸声装置相结合后能使混凝土高架铁路上的牵引系统噪声降低 5 dB(A)。使用车裙和车下吸声装置可使对声屏障的需要减少到一半,故在经济上是有效益的。

2. 在转向架两侧面设置隔音罩和在线路两侧设隔音墙

此方式对于滚动和制动噪声以及次级噪声的降低与衰减均有明显的效果,能有效地降低列车辐射噪声对周围地区的影响,噪声可降低 1 ~ 4 dB(A)。然而采用这一类声防护方法不仅投资费用高且对车辆的维修造成妨碍和困难,仅仅在万不得已时才予以采用。

3. 在高架轨道侧面设置高度较低的声屏障

此方式能有效地降低列车辐射噪声对周围地区的传播。

4. 站台对列车辐射噪声的衰减作用

采用 220 mm 高的倒 L 形声屏障站台,经测试,当列车速度为 50 ~ 100 km/h 时,与无站

台相比，辐射噪声平均可降低 3~4 dB（A）。

5. 提高车体的隔声性能，降低噪声向车内的辐射和传递

列车在运行时轮轨的撞击和摩擦不仅要产生轰鸣和尖啸声，而且伴随有高频振动，由此还有可能激发车体钢结构的声频振动，从而再次发出噪声。试验表明，在车体钢结构内表面涂以防振阻尼层（如石棉沥青浆）后，钢结构的声频振动转化为热能消散，从而可减少声波的辐射和声波振动的传递。在钢结构上涂敷阻尼材料后，改变了钢板的自振频率，避免噪声主频率与钢板自振频率一致时引起共振，提高了钢板的隔声性能。在 2 mm 钢板上涂以不同厚度的阻尼材料，随着厚度增加隔声性能也随之增大，厚度增至 6 mm 后隔声性能不再上升。车体涂敷石棉沥青浆后，隔声量可达 2~3 dB（A）。

车体的隔墙采用双层墙结构来代替单层墙，是提高隔声性能减少车内噪声的重要措施。单层墙的隔声量与材料的质量、劲度、阻尼和频率有关，而双层墙中间有一层起缓冲作用的空气层，其隔声量可增加 4~5 dB（A）。

6. 提高车窗的隔声性能，降低噪声向车内辐射和传递

在车窗的结构上进行改进，采用固定式并带有空气层的双层玻璃车窗，可明显提高隔声性能。

7. 在单元式空调机组安装座下设置减振橡胶垫以及在通风系统风道中使用吸声材料和消声器

该方式可降低噪声的辐射和传递。

8. 车辆内部须进行吸声处理，降低噪声的辐射和传递

在车厢出入口的围壁、隔墙、顶棚等处都要用吸声材料加以处理，以达到降低噪声辐射和传递的效果。

9. 在线路两旁采用绿化带来降低噪声的辐射和传递

在噪声源与居住区之间种植树木进行绿化，要求绿化带有一定的宽度，树木也要有一定的高度。如果树木的高度只有 2~4 m 时，则列车的辐射噪声降低得很少，只有当树木高度在 7~8 m 或 8 m 以上时，才能更好地作为屏障来降低列车的辐射噪声。绿化带对 1000 Hz 以下的噪声降噪效果甚微，当噪声频率较高时，树叶的大小接近或大于声波的波长，则有明显的降噪效果。实测表明：2000 Hz 以上的高频噪声通过绿化带，每前进 10 m 其衰减量为 1 dB（A）。

项目小结

噪声污染属于物理性污染。强噪声可以引起耳聋和诱发各种疾病。

环境噪声主要包括城市的交通噪声、工厂噪声、建筑施工噪声以及商业、体育和文化娱乐场所的人群喧闹、家庭生活等社会噪声。

交通运输工具是特殊的流动声源，它是交通噪声产生的根源。

噪声的形成须有声源、声音传播途径、接受者三个条件，而且只有三者同时存在时，才形成干扰。

城轨交通按产生噪声的声源分为：轮轨噪声、车辆非动力噪声、牵引动力系统噪声、高架轨道噪声、地下铁道的地面承载噪声等。

噪声评定指标：根据不同的目的要求有不同的限制标准，我国《地铁车辆通用技术条件》（GB/T 7928—2003）规定司机室、客室内的允许噪声级应符合 GB/T 14892 的规定。

地铁列车噪声评定指标有：整车噪声要求、主要部件的噪声要求。

噪声控制方法：降低声源噪声、降低传播途径上的噪声。

思考题

1. 试述噪声对人类有哪些影响和危害。
2. 按产生噪声的声源，噪声可分为哪几类？
3. 轮轨噪声包括哪几种类型？简述每一种类型噪声产生的原因。
4. 试述控制与降低噪声的措施。

下篇 实训篇

任务一　受电弓外观检查

工　单　（NO.1 ZT-CGCL01）

工作任务单

工单编号	ZT-CGCL01	工单名称	受电弓外观检查
面向专业	城市轨道车辆应用技术专业	职业岗位	电客车司机、城轨列车检修工
实施方式	实际观察	考核方式	结果与过程综合
工单难度	适中	前序工单	无
工单分值	100 分	完成时限	8 学时
单人/分组	分组操作	组内人数	10 人
考核点	受电弓外观检查		
工单简介	按照本任务的作业步骤进行操作；掌握受电弓外观检查作业标准；在规定时间内完成对受电弓的外观检查		
设备环境	世赛基地受电弓、受电弓安装平台等		
教学方法	采用教师操作示范辅助讲解，学生互相问答演练		
用途说明	本工单可用于城轨车辆结构认知和城轨车辆专业综合实习的教学实训		
注意事项	选择实训场所尽量开阔，多对比分析总结		
参考资料	《第 46 届世界技能大赛第二次阶段性考核轨道车辆技术——受电弓的检修与控制技术规程》		
备注	（1）如实填写检修记录并及时在管理信息系统中回填； （2）" 检 " 表示质量检查员对作业过程进行检查监控； （3）" 📷 " 表示作业人员拍照留存		

实施人员信息

姓　名		班　级		学　号		电　话	
隶属组		组　长		岗位分工		伙伴成员	

任务目标

实施该工单的任务目标如下：

【知识目标】

（1）掌握受电弓组成。

（2）掌握受电弓外观检查作业项目。

（3）掌握受电弓外观检查项目内容。

【能力目标】

（1）能按照作业记录卡的要求进行准确记录。

（2）能进行受电弓外观检查作业及维修。

【素养目标】

（1）感受学习的乐趣，激发学习兴趣。

（2）养成仔细观察、认真记录、规范操作和安全文明生产的职业习惯。

（3）通过小组合作培养学生团结协作的精神。

工具清单

序号	名　称	规格型号	单位	数量	备注
1	塞尺	0.02～1.00 mm	个	1	测量弓角和碳滑板距离
2	楔形塞尺	山测 1～15 mm	个	1	测量降弓位置传感器距离
3	钢直尺	300 mm	个	1	测量碳滑板厚度

物料清单

序号	物料名称	物料号	单位	数量	备注
1	酒精/清洗剂		瓶	1	
2	无纺布/工业擦拭纸		包	1	
3	洗洁精		瓶	1	

作业步骤

序号	作业项目	作业内容及标准
1	作业整体要求	严格遵守安全作业规范： （1）作业前需进行场地及设备检查，并根据作业需求进行工具、物料拣选； （2）作业过程中工具需规范摆放，不允许叠放，不允许放置于工具车、工具橡胶地垫以外的任何地方；

续表

序号	作业项目	作业内容及标准
1	作业整体要求	（3）作业过程中设备缺陷情况需详细描述，并在缺陷处贴好标签； （4）作业过程需按照记录卡的要求进行准确记录； （5）作业结束后需清理现场并归还工具
2	受电弓部件外观检查及维护	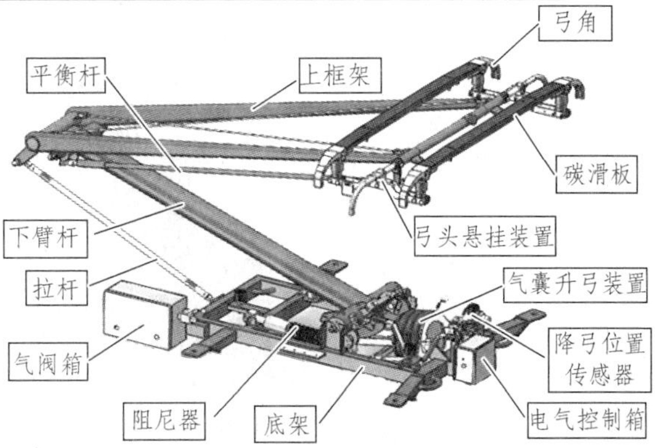 受电弓结构示意图（标注：平衡杆、上框架、弓角、碳滑板、弓头悬挂装置、气囊升弓装置、降弓位置传感器、电气控制箱、底架、阻尼器、气阀箱、拉杆、下臂杆）
2.1	检查弓头组成	（1）外观良好，无磕碰划伤、裂纹或缺失，表面无污渍，如有污迹或异物需要清理干净； （2）碳滑板碳层和铝托板之间无间隙； （3）用手摇动碳滑板，炭条应与铝托板连接牢靠； （4）弓头组件与上框架顶管之间的连接无松动； （5）开口销无缺失且开度大于 60° 
2.2	测量碳滑板厚度	以图示红色为基准线，分别测量两条碳滑板中间及两侧的厚度（工作区）计算平均值，然后分别记录平均值，图示测量碳滑板厚度为 17.0 mm。 （注：测量记录值精确到 0.5 mm，平均数值精确到小数点后一位，碳滑板厚度以实际设备测量值为准）

续表

序号	作业项目	作业内容及标准
2.2	测量碳滑板厚度	碳滑板厚度：滑板接触面距铝托架上平面的垂直距离
2.3	测量弓角间隙	测量 4 个弓角和碳滑板之间的间隙宽度并记录相应的测量结果，标准为 0.5～2.5 mm。 （注：测量值精确到小数点后两位）

续表

序号	作业项目	作业内容及标准
2.4	检查导流线	检查受电弓所有导流线，要求不能被拉紧或与其他部件接触，不能出现松股，断股不超过 1/10，否则记录相应位置
2.5	检查气囊	（1）表面橡胶无老化，无破损、裂纹或缺失； （2）表面无污渍，如有污迹或异物，需要清理干净； （3）要求开口销无缺失且开度大于 60°

续表

序号	作业项目	作业内容及标准
2.6	检查钢丝绳	（1）检查升弓钢丝绳外观状态良好，无断股，钢丝绳两端端部接头压接良好，目视端头可以清晰看到钢丝绳； （2）表面无污渍，如有污迹或异物，需要清理干净
2.7	检查阻尼器	（1）外观完好，无漏油现象（车顶表面是否有阻尼器渗漏的油），否则需要记录具体现象； （2）元件无老化，否则需要记录具体现象； （3）标牌字体清晰，标牌向上无破损
2.8	检查底架	（1）外观良好，无磕碰划伤、裂纹或缺失； （2）表面无污迹、异物，如有污迹或异物，需要清理干净； （3）橡胶堆安装牢固且与上框架及下臂杆接触良好，无悬空现象

续表

序号	作业项目	作业内容及标准
2.9	检查下臂杆	（1）外观良好，无磕碰划伤、裂纹或缺失； （2）表面无污迹、异物，如有污迹或异物，需要清理干净； （3）无气孔沙眼，否则记录现象和位置； （4）焊缝无脱焊，否则记录现象和位置； （5）橡胶元件无老化，否则需要更换
2.10	检查上框架	（1）外观良好，无磕碰划伤、裂纹或缺失； （2）表面无污迹、异物，如有污迹或异物，需要清理干净； （3）张紧绳无松动，开口销无缺失且开度大于60°
2.11	检查拉杆	（1）外观良好、无缺失； （2）表面无污迹、异物，如有污迹或异物，需要清理干净
2.12	检查平衡杆	（1）外观良好、无缺失； （2）表面无污迹、异物，如有污迹或异物，需要清理干净
2.13	检查气阀箱及气路软管	（1）气阀箱外观完好、安装牢固，箱门处于锁闭状态；

续表

序号	作业项目	作业内容及标准
2.13	检查气阀箱及气路软管	（2）气路软管无破损、无脆裂、无鼓包、断层、灼伤现象，否则需要记录具体现象； （3）管路绑扎紧固良好，朝向一致，否则重新绑扎
2.14	检查电气控制箱及降弓位置传感器	（1）电气控制箱外观良好、安装牢固、螺栓锁定良好； （2）测量降弓位置传感器与感应铝板间距离并记录，要求测量值在 6~10 mm 范围内（注：测量值精确到小数点后一位）； （3）如有污迹或异物，需要清理干净（注：感应器上表面及感应板下表面需用无纺布清洁）
2.15	检查绝缘子	（1）外观良好，表面无裂纹、无破损、无污迹，若有裂纹或破损时需要记录具体现象； （2）表面无污迹、异物，如有污迹或异物，需要记录相应位置和现象并清理干净

续表

序号	作业项目	作业内容及标准
2.16	检查避雷器	（1）外观良好，表面无裂纹、无破损、无污迹，若有裂纹或破损时需要记录具体现象； （2）表面无污迹、异物，如有污迹或异物，需要记录相应位置和现象并清理干净
3	完工确认	作业完毕后，应做到"工完、料净、场地清"
4	填记纸质记录	

任务扩展

根据受电弓外观检查状态，城轨列车检修工需要按照作业标准进行维护和保养。

1. 受电弓转动部件检查及润滑如何进行？

2. 受电弓碳滑板如何更换？

3. 受电弓避雷器如何清洗？

质量监控单（教师完成）

工单实施栏目评分表

评分项	分值	作答要求	评审规定	得分
任务资讯	15	作业流程和标准清晰准确，能够紧扣主题，没有明显错误项	对照标准答案，错误一项扣5分，扣完为止	
任务规划	15	任务规划周密、可实施，没有细节错误	参照标准答案，错误一项扣2分，扣完为止	
任务实施	50	有具体实施方案，各步骤清晰正确	A类错误点一次扣3分，B类错误点一次扣2分，C类错误点一次扣1分	
任务扩展	5	实施方案清晰正确	A类错误点一次扣2分，B类错误点一次扣1分	
其他	15	日志和问题项目填写详细、能够反映实际工作过程	没有填或者填写太过简单，每项扣2分	
合计得分				

职业能力评分表

评分项	等级	作答要求	等级
知识评价	A/B/C	A：能够完整准确地解决任务咨询的所有问题，准确率在90%以上 C：对基础知识掌握得非常差，任务咨询和答辩的准确率在50%以下	
能力评价	A/B/C	A：熟悉各个环节的实施步骤，完全独立地完成任务，并有能力辅助其他同学完成规定的工作任务，工作实施快速，准确率高（任务规划和任务实施正确率在85%以上） C：未完成任务或只完成了部分任务，各个部分的准确率在50%以下	
态度素养评价	A/B/C	A：不迟到、不早退，对人有礼貌，善于帮助他人，积极主动地完成规定工作任务，工作台整洁有序，能正确回答老师提问 C：未完成任务或只完成了部分任务，有问题没有积极向老师和其他同学请教，工作实施拖拉不积极，不能准确回答老师提出的问题	

注：作答结果介于A、C之间的，等级评定为B。

教师评语栏

任务二　客室车门整体外观检查

工单 (NO.2 ZT-CGCL02)

工作任务单

工单编号	ZT-CGCL02	工单名称	客室车门整体外观检查
面向专业	城市轨道车辆应用技术专业	职业岗位	电客车司机、城轨列车检修工
实施方式	实际观察操作	考核方式	结果与过程综合
工单难度	适中	前序工单	工单 NO.1 ZT-CGCL01
工单分值	100 分	完成时限	8 学时
单人/分组	分组操作	组内人数	10 人
考核点	客室车门整体外观检查		
工单简介	按照本任务的作业步骤进行操作；掌握客室车门整体外观检查作业标准；在规定时间内完成对客室车门的整体外观检查		
设备环境	世赛基地客室车门、客室车门安装平台等		
教学方法	采用教师操作示范辅助讲解，学生互相问答演练		
用途说明	本工单可用于城轨车辆结构认知和城轨车辆专业综合实习的教学实训		
注意事项	选择实训场所尽量开阔，多对比分析总结		
参考资料	《第 46 届世界技能大赛第二次阶段性考核轨道车辆技术——客室车门的安装与调试技术规程》		
备注	（1）如实填写检修记录并及时在管理信息系统中回填； （2）" 检 "表示质量检查员对作业过程进行检查监控； （3）" 📷 "表示作业人员拍照留存		

实施人员信息

姓　名		班　级		学　号		电　话	
隶属组		组　长		岗位分工		伙伴成员	

任务目标

实施该工单的任务目标如下:

【知识目标】

(1) 掌握客室车门整体外观检查作业内容。

(2) 掌握室车门整体外观检查作业标准。

【能力目标】

(1) 能识别客室车门整体外观故障点。

(2) 能进行客室车门外观检查的标准作业。

【素养目标】

(1) 感受学习的乐趣,激发学习兴趣。

(2) 养成仔细观察、认真记录、规范操作和安全文明生产的职业习惯。

(3) 通过小组合作学习培养学生团结协作的精神。

工具清单

序号	名　称	规格型号	单位	数量	备注
1	手电筒	通用	个	1	辅助照明

物料清单

序号	物料名称	物料号	单位	数量	备注
1	无纺布/工业擦拭纸	一次性无纺布	包	1	擦拭污渍

作业步骤

序号	作业项目	作业内容及标准
1	作业整体要求	严格遵守安全作业规范: (1) 作业前需进行场地及设备检查,并根据作业需求进行工具、物料拣选; (2) 作业过程中工具需规范摆放,不允许叠放,不允许放置于工具车、工具橡胶地垫以外的任何地方; (3) 作业过程中设备缺陷情况需详细描述,并在缺陷处贴好标签; (4) 作业过程需按照记录卡的要求进行准确记录; (5) 作业结束后需清理现场并归还工具

续表

序号	作业项目	作业内容及标准
2	客室车门整体外观检查	
2.1	检查门驱盖板、盖板锁、指示灯状态	（1）检查门区盖板外观，要求盖板表面无裂纹，漆膜完好； （2）锁芯和锁舌转动灵活，固定螺母紧固无松动； （3）指示灯安装良好
2.2	检查客室车门门页、玻璃、护指胶条、密封橡胶外观及玻璃黏接状态	门页及玻璃表面无裂纹、破损，划痕不超过 50 mm，胶条间隙无漏光，胶条无破损、脱落且无横向裂损，纵向裂损长度不超过 50 mm。车门玻璃黏接胶条无脱出

续表

序号	作业项目	作业内容及标准
2.3	检查上压条、侧压条状态	压条外观良好，安装紧固
2.4	检查机构安装架状态	（1）机构安装架表面无裂纹； （2）安装螺栓紧固无松动
2.5	检查蜂鸣器状态	（1）蜂鸣器安装牢固、防松线无错位； （2）蜂鸣器表面无裂纹； （3）车门运动时蜂鸣器与门驱机构无干涉

续表

序号	作业项目	作业内容及标准
2.6	检查行程开关 S1 状态	（1）行程开关组件安装牢固，表面状态良好，部件无缺损，固定夹无丢失； （2）车门锁闭时，S1 行程开关处于触发状态，用手按压行程开关，有一定下压幅度； （3）行程开关接线端子插接牢固，线缆无破损； （4）车门锁闭时，携门架凸台边缘线与白色滚轮刚刚接触； （5）对于调整后 S1 搭接量在该标准临界位置时，确保车门防夹功能通过
2.7	检查上滑道、上滑道滚轮状态	（1）滑道无变形，紧固螺栓紧固无松动； （2）滚轮转动灵活，无破损、裂纹、缺块； （3）车门完全打开时，滚轮下边缘高于滑道下边缘
2.8	检查门驱电机、安装座、电缆状态	（1）电机外观无损伤，固定螺栓紧固无松动； （2）电机安装座无裂纹、损坏，紧固螺栓紧固无松动； （3）电机电缆绑扎无松动，连接插头无损坏，线缆在车门运动时与其他部件无干涉

续表

序号	作业项目	作业内容及标准
2.9	检查丝杠、丝杠安装座状态	（1）丝杠表面无异物，推拉门页时转动灵活； （2）丝杠安装座紧固螺栓齐全，防松线清晰无错位，安装座表面无裂纹
2.10	检查丝杠螺母（2个）状态	（1）锁紧螺栓紧固，防松线清晰无错位； （2）丝杠螺母表面无裂纹
2.11	检查端部解锁装置、解锁开关S3状态	（1）操作紧急解锁装置时，齿轮盘与飞轮分离，车门可用手动打开； （2）恢复紧急解锁装置，齿轮完全咬合； （3）解锁装置安装座紧固螺栓齐全，防松线清晰无错位； （4）解锁钢丝绳端部接头处无错位，钢丝绳可视部分无断股； （5）S3开关安装及外观良好，固定夹无丢失，接线端子插接牢固，线缆无破损

续表

序号	作业项目	作业内容及标准
2.11	检查端部解锁装置、解锁开关 S3 状态	
2.12	检查直线轴承状态	（1）表面无擦伤、脱漆，注油嘴外观良好、无损坏； （2）孔用挡圈（卡簧）未脱出、缺失
2.13	检查光杠状态	（1）光杠表面无异物、划痕、锈迹； （2）光杠两端端盖无脱出、无缺失
2.14	检查携门架状态	（1）表面无开裂、无脱漆； （2）携门架和门页的连接螺栓及偏心轮紧固无松动； （3）偏心销表面无裂纹，卡簧无丢失，螺纹销紧固，防松线清晰无错位； （4）开门止挡外观良好，无破损

续表

序号	作业项目	作业内容及标准
2.15	检查平衡轮、门页压板状态	（1）门页与平衡轮压板无碰伤、松动、变形； （2）安装座固定螺栓紧固无松动，压轮无破损、裂纹、松动，卡簧无丢失； （3）在关门位置拨动压轮，要求有明显阻力，在两门页缝隙约为 1 cm 时，转动灵活； （4）压轮轮缘与门页无干涉； （5）门页上的压板无松动
2.16	检查客室内紧急解锁装置状态	（1）紧急解锁装置紧固螺栓齐全； （2）紧急解锁装置透明罩无缺失、无损坏
2.17	检查下滑道、下摆臂状态	（1）下滑道紧固螺栓齐全、无松动，表面无变形； （2）下摆臂表面无裂纹、防脱销无丢失； （3）下滑道与摆臂滚轮配合良好； （4）下摆臂安装螺栓齐全，防松线清晰无错位，卡簧无丢失； （5）车门开到位时，滚轮下边缘不低于滑道下边缘；车门关到位时，下摆臂与滑道间隙不小于 4 mm；摆臂滚轮与门页无干涉

续表

序号	作业项目	作业内容及标准
2.17	检查下滑道、下摆臂状态	
2.18	检查门页、门槛状态	部件表面无变形、裂纹，紧固螺栓齐全、紧固无脱出
2.19	检查门控器及端子排状态	（1）检查门控器安装螺栓齐全，防松线清晰无错位； （2）检查门控器各连接插头外观良好，目视检查插头无脱出； （3）端子排接线整齐，无破损、松脱
2.20	部件清洁	（1）清洁上滑道圆弧及直线段、尼龙滚轮表面的润滑油及灰尘； （2）清洁光杠的非运动区域及直线轴承两端的润滑油； （3）清洁丝杠螺旋槽、中部支撑轴承内侧、丝杠螺母两侧的润滑油； （4）清洁压轮表面润滑油； （5）清洁下滑道圆弧及直线段的润滑油和灰尘； （6）清洁下摆臂体表面及滚轮表面的灰尘； （7）清洁门页密封胶条和护指胶条； （8）清洁门驱电机表面的灰尘； （9）清洁内紧急解锁装置透明罩及解锁手柄
2.21	检查手动开关门及车门锁闭功能	（1）门页运动时无卡滞、干涉、异音、异常晃动； （2）车门锁闭功能良好
3	完工确认	作业完毕后，应做到"工完、料净、场地清"
4	填记纸质记录	

任务扩展

根据客室车门整体外观检查标准,正常识别车门外观状态并及时进行调整。

1. 如何进行客室车门 V 形门页的调整?

2. 如何调整门页平行度?

3. 如何调整门页在门框中的对中?

质量监控单（教师完成）

工单实施栏目评分表

评分项	分值	作答要求	评审规定	得分
任务资讯	15	作业内容和标准清晰准确，能够紧扣主题，没有明显错误项	对照标准答案，错误一项扣5分，扣完为止	
任务规划	15	任务规划周密、可实施，没有细节错误	参照标准答案，错误一项扣2分，扣完为止	
任务实施	50	有具体实施方案，各步骤清晰正确	A类错误点一次扣3分，B类错误点一次扣2分，C类错误点一次扣1分	
任务扩展	5	实施方案清晰正确	A类错误点一次扣2分，B类错误点一次扣1分	
其他	15	日志和问题项目填写详细、能够反映实际工作过程	没有填或者填写太过简单，每项扣2分	
合计得分				

职业能力评分表

评分项	等级	作答要求	等级
知识评价	A/B/C	A：能够完整准确地解决任务咨询的所有问题，准确率在90%以上 C：对基础知识掌握得非常差，任务咨询和答辩的准确率在50%以下	
能力评价	A/B/C	A：熟悉各个环节的实施步骤，完全独立地完成任务，并有能力辅助其他同学完成规定的工作任务，工作实施快速，准确率高（任务规划和任务实施正确率在85%以上） C：未完成任务或只完成了部分任务，各个部分的准确率在50%以下	
态度素养评价	A/B/C	A：不迟到、不早退，对人有礼貌，善于帮助他人，积极主动地完成规定工作任务，工作台整洁有序，能正确回答老师提问 C：未完成任务或只完成了部分任务，有问题没有积极向老师和其他同学请教，工作实施拖拉不积极，不能准确回答老师提出的问题	

注：作答结果介于A、C之间的，等级评定为B。

教师评语栏

任务三　转向架部件外观检查、测量

工单 (NO.3 ZT-CGCL03)

工作任务单

工单编号	ZT-CGCL03	工单名称	转向架部件外观检查、测量
面向专业	城市轨道车辆应用技术专业	职业岗位	电客车司机、城轨列车检修工
实施方式	实际操作	考核方式	结果与过程综合
工单难度	适中	前序工单	工单 NO.2 ZT-CGCL02
工单分值	100 分	完成时限	8 学时
单人/分组	分组操作	组内人数	10 人
考核点	转向架部件外观检查、测量		
工单简介	按照本任务的作业步骤进行操作；掌握转向架部件的外观检查和测量作业标准；在规定时间内完成对转向架的外观检查		
设备环境	世赛基地转向架、转向架安装平台等		
教学方法	采用教师操作示范辅助讲解，学生互相问答演练		
用途说明	本工单可用于城轨车辆结构认知和城轨车辆专业综合实习的教学实训		
注意事项	选择实训场所尽量开阔，多对比分析总结		
参考资料	《第 46 届世界技能大赛第二次阶段性考核轨道车辆技术——车辆转向架检修技术规程》		
备注	（1）如实填写检修记录并及时在管理信息系统中回填； （2）"检"表示质量检查员对作业过程进行检查监控； （3）"📷"表示作业人员拍照留存		

实施人员信息

姓　名		班　级		学　号		电　话	
隶属组		组　长		岗位分工		伙伴成员	

任务目标

实施该工单的任务目标如下:

【知识目标】

(1)掌握转向架外观检查、测量作业内容。

(2)掌握转向架外观检查、测量作业标准。

【能力目标】

(1)能识别转向架外观非正常状态。

(2)能进行转向架测量标准作业。

【素养目标】

(1)感受学习的乐趣,激发学习兴趣。

(2)养成仔细观察、认真记录、规范操作和安全文明生产的职业习惯。

(3)通过小组合作学习培养学生团结协作的精神。

工具清单

序号	名 称	规格型号	单位	数量	备注
1	手电筒	通用	个	1	外观检查
2	车轮第四种检查器	LLJ-4D	个	1	测量
3	钢直尺	150 mm	个	1	测量
4	标尺式轮对内侧距尺	1345～1365 mm	个	1	测量
5	测量块	9～11 mm	个	1	测量

物料清单

序号	物料名称	物料号	单位	数量	备注
1	油漆笔	红色、绿色	支	2	
2	油污清洗剂	去除油污去/除防松标记	瓶	2	
3	工业擦拭纸	擦拭去污、去渍	包	1	
4	签字笔	黑色	支	1	

作业步骤

序号	作业项目	作业内容及标准
1	作业要求	作业过程中需准确记录每一步的检查结果: (1)设备缺陷情况需详细描述,并在缺陷处贴好标签; (2)如有需要更换的部件,在该项作业完成得到裁判许可后,才可领取物料进行更换

续表

序号	作业项目	作业内容及标准
1.1	车轮转动方法	操作安放支座上车轮附近转动手柄，逆时针或顺时针转动即可带动车轮转动
2	转向架部件外观检查、测量及维护	转向架结构示意图（构架、轮对、一系悬挂、轴箱、基础制动装置、牵引装置、驱动装置、二系悬挂）
2.1	构架检查	（1）构架组成外观状态检查。对可视部位进行目视检查，确认构架组成表面无划伤、磕碰伤，焊缝无裂纹，表面油漆无脱落。记录异常点状态（详细描述异常点所在零部件名称、相对位置、状态）； （2）构架表面油漆脱落部位需找补油漆； （3）目视检查构架内外侧、电机安装、齿轮箱安装吊杆、牵引拉杆座等，各螺纹连接件的防松标记是否清晰、明显，无错位、漏涂；防松标记模糊的，清除原有防松标记，重新涂打防松标记
2.2	车轮检查测量	（1）踏面擦伤、剥离、碾伤不得超限。擦伤：长度≤30 mm，擦伤不多于两处；剥离长度：一处≤50 mm，两处≤40 mm；碾伤：长度≤25 mm。（详细描述异常点所在零部件名称、相对位置、状态）； （2）目视检查轮对是否到使用限度：轮径大于 770 mm 刻度线； （3）测量轮缘厚度[（32±0.5）mm]与轮缘垂直磨耗（>0 mm），按车轮圆周任意三等分位置测量三处取平均值。

续表

序号	作业项目	作业内容及标准
2.2	车轮检查测量	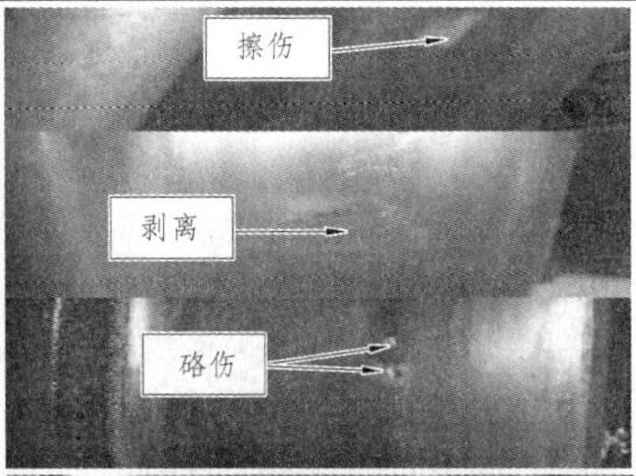 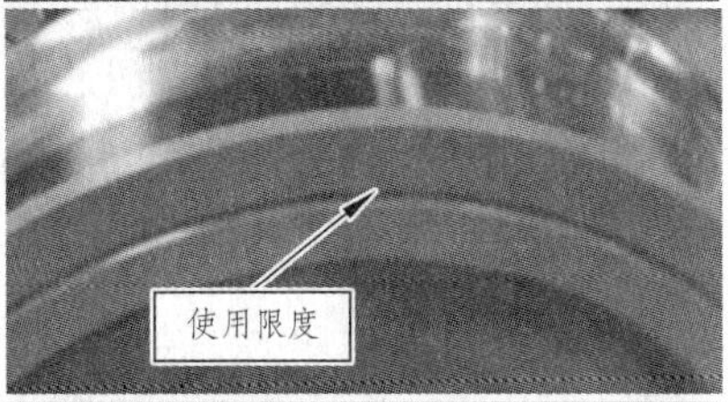 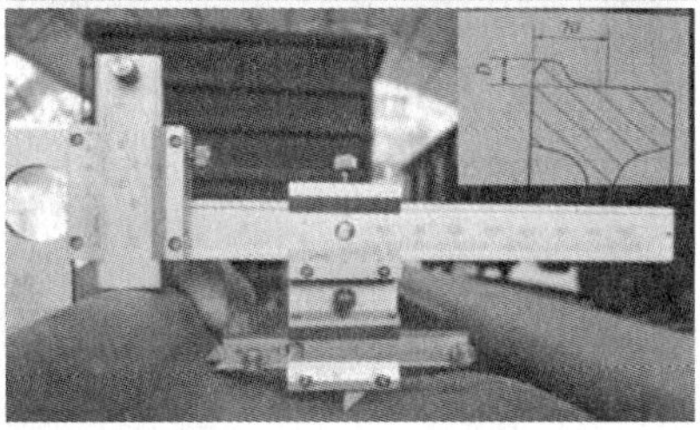 （图示：擦伤、剥离、碾伤、使用限度） 测量方法：移动轮辋宽度测尺尺框，使定位销落入；将定位角铁与车轮轮辋内侧面密贴，并使轮辋宽度测头与车轮踏面接触。推动轮缘厚度测尺使其测量头与轮缘接触，从游标中读取轮缘厚度值。推动垂直磨耗测尺与轮缘接触，只要轮缘厚度尺的 0 刻线与垂直磨耗尺的 0 刻线不对齐，即为合格； （4）测量轮缘高度[（27±0.5）mm]和轮缘磨耗值（0～7 mm），按车轮圆周任意三等分位置测量三处取平均值。以轮辋内侧面定位，测量踏面滚动圆（轮辋内侧面至踏面 70 mm）上任一点与轮缘顶点的距离 D。按照下述步骤操作，完成测量：① 移动轮辋宽度测尺尺框，使定位销落入销孔内，然后紧固上部锁紧螺钉；② 将定位角铁与车轮轮辋内侧面密贴，并使轮辋宽度测头 4 与车轮踏面接触；③ 推动轮缘高度及踏面圆周磨耗测尺使其下端测量面与车轮轮缘接触；④ 从右边游标读取轮缘高度值，从左边游标读取轮缘磨耗值

续表

序号	作业项目	作业内容及标准
2.3	轮盘制动盘检查与测量	检查裂纹是否存在下列两种情况（详细描述异常点所在零部件名称、相对位置、状态）： 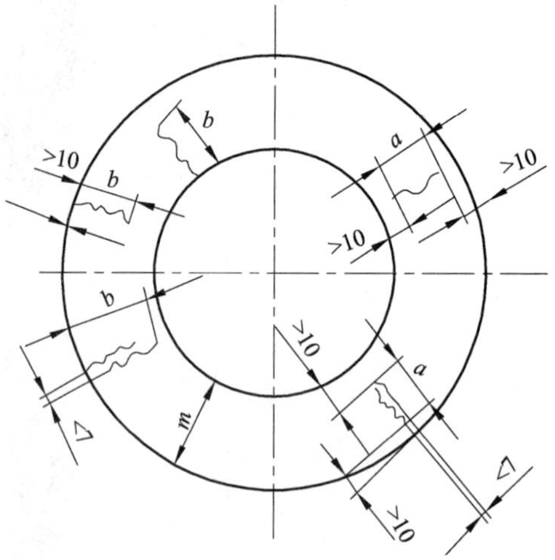 （1）如图中"a"所示，单道裂纹与内径和外径之间均有大于 10 mm 的距离；两道裂纹间有小于 7 mm 的距离，且与内径和外径之间均有大于 10 mm 的距离。$a<80$ mm 的裂纹允许存在；如若超限须要更换； （2）如图中"b"所示，单道裂纹接触到内径或外径；两道裂纹间有小于 7 mm 的距离。$b<50$ mm 的裂纹允许存在；如若超限须要更换
2.4	轮对内侧距测量与车轴检查	（1）按车轮圆周任意三等分位置测量轮对内侧距。（需要推动转向架。）轮对内侧距标准尺寸为 $1353^{+2}_{\ 0}$ mm；轮对内侧距任意三处相差≤1 mm；  （2）车轴涂层外观检查，涂层应无底漆脱落或漏出金属层；如有需补漆，修复涂层 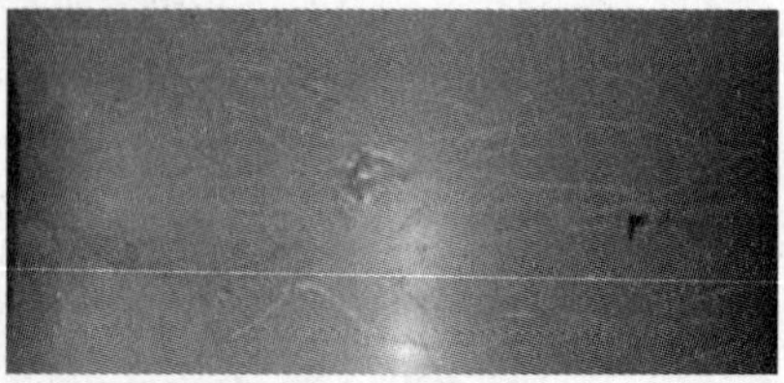

续表

序号	作业项目	作业内容及标准
2.5	轮对轴箱检查	（1）检查轮对轴箱定位装置各部件安装螺栓的止动垫片状态良好，防松标记模糊的，清除原有防松标记，重新涂打防松标记（详细描述异常点所在零部件名称、相对位置、状态）； （2）轴箱前盖表面目视检查是否存在裂纹、油漆脱落异常
2.6	轴箱弹簧/垂向液压减振器	（1）检查轴箱弹簧是否存在裂纹、严重变形、异物等缺陷；同一轮对两组轴箱弹簧高度之差不大于 1 mm；在一个转向架上，4 个轴簧的高度差不大于 2 mm（详细描述异常点所在零部件名称，相对位置，状态）； （2）检查垂向减振器，是否存在外观油漆脱落、渗油、漏油，橡胶节点是否有开裂、变形等缺陷，螺栓紧固状态检查，防松标记模糊的，清除原有标记，重新涂打防松标记

续表

序号	作业项目	作业内容及标准
2.7	空气弹簧检查	（1）目视检查空气弹簧防护盖，空气弹簧橡胶气囊的表面是否有划伤、裂纹、磨损、鼓包、脱胶等缺陷；如有下图所示状态则更换空簧（详细描述异常点所在零部件名称、相对位置、状态）； 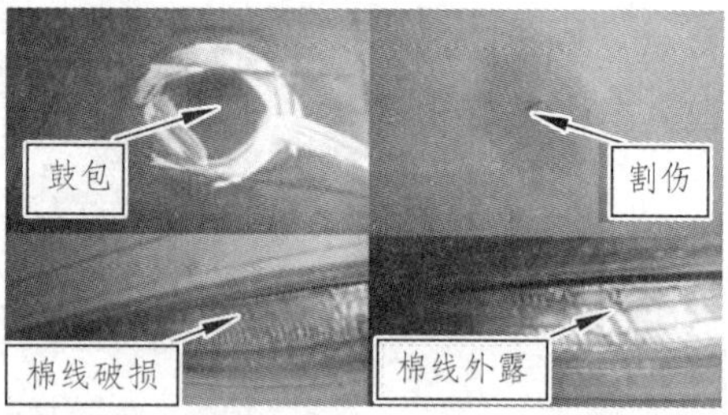 鼓包　割伤 棉线破损　棉线外露 （2）目视检查气囊与上面板、橡胶座之间是否有尘垢；如有，清除各部位，尤其是气囊与上面板、橡胶座之间的尘垢
2.8	高度阀/差压阀检查	（1）外观检查（详细描述异常点所在零部件名称、相对位置、状态）；  （2）检查高度阀调整杆外观，检查调整杆手动活动是否顺畅
2.9	横向止挡检查	（1）检查横向橡胶止挡的完整性和损坏情况（详细描述异常点所在零部件名称、相对位置、状态）； （2）检查橡胶件是否有深度裂纹、切口、老化和与金属表面分离，如有必要，应更换橡胶止挡； （3）底板和垫片的安装位置正确、无损坏；横向橡胶止挡上安装螺栓状态良好、无松动；防松标记模糊的，清除原有防松标记，重新涂打防松标记； （4）检查构架上横向止挡与牵引销两侧面的横向间隙并安装调整垫，应满足测量块测量时单侧间隙（10±1）mm的要求。可通过调整垫进行调整，符合要求后紧固安装螺栓  橡胶止挡

续表

序号	作业项目	作业内容及标准
2.10	牵引电机与齿轮箱检查	（1）牵引电机安装螺栓紧固良好、无遗漏；防松标记模糊的，清除原有防松标记，重新涂打防松标记（详细描述异常点所在零部件名称、相对位置、状态）； （2）齿轮箱及联轴节安装状态良好，无异常；防松标记模糊的，清除原有防松标记，重新涂打防松标记（详细描述异常点所在零部件名称、相对位置、状态）； （3）检查齿轮箱悬挂托架外观状态； （4）齿轮箱润滑油无泄漏现象、齿轮箱箱体等部位无异常变色。透过油位观察窗查看油位是否正常；齿轮箱润滑油有无发黑或乳化现象
2.11	转向架配管检查	管接头、管路等无损伤、无变形，接头螺纹完好。防松标记模糊的需重新涂打防松标记。（详细描述异常点所在零部件名称、相对位置、状态）
3	完工确认	作业完毕后，应做到"工完、料净、场地清"
4	填记纸质记录	

任务扩展

根据转向架部件外观检查及测量作业流程和标准内容,能够进行转向架维护。

1. 转向架部件中的垂向减振器如何进行更换?

2. 转向架速度传感器如何进行安装?

3. 转向架空气管路如何进行安装和清洗?

质量监控单（教师完成）

工单实施栏目评分表

评分项	分值	作答要求	评审规定	得分
任务资讯	15	作业标准内容清晰准确，能够紧扣主题，没有明显错误项	对照标准答案，错误一项扣5分，扣完为止	
任务规划	15	任务规划周密、可实施，没有细节错误	参照标准答案，错误一项扣2分，扣完为止	
任务实施	50	有具体实施方案，各步骤清晰正确	A类错误点一次扣3分，B类错误点一次扣2分，C类错误点一次扣1分	
任务扩展	5	实施方案清晰正确	A类错误点一次扣2分，B类错误点一次扣1分	
其他	15	日志和问题项目填写详细、能够反映实际工作过程	没有填或者填写太过简单，每项扣2分	
合计得分				

职业能力评分表

评分项	等级	作答要求	等级
知识评价	A/B/C	A：能够完整准确地解决任务咨讯的所有问题，准确率在90%以上 C：对基础知识掌握得非常差，任务咨讯和答辩的准确率在50%以下	
能力评价	A/B/C	A：熟悉各个环节的实施步骤，完全独立地完成任务，并有能力辅助其他同学完成规定的工作任务，工作实施快速，准确率高（任务规划和任务实施正确率在85%以上） C：未完成任务或只完成了部分任务，各个部分的准确率在50%以下	
态度素养评价	A/B/C	A：不迟到、不早退，对人有礼貌，善于帮助他人，积极主动地完成规定工作任务，工作台整洁有序，能正确回答老师提问 C：未完成任务或只完成了部分任务，有问题没有积极向老师和其他同学请教，工作实施拖拉不积极，不能准确回答老师提出的问题	

注：作答结果介于A、C之间的，等级评定为B。

教师评语栏

任务四　整车车侧、车内设备检查

工单 (NO.4 ZT-CGCL04)

工作任务单

工单编号	ZT-CGCL04	工单名称	整车车侧、车内设备检查
面向专业	城市轨道车辆应用技术专业	职业岗位	电客车司机、城轨列车检修工
实施方式	实际操作	考核方式	结果与过程综合
工单难度	适中	前序工单	工单 NO.3 ZT-CGCL03
工单分值	100 分	完成时限	8 学时
单人/分组	分组操作	组内人数	10 人
考核点	整车车侧、车内设备检查		
工单简介	按照本任务的作业步骤进行操作；掌握整车车侧、车内设备的检查作业标准；在规定时间内完成对整车车侧、车内设备的检查		
设备环境	世赛基地整车、车辆相关设备等		
教学方法	采用教师操作示范辅助讲解，学生互相问答演练		
用途说明	本工单可用于城轨车辆结构认知和城轨车辆专业综合实习的教学实训		
注意事项	选择实训场所尽量开阔，多对比分析总结		
参考资料	《第 46 届世界技能大赛第二次阶段性考核轨道车辆技术——车辆整车故障排查与处理技术规程》		
备注	（1）如实填写检修记录并及时在管理信息系统中回填； （2）"检"表示质量检查员对作业过程进行检查监控； （3）"📷"表示作业人员拍照留存		

实施人员信息

姓　名		班　级		学　号		电　话	
隶属组		组　长		岗位分工		伙伴成员	

任务目标

实施该工单的任务目标如下:

【知识目标】

(1)掌握整车车内设备检查作业内容和标准。

(2)掌握整车车侧设备检查作业内容和标准。

【能力目标】

(1)能识别整车车内、车侧设备整体状态情况。

(2)能进行车内、车侧设备检查标准化作业。

【素养目标】

(1)感受学习的乐趣,激发学习兴趣。

(2)养成仔细观察、认真记录、规范操作和安全文明生产的职业习惯。

(3)通过小组合作学习培养学生团结协作的精神。

工具清单

序号	名　称	规格型号	单位	数量	备注
1	手电筒	通用	个	2	辅助照明
2	对讲机	通用	个	2	

物料清单

序号	物料名称	物料号	单位	数量	备注
1	签字笔	黑色	支	1	
2	标签纸	带编号标签纸	套	1	

作业步骤

序号	作业项目	作业内容及标准
1	整车设备分布	车底布局如下: 1位端　　　　　　　　2位端 空调 +103　　　　　受电弓 +206 车顶布局

续表

序号	作业项目	作业内容及标准
1	整车设备分布	（车内布局及车底布局示意图）
2	车侧设备检查	（1）作业过程需按照记录卡的要求进行准确记录； （2）作业结束后需清理现场并归还工具
2.1	车侧司机室（1位端、2位端共两次检查）	（1）检查确认司机室脚蹬无损坏； （2）检查确认扶手外观无变形、无损坏，紧固件无松动 1—扶手；2—脚蹬。
2.2	司机室面罩，防爬器（1位端、2位端共两次检查）	（1）检查面罩、裙板表面漆膜无鼓包、大面积掉漆现象，外部文字、标记清晰无脱落； （2）检查头灯、尾灯面罩无破损或部件缺失； （3）刮雨器初始化位置正确、紧固件安装牢固，喷水管安装位置正确； （4）检查防爬器无断裂、无撞击痕迹； （5）检查目的地LED显示器外罩无污渍、无裂纹

续表

序号	作业项目	作业内容及标准
2.2	司机室面罩，防爬器（1位端、2位端共两次检查）	1—LED显示器；2—头灯；3—尾灯；4—运行灯；5—司机室风挡；6—刮雨器；7—喷水管；8—防爬器；9—裙板。
2.3	2位端车钩	（1）检查车钩外观无大面积掉漆、无裂纹； （2）检查解钩气缸外观无破损、无裂纹； （3）检查接地线安装正确； （4）检查气路软管、波纹管外观良好，气路软管无破损、无干涉，无连接件丢失； （5）检查压溃管触发装置未触发； （6）检查上述部件紧固件无松动，防松标记清晰无错位 1—波纹管；2—压溃管；3—接地线；4—气路软管；5—解构气缸；6—钩舌板；7—压溃管触发装置。
2.4	侧墙、车门（左右侧共两次检查）	（1）检查车门外侧无污渍、无破损、无裂纹、胶条无脱落； （2）检查车体侧墙外表面有无刮痕

续表

序号	作业项目	作业内容及标准
2.4	侧墙、车门（左右侧共两次检查）	1—胶条；2—车门切除；3—侧墙；4—外部紧急解锁；5—车门外侧。
2.5	轮对（左右侧共4次检查）	（1）检查踏面无金属堆积、无擦伤、无凹坑，轮辋无卷边； （2）检查轮缘无明显异常，无明显毛刺 1—轮缘；2—踏面；3—轮辋。
2.6	一系悬挂（左右侧共4次检查）	（1）检查一系悬挂橡胶弹簧无裂纹、无断裂、无锈蚀、无鼓包等现象； （2）检查轮对提吊无变形、裂纹； （3）检查上述部件紧固件无松动，防松标记清晰无错位 1—轮对提吊；2—整体起吊装置；3—轴端接地线；4—构架；5—高度调整杆；6—速度传感器；7—一系悬挂橡胶弹簧。
2.7	轴端速度传感器、闸瓦（左右侧共4次检查）	（1）检查速度传感器电缆无破损，安装紧固； （2）检查闸瓦外观无断裂、无掉块现象； （3）检查闸瓦的固定楔、开口销无缺失，开口角度大于60°

续表

序号	作业项目	作业内容及标准
2.7	轴端速度传感器、闸瓦（左右侧共4次检查）	1—固定楔；2—闸瓦；3—开口销。
2.8	空气弹簧、高度阀、起吊装置（左右侧共4次检查）	（1）检查空气弹簧气囊无漏气、分层、鼓包现象； （2）检查辅助弹簧外观无破损、无倾斜、无塌陷； （3）检查构架外侧表面无损伤、无裂纹； （4）检查高度阀外观无破损、无变形，连杆应垂直无弯曲、无倾斜，转动无卡滞； （5）整体起吊钢丝绳紧固无断股，开口销无缺失，开口角度大于60°； （6）检查转向架各部件紧固件无松动，防松标记清晰无错位 1—空气弹簧；2—辅助弹簧；3—开口销；4—高度阀。

续表

序号	作业项目	作业内容及标准
2.9	智能阀	（1）检查智能阀外观无破损、无变形，表面无锈蚀； （2）检查吊挂梁外观无破损、无裂纹； （3）检查接地线外观无断股、无散股； （4）检查智能阀电气插头紧固无松动（点点对齐）； （5）检查智能阀各气路管接头无松动、无漏气声； （6）检查各部件紧固件无松动，防松标记清晰无错位 1—吊挂梁；2—智能阀电气插头；3—管路接口； 4—接地线；5—测试接头。
2.10	高压箱	（1）检查箱体外观无破损、无变形，表面无锈蚀； （2）检查箱体吊挂梁无裂纹，螺栓紧固无松动； （3）检查箱盖方孔锁锁闭到位； （4）检查库用插座端盖锁闭到位； （5）检查各部件紧固件无松动，防松标记清晰无错位 1—库用插座；2—方孔锁。
2.11	牵引变流器	（1）检查箱体外观无破损、无变形、表面无锈蚀； （2）检查箱体吊挂梁无裂纹，螺栓紧固无松动； （3）检查箱体电气插头无松动，线缆无破损； （4）检查箱盖方孔锁锁闭到位；

续表

序号	作业项目	作业内容及标准
2.11	牵引变流器	（5）检查各部件紧固件无松动，防松标记清晰无错位 1—吊挂梁；2—电气插头；3—方孔锁。
2.12	低压箱	（1）检查箱体外观无破损、无变形，表面无锈蚀； （2）检查箱体吊挂梁无裂纹； （3）检查方孔锁闭到位； （4）检查各部件紧固件无松动，防松标记清晰无错位 1—吊挂梁；2—方孔锁。
2.13	辅助制动单元	（1）检查辅助控制单元箱外观无破损、无变形，表面无锈蚀； （2）检查吊挂梁无裂纹； （3）检查辅助制动控制阀箱体盖板锁扣锁闭到位； （4）检查各部件紧固件无松动，防松标记清晰无错位 1—吊挂梁；2—锁扣。

续表

序号	作业项目	作业内容及标准
2.14	网关阀	（1）检查网关阀外观无破损、无变形，表面无锈蚀； （2）检查吊挂梁外观无裂纹； （3）检查接地线无断股，无散股； （4）检查网关阀电气插头紧固无松动（点点对齐）； （5）检查网关阀各气路管接头无松动、无漏气声； （6）检查各部件紧固件无松动，防松标记清晰无错位 1—电气插头；2—气路管；3—接地线。
2.15	1位端车钩	（1）检查全自动车钩外观无大面积掉漆、无破损，钩舌板无异物； （2）检查解钩气缸外观无破损； （3）检查接地线安装到位； （4）检查气路软管、波纹管外观无破损、无干涉，无连接件丢失； （5）检查压溃管触发装置未触发； （6）检查电气连接器外观无破损 1—钩舌板；2—电气连接器。
2.16	风缸模块	（1）检查风缸无裂纹，风缸卡箍外观无破损，橡胶垫无脱出，安装牢固； （2）检查风缸外观无破损、无变形、表面无锈蚀，管接头、螺堵无漏气声；

续表

序号	作业项目	作业内容及标准
2.16	风缸模块	（3）检查排水阀处于锁闭位； （4）检查各部件紧固件无松动，防松标记清晰无错位 1—螺堵；2—排水阀锁闭位；3—卡箍；4—橡胶垫。
2.17	空压机	（1）检查空压机外观无破损、无变形，表面无锈蚀； （2）电缆接头安装固定； （3）检查各部件紧固件无松动，防松标记清晰无错位
2.18	辅助逆变器	（1）检查箱体外观无破损、无变形，表面无锈蚀； （2）检查箱盖安装正确，锁扣、方孔锁锁闭到位； （3）检查各部件紧固件无松动，防松标记清晰无错位 1—锁扣；2—方孔锁；3—吊挂梁。

续表

序号	作业项目	作业内容及标准
2.19	电抗器	（1）检查箱体外观无破损、无变形，表面无锈蚀； （2）检查箱体吊挂梁无裂纹、螺栓紧固无松动； （3）检查散热格栅无异物堵塞； （4）检查各部位紧固件无松动，防松标记清晰无错位 1—螺栓；2—散热格栅；3—吊挂梁。
2.20	蓄电池箱	（1）检查箱体外观无破损、无变形，表面无锈蚀； （2）检查箱体吊挂梁无裂纹，螺栓紧固无松动； （3）检查各箱盖锁闭到位，方孔锁闭到位； （4）检查各部件紧固件无松动，防松标记清晰无错位 1—吊挂梁；2—箱盖锁。
2.21	制动电阻	（1）检查箱体无破损、无变形，表面无锈蚀； （2）检查箱体吊挂梁、支架无裂纹，螺栓紧固无松动； （3）检查制动电阻格栅无损坏、无异物堵塞； （4）检查各部件紧固件无松动，防松标记清晰无错位 1—吊挂梁；2—螺栓；3—电阻格栅。

续表

序号	作业项目	作业内容及标准
3	车内设备检查	（1）作业过程需按照记录卡的要求进行准确记录； （2）作业结束后需清理现场并归还工具
3.1	司机室内装检查（1位端、2位端共两次检查）	（1）检查挡风玻璃外观无裂损，密封胶条密封良好，无起翘、变形、脱落； （2）检查刮雨器刮片无脱落； （3）检查遮阳帘无损坏、收放灵活，支架安装牢固。手动将遮阳帘拉到适当位置，释放之后，遮阳帘会保持在该位置不动，拉住旁边细绳，遮阳帘释放回原位 1—遮阳帘；2—挡风玻璃；3—司机警惕；4—广播控制盒；5—刮雨器刮片；6—双针压力表、速度表；7—话筒；8—鹅颈话筒。
3.2	蓄电池电压表、双针压力表、速度表（1位端、2位端共两次检查）	（1）检查蓄电池电压表、双针压力表、速度表外观无破损，紧固螺钉无缺失、安装牢固，合格证清晰无丢失； （2）检查总风缸压力不低于 800 kPa 1—蓄电池电压表；2—速度表；3—双针压力表。
3.3	操纵台各面板、广播控制盒、司机控制器（1位端、2位端共两次检查）	（1）检查司控台面板、各显示屏无裂纹、无破损，紧固螺钉无松动、无缺失； （2）检查各旋钮开关按钮保护盖无损坏，蘑菇按钮未被按下； （3）检查广播控制盒各紧固螺钉无松动；

续表

序号	作业项目	作业内容及标准
3.3	操纵台各面板、广播控制盒、司机控制器（1位端、2位端共两次检查）	（4）检查鹅颈话筒安装牢固无松动，话筒接线无松动、无损坏； （5）检查司机控制器外观表面无锈蚀、无破损，安装牢固无损坏； （6）检查按压主控手柄警惕按钮灵活无卡滞 1—显示屏（部分）；2—按钮、保护盖（部分）；3—紧急停车蘑菇按钮；4—广播控制盒；5—鹅颈话筒；6—司机控制器；7—司机警惕。
3.4	司机室灭火器（1位端、2位端共两次检查）	（1）检查灭火器标识无破损、无缺失； （2）检查灭火器固定牢固、绑带锁扣牢固，瓶身、喷头、软管、把手无破损； （3）检查压力指针在绿色区域内，保险插销完好 1—绑带锁；2—把手；3—瓶身；4—保险插销；5—压力表。
3.5	司机室侧门（1位端、2位端共两次检查）	（1）检查侧墙板无破损； （2）检查司机室侧门门页无裂纹，门页胶条无明显破损、无上下偏移，门玻璃无裂纹、无破损； （3）检查司机室侧门锁盒、开关门功能； （a）锁盒各紧固螺栓安装紧固，无松脱； （b）手动操作门把手，无卡顿，推拉司机室侧门检查开关门顺畅，开关门无明显阻力；

续表

序号	作业项目	作业内容及标准
3.5	司机室侧门（一位端、二位端共两次检查）	（c）手动锁闭侧门，试拉车门不能解锁 1—门页胶条；2—锁盒；3—锁闭装置。
3.6	司机室电气柜（1位端、2位端共两次检查）	（1）检查司机室电气柜、信号柜柜门无损坏变形，柜门锁舌无损坏，各方孔锁位置正确； （2）检查电气柜内旁路开关位置处于正常位（在分位置或正常位置），断路器、开关状态标识无缺失
3.7	司机室隔间门（1位端、2位端共两次检查）	（1）检查隔间门外观无变形，表面无锈蚀； （2）检查转动门把手锁舌伸缩灵活，开关门无异常； （3）门挡（门吸）安装紧固，功能正常； （4）使用方孔钥匙在客室开启司机室隔间门，检查锁芯转动灵活无异常
3.8	摄像头、顶板、照明灯、空调出风格栅（1位端、2位端共两次检查）	（1）检查顶板及灯罩安装牢固，无破损现象； （2）检查顶板所有方孔锁锁闭到位，推拉顶板无异响或晃动现象； （3）检查空调出风口格栅无损坏、无异物堵塞； （4）检查摄像头安装紧固，无异物遮挡 1—灯罩；2—摄像头；3—顶板；4—空调风口格栅。

序号	作业项目	作业内容及标准
3.9	司机室座椅（1位端、2位端共两次检查）	（1）操作旋转调节手柄，座椅旋转灵活； （2）操作靠背调节手柄，靠背前倾、后倾转换无异常； （3）操作升降手柄，座椅升降灵活； （4）操作前后移动手柄，座椅前后移动灵活； （5）座椅紧固螺栓无丢失，安装紧固 1—后升降调节手柄；2—前升降调节手柄；3—前后移动手柄； 4—旋转调节手柄；5—靠背调节手柄。
3.10	客室摄像头、扶手	（1）检查扶手外观无变形、无损坏； （2）检查摄像头安装紧固，监控方向正确无异物遮挡 1—摄像头；2—扶手。
3.11	客室门、立柱罩板	（1）检查门立柱罩板表面无破损、无裂纹； （2）检查紧急解锁手柄外观无破损，手柄处于正常位（与车门平行），安装螺钉紧固无松动； （3）检查紧急解锁保护罩无损坏，无丢失； （4）检查门柱罩板上标识无脱落、无丢失； （5）检查门柱扶手安装牢固，紧固件无松动； （6）检查下摆臂维护口方孔锁锁闭到位

续表

序号	作业项目	作业内容及标准
3.11	客室门、立柱罩板	1—动态地图；2—紧急解锁手柄；3—扶手；4—门页胶条；5—车门隔离；6—车门指示灯；7—紧急报警装置；8—门页；9—下滑道。
3.12	客室车门	（1）检查门页表面无损坏、无大面积掉漆； （2）检查门玻璃无损坏，密封胶条无起翘、无脱落； （3）检查门页胶条无损坏； （4）检查车门切除、开关指示灯外观正常无破损
3.13	客室座椅	检查座椅外表无破损、无裂纹
3.14	地板布、客室车窗玻璃	（1）检查地板布外观无破损、起翘、鼓包； （2）检查侧窗玻璃表面无破裂
3.15	客室内各标识	检查各类标识无脱落、无缺损、无丢失

续表

序号	作业项目	作业内容及标准
3.15	客室内各标识	
3.16	动态地图、扬声器	（1）检查扬声器孔外观整洁无污迹，无破损； （2）检查动态地图显示整洁无污迹，无破损
3.17	客室照明和空调出风口格栅	（1）检查空调出风口格栅内无异物堵塞； （2）检查摄像头外表无破损、无裂纹； （3）检查客室照明灯罩无松脱、无异物堵塞 1—空调出风口格栅；2—摄像头；3—客室照明灯罩。
3.18	客室电气柜	检查电气柜门外观无变形，表面无锈蚀，柜门方孔锁闭到位 1—方孔锁；2—电气柜门。

续表

序号	作业项目	作业内容及标准
3.19	客室灭火器	（1）检查灭火器标识无破损、无缺失； （2）检查灭火器固定牢固、绑带锁扣牢固，瓶身、喷头、软管、把手无破损； （3）检查压力指针在绿色区域内，保险插销完好
4	完工确认	作业完毕后，应做到"工完、料净、场地清"
5	填记纸质记录	

任务扩展

根据整车车内和车侧设备外观检查作业流程和标准内容，能够进行安装、更换等维护。

1. 整车车内设备部件——客室扶手如何进行安装？

2. 紧急报警器如何进行安装？

3. 如何进行司机台电气元件的安装？

质量监控单(教师完成)

工单实施栏目评分表

评分项	分值	作答要求	评审规定	得分
任务资讯	15	作业标准内容清晰准确,能够紧扣主题,没有明显错误项	对照标准答案,错误一项扣5分,扣完为止	
任务规划	15	任务规划周密、可实施,没有细节错误	参照标准答案,错误一项扣2分,扣完为止	
任务实施	50	有具体实施方案,各步骤清晰正确	A类错误点一次扣3分,B类错误点一次扣2分,C类错误点一次扣1分	
任务扩展	5	实施方案清晰正确	A类错误点一次扣2分,B类错误点一次扣1分	
其他	15	日志和问题项目填写详细、能够反映实际工作过程	没有填或者填写太过简单,每项扣2分	
合计得分				

职业能力评分表

评分项	等级	作答要求	等级
知识评价	A/B/C	A:能够完整准确地解决任务咨讯的所有问题,准确率在90%以上 C:对基础知识掌握得非常差,任务咨讯和答辩的准确率在50%以下	
能力评价	A/B/C	A:熟悉各个环节的实施步骤,完全独立地完成任务,并有能力辅助其他同学完成规定的工作任务,工作实施快速,准确率高(任务规划和任务实施正确率在85%以上) C:未完成任务或只完成了部分任务,各个部分的准确率在50%以下	
态度素养评价	A/B/C	A:不迟到、不早退,对人有礼貌,善于帮助他人,积极主动地完成规定工作任务,工作台整洁有序,能正确回答老师提问 C:未完成任务或只完成了部分任务,有问题没有积极向老师和其他同学请教,工作实施拖拉不积极,不能准确回答老师提出的问题	

注:作答结果介于A、C之间的,等级评定为B。

教师评语栏

附录 A 1+X 城市轨道交通乘务职业技能等级标准

微课：1+X 城市轨道交通乘务职业技能等级标准及其考核内容

第一节　该标准的适用范围与专业

根据《国务院关于印发国家职业教育改革实施方案的通知》（国发〔2019〕4号）文件精神，要求职业院校要深化复合型技术技能人才培养培训模式改革，借鉴国际职业教育培训普遍做法，制订工作方案和具体管理办法，启动1+X证书制度试点工作。同时强调，试点工作要进一步发挥好学历证书作用，夯实学生可持续发展基础，鼓励职业院校学生在获得学历证书的同时，积极取得多类职业技能等级证书，拓展就业创业本领，缓解结构性就业矛盾。各类职业技能等级证书具有同等效力，持有证书人员享受同等待遇。院校内实施的职业技能等级证书分为初级、中级、高级，是职业技能水平的凭证，反映职业活动和个人职业生涯发展所需要的综合能力。

广州城市轨道交通培训学院股份有限公司是国内1+X城市轨道交通乘务职业技能的考评的主要机构之一，该公司制定了1+X城市轨道交通乘务职业技能等级标准，其内容如下：

1. 适用范围

本标准规定了城市轨道交通乘务职业技能等级对应的工作领域、工作任务及职业技能要求，适用于城市轨道交通乘务职业技能培训、考核与评价，相关用人单位的人员聘用、培训与考核可参照使用。

2. 适用的院校专业

中等职业学校：电力机车运用与检修、机械制造技术、电气技术应用、铁道车辆运用与检修、城市轨道交通车辆运用与检修等专业。

高等职业学校：铁道机车、铁道车辆、城市轨道车辆应用技术等专业。

应用型本科学校：电气工程及其自动化、机械设计制造及其自动化、交通运输、车辆工程、能源与动力工程等专业。

第二节　标准中的专业术语与面向的岗位群

1. 专业术语

（1）工作领域

工作领域是将职业岗位或岗位群所涉及的职业活动，按工作性质和要求分解成若干个工作范畴或范围。

（2）工作任务

工作任务是职业和岗位的工作内容，是通过对从业者的实际工作提炼、概括而形成的具有普遍性、稳定性的工作内容。

（3）职业技能要求

职业技能要求是完成工作任务所需职业素养、专业知识和技术技能的综合体现。

（4）城市轨道交通

采用专用轨道导向运行的城市公共客运交通系统，包括地铁系统、轻轨系统、单轨系统、有轨电车、磁浮系统、自动导向轨道系统、市域快速轨道系统。

（5）行车组织

利用城市轨道交通设施设备，根据列车运行图组织列车运行的活动。

（6）非正常情况

因列车晚点、区间短时阻塞、大客流以及设备故障等原因，造成列车不能按列车运行图正常运营，但又不危及乘客生命安全和车辆状态，整个系统能够维持降低标准运行的状态。

（7）应急情况

因发生自然灾害以及公共卫生、社会安全、运营突发事件等，已经导致或可能导致事故发生或设施设备严重损坏，不能维持城市轨道交通系统全部或局部运行的状态。

（8）运营时间

为乘客提供城市轨道交通运营服务的时间，即线路单一运行方向的始发站从首班车发车到末班车发车之间的时间。

2. 面向的岗位群

城市轨道交通乘务主要面向具备电动列车驾驶工作所需的知识和技能，能够操作电动列车运行、进行故障应急处理及突发事件处理及分析，并能组织生产计划编排和培训实施的人员。

第三节　标准中职业等级的划分与对应要求

1. 职业技能等级划分

城市轨道交通乘务职业技能等级分为三个等级：初级、中级、高级，三个级别依次递进，高级别涵盖低级别职业技能要求。

城市轨道交通乘务初级：主要面向具备电动列车驾驶工作所需的知识和技能，能够在设备正常情况下操作电动列车运行的人员；

城市轨道交通乘务中级：主要面向具备电动列车驾驶工作所需的知识和技能，能够操作电动列车运行、进行故障应急处理及突发事件处理的人员；

城市轨道交通乘务高级：主要面向具备电动列车驾驶工作所需的知识和技能，能够操作电动列车运行、进行故障应急处理及突发事件处理及分析，并能组织生产计划编排和培训实施的人员。

2. 对职业技能等级的要求

城市轨道交通乘务职业技能等级不同，考核的内容也不同。城市轨道交通乘务职业技能初级、中级、高级的要求分别如表 A-1、表 A-2、表 A-3 所示。

表 A-1 城市轨道交通乘务职业技能等级要求（初级）

工作领域	工作任务	职业技能要求
列车运行与操作	1.1 出退勤作业	1.1.1 能够抄阅、理解行车指令； 1.1.2 能够确认值乘列车的车次、车号、停放股道； 1.1.3 能够按要求填写司机报单、事故报告等有关台账报表记录； 1.1.4 能够按要求向有关人员介绍本次列车技术状况、运行情况、报单日志记录情况，办理专用物品及行车安全装备的交接； 1.1.5 能够按规定办理退勤作业
	1.2 列车整备作业	1.2.1 能够检查车钩、走行部、空气管路及阀门等列车外部设备； 1.2.2 能够检查客室内车门、设备柜、电子柜、各类阀门等设备； 1.2.3 能够检查司机室内设备柜、电子柜、驾驶台仪器仪表以及辅助设备； 1.2.4 能够进行牵引制动、车门、车载通信功能性试验
	1.3 列车出入场	1.3.1 能够确认股道号、出场信号、供电状态、止轮器状态； 1.3.2 能够使用通信设备进行行车联控动车； 1.3.3 能够按停车标志停车，做到一次停妥； 1.3.4 能够完成发前的数据输入、确认等各项准备工作； 1.3.5 能够驾驶列车进行出场运行； 1.3.6 能够驾驶列车进行入场运行； 1.3.7 能够完成洗车作业； 1.3.8 能够进行列车连挂操作
	1.4 正线驾驶	1.4.1 能在不同的线路状况和各种环境下平稳操纵列车； 1.4.2 能遵守各项允许及限制速度，按列车运行图行车； 1.4.3 能够完成各种驾驶模式下的驾驶操作和模式的转换； 1.4.4 能够按规定执行自控、联控制度； 1.4.5 能够严格按信号显示行车； 1.4.6 能够使用列车无线调度电话、列车监控记录装置及其他列车安全防护装置； 1.4.7 能够观测列车运行速度，正确使用制动系统，掌握各种制动状态的制动距离； 1.4.8 能够操纵列车，达到安全、正点、平稳、停车准确，完成站台作业； 1.4.9 能够按要求填写司机手账； 1.4.10 能够完成正线终点站折返作业、区间折返作业

表 A-2　城市轨道交通乘务职业技能等级要求（中级）

工作领域	工作任务	职业技能要求
1.列车运行与操作	1.1 列车调试作业	1.1.1 能进行列车调试前的准备工作； 1.1.2 能驾驶信号在正常情况下的列车在正线进行调试作业； 1.1.3 能驾驶信号在正常情况下的列车在车辆基地进行调试作业
	1.2 车厂内进行调车作业	1.2.1 能够驾驶列车在车场内进行各种转线作业； 1.2.2 能够配合参与工程车调动客车作业； 1.2.3 能够驾驶列车在车厂试车线进行调试作业
2.列车故障处理	2.1 牵引故障处理	2.1.1 能够判断、处理辅助逆变器故障； 2.1.2 能够判断、处理牵引逆变器故障； 2.1.3 能够判断、处理受流器（受电弓）故障； 2.1.4 能够判断、处理牵引受阻、牵引无流故障
	2.2 制动故障处理	2.2.1 能够判断、处理快速制动不缓解故障； 2.2.2 能够判断、处理保压制动不缓解故障； 2.2.3 能够判断、处理停放制动不缓解故障； 2.2.4 能够判断、处理紧急制动不缓解故障； 2.2.5 能够判断、处理列车总线故障
	2.3 车门故障处理	2.3.1 能够判断、处理司机室侧门故障； 2.3.2 能够判断、处理客室车门故障； 2.3.3 能够判断、处理逃生门故障； 2.3.4 能够判断、处理端门（间隔门）故障； 2.3.5 能够判断、处理开／关门按钮卡滞故障
	2.4 辅助系统故障	2.4.1 能够判断、处理列车辅助系统（空压机、空调、逆变器）故障等
	2.5 信号故障	2.5.1 能够判断、处理信号系统降级运营故障； 2.5.2 能够判断、处理车载信号故障； 2.5.3 能够判断、处理自动折返失败故障； 2.5.4 能够判断、处理站台门信号故障
3.应急情况处理	3.1 非正常行车	3.1.1 能够执行各类降级模式(电话闭塞法、调车方式折返、无车载 ATP 保护下的驾驶、越过信号红灯等）； 3.1.2 能够执行小交路、单线双向、退行、列车救援等驾驶任务
	3.2 突发事件处理	3.2.1 能够进行各种乘客应急事务的响应和处置； 3.2.2 能够按应急处理程序处置火灾、毒气、发现可疑物品、劫持人质、乘客擅自进入隧道（线路）、站台门与车门间滞留乘客、接触网（轨）停电、接触网（轨）异物、线路障碍物、线路积水、列车挤岔、列车脱轨、列车倾覆及在台风、雨雪、雷电等自然灾害等运营突发事件

表 A-3 城市轨道交通乘务职业技能等级要求（高级）

工作领域	工作任务	职业技能要求
1.列车运行与操作	1.1 正线配合调试作业	1.1.1 能够进行列车调试前的准备工作； 1.1.2 能够驾驶列车进行调试作业； 1.1.3 能够添乘各类调试列车，确保列车按规定速度安全行驶； 1.1.4 能够驾驶新车进行调试作业，并对列车牵引、制动及其他状况进行评估及反馈
	1.2 列车转线作业	1.2.1 能够根据跨线路列车的计划，配合计划的实施，保障跨线路列车安全有序地到达目的地
2.列车故障处理	2.1 牵引故障处理	2.1.1 能够清楚牵引系统的逻辑关系； 2.1.2 能够进行电路线路分析； 2.1.3 能够进行空气管路分析
	2.2 制动故障处理	2.2.1 能够清楚方向/主控手柄及气压表之间的关系并做出判断； 2.2.2 能够进行电路线路分析； 2.2.3 能够进行空气管路分析
	2.3 车门故障处理	2.3.1 能够清楚车门与信号间的逻辑关系； 2.3.2 能够进行电路线路分析； 2.3.3 能够进行空气管路分析
	2.4 辅助系统故障	2.4.1 能够进行电路线路分析； 2.4.2 能够进行空气管路分析； 2.4.3 能够熟悉各辅助设备的工作原理及辅助设备对列车的影响
	2.5 信号故障	2.5.1 能够进行电路线路分析； 2.5.2 能够清楚无车载信号对列车的影响
3.应急情况处理	3.1 各类应急事件分析与优化	3.1.1 能够对各类非正常行车应急事件进行分析，并提出优化措施； 3.1.2 能够对各种运营突发事件进行分析，并提出优化措施
4.计划编排	4.1 行车计划编排	4.1.1 能够进行交路编制
	4.2 人员安排	4.2.1 能够进行班表安排
5.培训指导	5.1 培训方案编制	5.1.1 能够制订作业标准化培训方案
	5.2 培训讲授	5.2.1 能够指导作业人员操作设备，纠正作业人员不良操作习惯和违规操作习惯； 5.2.2 能够对列车设备内部构造进行画图及讲解； 5.2.3 能够进行系统操作培训

第四节 1+X 城市轨道交通乘务职业技能等级考核方案

1. 考核对象

城市轨道交通乘务初级：城市轨道交通乘务职业技能等级证书对应专业的中等职业学校应届毕业生。

城市轨道交通乘务中级：城市轨道交通乘务职业技能等级证书对应专业的高等职业学校应届毕业生。

城市轨道交通乘务职业技能等级证书对应专业的应用型本科学校应届毕业生。

2. 考核方式

城市轨道交通乘务职业技能等级考核主要包括两个考核部分：理论考核、实操考核。理论考核满分为 100 分，达到 60 分视为通过；实操考核所有考核项目均应通过。两个考核部分均通过，则本次职业技能等级考核通过。其中，任一考核不通过，则本次职业技能等级考核视为不通过，取得的成绩也不保留。城市轨道交通乘务职业技能等级考核的方式与考核要求如表 A-4 所示。

表 A-4 城市轨道交通乘务职业技能等级考核的方式与考核要求

	条目	理论考核	实操考核
考核方式与考核要求	场地及设备	集中场地	实训场地/实操现场
	安全事项	—	做好设备安全和人身安全保障措施
	组卷及考核方式	统一组卷、闭卷、机考	统一组卷、实操
	题量	85题	2~4项
	单科考核时间	90分钟	30分钟
	单科满分标准	100分	—
	单科通过标准	60分	通过/不通过

3. 考核标准及比重

（1）理论考核

城市轨道交通乘务职业技能等级考核的理论考核部分主要包括列车运行与操作、列车故障处理、应急处理、计划编制和培训指导相关的内容。城市轨道交通乘务职业技能初级、中级、高级的考核试题比例分布如表 A-5 所示。

表 A-5 城市轨道交通乘务职业技能等级理论考核试题比例分布表

考核项目	初级	中级	高级
列车运行与操作	100%	40%	30%
列车故障处理	—	45%	30%
应急处理	—	15%	30%
计划编制	—	—	5%
培训指导	—	—	5%
小计	100%	100%	100%

（2）实操考核

城市轨道交通乘务职业技能等级考核的实操考核部分主要包括列车运行与操作、列车故障处理、应急处理相关的内容。城市轨道交通乘务职业技能初级、中级、高级的分数比例分布如表 A-6 所示。

表 A-6 城市轨道交通乘务职业技能等级实操考核试题比例分布表

考核项目	初级	中级	高级
列车运行与操作	100%	40%	40%
列车故障处理	—	60%	40%
应急处理	—	—	20%
小计	100%	100%	100%

4．考核题量

（1）理论考核

城市轨道交通乘务职业技能等级考核的理论考核部分的题型包括单选、多选和判断。城市轨道交通乘务职业技能初级、中级、高级考核的题型与分数比例分布如表 A-7 所示。

表 A-7 城市轨道交通乘务职业技能等级理论考核题型与分数分布表

题型		题量	单位分值	分值
初中高	单选	60	1	60
	多选	15	2	30
	判断	10	1	10
小计		85		100

（2）实操考核

城市轨道交通乘务职业技能等级考核的实操考核部分主要包括列车运行与操作、列车故障处理以及应急情况处理。城市轨道交通乘务职业技能初级、中级、高级实操考核的内容如表 A-8 所示。

表 A-8 城市轨道交通乘务职业技能等级实操考核的内容

等级	题型	题量	
初级	实操	列车运行与操作	2 项
		小计	2 项
中级	实操	列车运行与操作	1 项
		列车故障处理	3 项
		小计	4 项
高级	实操	列车运行与操作	1 项
		列车故障处理	2 项
		应急情况处理	1 项
		小计	4 项

5．考核要点

（1）初级考核要点

① 理论考核要点

城市轨道交通乘务职业技能初级的理论考核要点如表 A-9 所示。

表 A-9　城市轨道交通乘务职业技能初级的理论考核要点

工作领域	工作任务	考核要点
1.列车运行与操作	1.1 出退勤作业	1. 职业道德基本概念； 2. 乘务司机心理健康的要求； 3. 乘务作业安全知识； 4. 乘务作业相关的法律法规； 5. 司机岗位要求与岗位规范； 6. 各项行车备品的使用方法； 7. 出勤作业程序和作业要求； 8. 退勤作业程序和作业要求
	1.2 列车整备作业	1. 车辆基地定义、结构和功能； 2. 车辆基地运作组织的基础知识； 3. 车辆基地运作组织的架构和职责； 4. 地铁车辆基础知识（驾驶室与客室、转向架、车门系统、车辆连挂装置、制动系统、牵引传动系统、辅助系统、车载通信信号设备及乘客信息系统和列车网络控制系统的基本结构和工作原理）； 5. 整备作业的作业程序和作业要求
	1.3 列车出入场	1. 地铁线路基础知识； 2. 线路分类、线路标志、轨道和线路限界等内容； 3. 供电系统基础知识（接触网和接触轨供电系统等内容）； 4. 通信信号系统知识（无线调度系统、信号显示等内容）； 5. 列车操纵的基本知识； 6. 列车出车辆段的作业程序和作业要求； 7. 列车入车辆段的作业程序和作业要求
	1.4 正线驾驶	1. 行车组织基础知识； 2. 行车概述、列车运行图、列车交路计划、行车调度指挥、列车行车组织等相关知识； 3. 车站基础知识； 4. 站台作业程序； 5. 区间作业程序

② 实操考核要点

城市轨道交通乘务职业技能初级的实操考核要点如表 A-10 所示。

表 A-10　城市轨道交通乘务职业技能初级的实操考核要点

考核内容	考核要点	时间要求	备注
列车运行与操作	正线驾驶	30 分钟内完成	3 选 2
	列车整备作业		
	列车出入场		

（2）中级考核要点

① 理论考核要点

城市轨道交通乘务职业技能中级的理论考核要点如表 A-11 所示。

表 A-11　城市轨道交通乘务职业技能中级的理论考核要点

工作领域	工作任务	考核要点
1.列车运行与操作	1.1 出退勤作业	1. 职业道德基本概念； 2. 乘务司机心理健康的要求； 3. 乘务作业安全知识； 4. 乘务作业相关的法律法规； 5. 司机岗位要求与岗位规范； 6. 各项行车备品的使用方法； 7. 出勤作业程序和作业要求； 8. 退勤作业程序和作业要求
	1.2 列车整备作业	1. 车辆基地定义、结构和功能； 2. 车辆基地运作组织的基础知识； 3. 车辆基地运作组织的架构和职责； 4. 地铁车辆基础知识（驾驶室与客室、转向架、车门系统、车辆连挂装置、制动系统、牵引传动系统、辅助系统、车载通信信号设备及乘客信息系统和列车网络控制系统的基本结构和工作原理）； 5. 整备作业的作业程序和作业要求
	1.3 列车出入场	1. 地铁线路基础知识； 2. 线路分类、线路标志、轨道和线路限界等内容； 3. 供电系统基础知识（接触网和接触轨供电系统等内容）； 4. 通信信号系统知识（无线调度系统、信号显示等内容）； 5. 列车操纵的基本知识； 6. 列车出车辆段的作业程序和作业要求； 7. 列车入车辆段的作业程序和作业要求

续表

工作领域	工作任务	考核要点
1.列车运行与操作	1.4 正线驾驶	1. 行车组织基础知识； 2. 行车概述、列车运行图、列车交路计划、行车调度指挥、列车行车组织等相关知识； 3. 车站基础知识； 4. 能熟练完成站台作业程序； 5. 能熟练完成区间作业程序
	1.5 列车调试作业	1. 车辆、信号设备调试的行车组织原则； 2. 调试列车整备作业； 3. 调试作业的相关要求及注意事项； 4. 调试、试验车辆行车安全规则
	1.6 车厂内进行调车作业	1. 调车作业整备时的基本走行线路和整备程序； 2. 整备作业时必须进行的功能试验标准； 3. 调车作业的安全关键点； 4. 调车行车凭证的确认标准及调车作业单的填写标准
2.列车故障处理	2.1 牵引故障处理 2.2 制动故障处理 2.3 车门故障处理 2.4 辅助系统故障处理 2.5 信号故障处理	1. 列车故障处理原则及风险提示； 2. 辅助逆变器故障处理流程及注意事项； 3. 牵引逆变器故障处理流程及注意事项； 4. 受流器（受电弓）故障处理流程及注意事项； 5. 快速制动不缓解故障处理流程及注意事项； 6. 保压制动不缓解故障处理流程及注意事项； 7. 停放制动不缓解故障处理流程及注意事项； 8. 紧急制动不缓解故障处理流程及注意事项； 9. 司机室侧门故障处理流程及注意事项； 10. 客室车门故障处理流程及注意事项； 11. 通道门故障处理流程及注意事项； 12. 开/关门按钮卡滞故障处理流程及注意事项； 13. 列车辅助系统（空压机、空调）故障处理流程及注意事项； 14. 列车常见信号故障的处理流程； 15. 信号系统降级运营故障处理流程及注意事项； 16. 车载信号故障处理流程及注意事项； 17. 自动折返失败故障处理流程及注意事项； 18. 站台门信号故障处理流程及注意事项

续表

工作领域	工作任务	考核要点
3.应急情况处理	3.1 非正常行车 3.2 突发事件处理	1. 非正常行车情况下的处理原则; 2. 反方向运行、小交路运行、单线双向运行行车组织方式; 3. 电话闭塞法行车组织; 4. 调车方式折返行车组织; 5. 无车载 ATP 情况下的驾驶; 6. 特殊情况下需越过信号机等行车组织方式; 7. 列车救援行车组织方式; 8. 乘客应急事务处理流程; 9. 各类特殊气象灾害分类、分级; 10. 各类应急处置启动条件; 11. 各类应急处置原则; 12. 事故(事件)处理主任产生办法; 13. 应急信息汇报技巧与报告原则; 14. 各类应急处置方案处理要点

② 实操考核要点

城市轨道交通乘务职业技能中级的实操考核要点如表 A-12 所示。

表 A-12 城市轨道交通乘务职业技能中级的实操考核要点

考核内容	考核要点	时间要求	备注
列车运行与操作	正线驾驶	15 分钟内完成	必考
列车故障处理	列车紧制不缓解	5 分钟内完成	4 选 1
	列车气制动图标显示红点		
	列车停放制动施加、缓解灯不亮		
	列车所有气制动缓解灯不亮		
	单个车门故障	5 分钟内完成	5 选 1
	整侧车门无法打开		
	整侧车门无法关闭		
	"所有车门关闭"指示灯不亮		
	车门关闭时站台门不联动		
	牵引封锁/激活	5 分钟内完成	4 选 1
	牵引电机故障		
	车辆显示屏黑屏		
	主断合灯不亮		

(3) 高级考核要点

① 理论考核要点

城市轨道交通乘务职业技能高级的理论考核要点如表 A-13 所示。

表 A-13　城市轨道交通乘务职业技能高级的理论考核要点

工作领域	工作任务	考核要点
1.列车运行与操作	1.1 出退勤作业	1. 职业道德基本概念； 2. 乘务司机心理健康的要求； 3. 乘务作业安全知识（初级）； 4. 乘务作业相关的法律法规； 5. 司机岗位要求与岗位规范； 6. 各项行车备品的使用方法； 7. 出勤作业程序和作业要求； 8. 退勤作业程序和作业要求
	1.2 列车整备作业	1. 车辆基地定义、结构和功能； 2. 车辆基地运作组织的基础知识； 3. 车辆基地运作组织的架构和职责； 4. 地铁车辆基础知识（驾驶室与客室、转向架、车门系统、车辆连挂装置、制动系统、牵引传动系统、辅助系统、车载通信信号设备及乘客信息系统和列车网络控制系统的基本结构和工作原理）； 5. 整备作业的作业程序和作业要求
	1.3 列车出入场	1. 地铁线路基础知识； 2. 线路分类、线路标志、轨道和线路限界等内容； 3. 供电系统基础知识（接触网和接触轨供电系统等内容）； 4. 通信信号系统知识（无线调度系统、信号显示等内容）； 5. 列车操纵的基本知识； 6. 列车出车辆段的作业程序和作业要求； 7. 列车入车辆段的作业程序和作业要求
	1.4 正线驾驶	1. 行车组织基础知识； 2. 行车概述、列车运行图、列车交路计划、行车调度指挥、列车行车组织等相关知识； 3. 车站基础知识； 4. 能熟练完成站台作业程序； 5. 能熟练完成区间作业程序

续表

工作领域	工作任务	考核要点
1.列车运行与操作	1.5 列车调试作业	1. 车辆、信号设备调试的行车组织原则； 2. 调试列车整备作业； 3. 调试作业的相关要求及注意事项； 4. 调试、试验车辆行车安全规则
	1.6 车厂内进行调车作业	1. 调车作业整备时的基本走行线路和整备程序； 2. 整备作业时必须进行的功能试验标准； 3. 调车作业的安全关键点； 4. 调车行车凭证的确认标准及调车作业单的填写标准
	1.7 列车转线作业	1. 转线计划知识； 2. 转线作业流程； 3. 转线作业安全关键点及对策
	1.8 正线配合调试作业	1. 车辆、信号设备调试的行车组织原则； 2. 调试列车整备作业； 3. 调试作业的相关要求及注意事项； 4. 调试、试验车辆行车安全规则
2.列车故障处理	2.1 牵引故障处理 2.2 制动故障处理 2.3 车门故障处理 2.4 辅助系统故障处理 2.5 信号故障处理	1. 列车故障处理原则及风险提示； 2. 辅助逆变器故障处理流程及注意事项； 3. 牵引逆变器故障处理流程及注意事项； 4. 受流器（受电弓）故障处理流程及注意事项； 5. 快速制动不缓解故障处理流程及注意事项； 6. 保压制动不缓解故障处理流程及注意事项； 7. 停放制动不缓解故障处理流程及注意事项； 8. 紧急制动不缓解故障处理流程及注意事项； 9. 司机室侧门故障处理流程及注意事项； 10. 客室车门故障处理流程及注意事项； 11. 通道门故障处理流程及注意事项； 12. 开/关门按钮卡滞故障处理流程及注意事项； 13. 列车辅助系统（空压机、空调）故障处理流程及注意事项； 14. 列车常见信号故障的处理流程； 15. 信号系统降级运营故障处理流程及注意事项； 16. 车载信号故障处理流程及注意事项； 17. 自动折返失败故障处理流程及注意事项；

续表

工作领域	工作任务	考核要点
2.列车故障处理	2.1 牵引故障处理 2.2 制动故障处理 2.3 车门故障处理 2.4 辅助系统故障处理 2.5 信号故障处理	18. 站台门信号故障处理流程及注意事项； 19. 列车牵引系统电路及气路原理； 20. 列车制动系统电路及气路原理； 21. 列车车门系统电路及气路原理； 22. 车门与信号间的逻辑关系； 23. 列车辅助系统电路及气路原理； 24. 各辅助设备的工作原理及对列车的影响； 25. 列车信号系统基本原理； 26. 列车无车载信号运行的风险点； 27. 车载信号对列车的影响
3.应急情况处理	3.1 非正常行车 3.2 突发事件处理	1. 非正常行车情况下的处理原则； 2. 反方向运行、小交路运行、单线双向运行行车组织方式； 3. 电话闭塞法行车组织； 4. 调车方式折返行车组织； 5. 无车载 ATP 情况下的驾驶； 6. 特殊情况下需越过信号机等行车组织方式； 7. 列车救援行车组织方式； 8. 乘客应急事务处理流程； 9. 各类特殊气象灾害分类、分级； 10. 各类应急处置启动条件； 11. 各类应急处置原则； 12. 事故（事件）处理主任产生办法； 13. 应急信息汇报技巧报告原则； 14. 各类应急处置方案处理要点； 15. 分析报告编写原则及方法； 16. 优化方案编写原则及方法
4	4.1 行车计划编制 4.2 人员安排	1. 交路表编制的各种注意事项； 2. 时刻表各车次的排序及拆分方法； 3. 班表编制的各种注意事项； 4. 班表的编排技巧
5	5.1 培训方案编制 5.2 培训讲授	1. 训方案编写的原则； 2. 培训方案的内容结构； 3. 培训课程设计流程； 4. 培训授课演绎的方法、技巧

② 实操考核要点

城市轨道交通乘务职业技能高级的实操考核要点如表 A-14 所示。

表 A-14 城市轨道交通乘务职业技能高级的实操考核要点

考核内容	考核要点	时间要求	备注
列车运行与操作	正线驾驶	15 分钟内完成	必考
列车故障处理	单个车门故障	5 分钟内完成	5 选 1
	整侧车门无法打开		
	整侧车门无法关闭		
	"所有车门关闭"指示灯不亮		
	车门关闭时站台门不联动		
列车故障处理	牵引封锁/激活	5 分钟内完成	10 选 1
	牵引电机故障		
	受电弓降弓迫停区间		
	车辆显示屏黑屏		
	辅助逆变器图标显示异常		
	主断合灯不亮		
	列车紧制不缓解		
	列车气制动图标显示红点		
	列车停放制动施加、缓解灯不亮		
	列车所有气制动缓解灯不亮		
应急故障处理	区间列车火灾（能维持进站）	5 分钟内完成	8 选 1
	区间无电（区间被迫停车）		
	异物侵限		
	区间有人		
	区间隧道积水		
	接触网挂有异物		
	乘客报警		
	车门夹人		

第五节 1+X 城市轨道交通乘务职业技能等级考核设备

1. 城市轨道交通乘务职业技能等级考核设备的软件及功能介绍

本节介绍的 1+X 城市轨道交通乘务职业技能等级考核设备为成都运达科技有限公司研发的城市轨道交通列车模拟驾驶操纵台，该设备主要包括软件部分和硬件部分。其中，软件部分主要包括教员系统、课程管理系统、VT 故障处理系统、前向视景系统与声音仿真软件等。以下将对这几个主要的软件系统逐一进行介绍。

（1）教员系统

教员系统软件主要用于仿真驾驶模拟器的状态监控及基本控制，具备如子系统在线状态监测、重启或关闭各子系统软件或所在计算机、培训课程发布及结束、培训过程中车辆故障及非正常情况的设置及取消等功能。教员系统的主界面主要有：教员登录页面、课程准备页面、课程运行页面、系统状态页面等，分别如图 A-1、图 A-2、图 A-3 和图 A-4 所示。

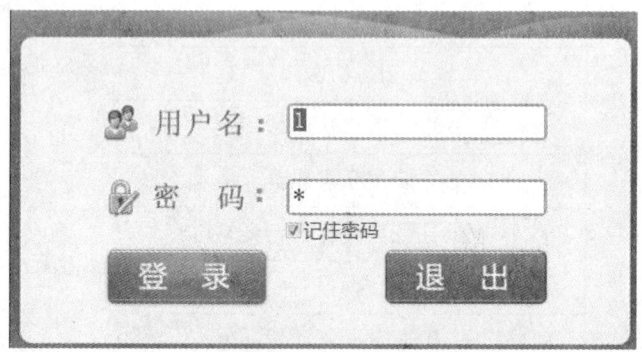

图 A-1 教员登录界面

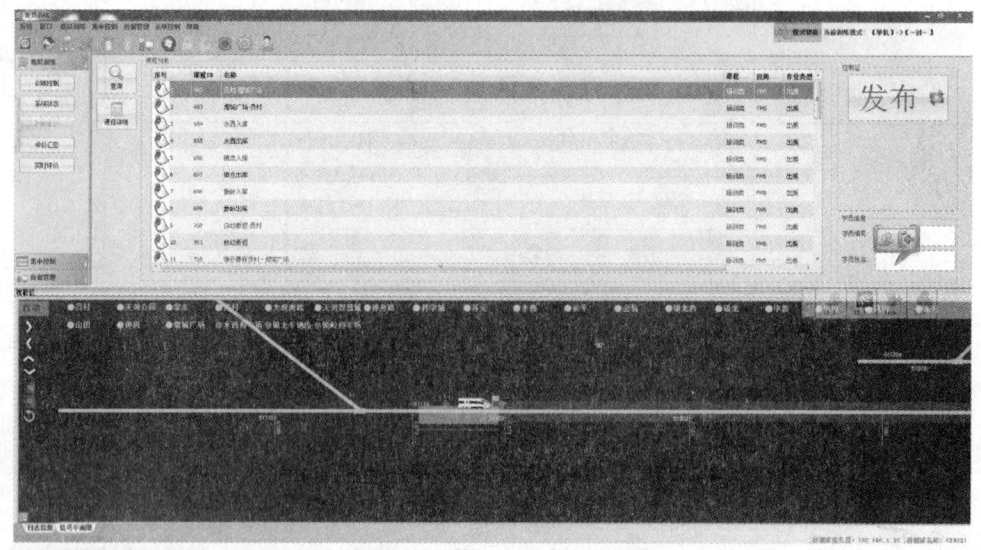

图 A-2 课程准备页面

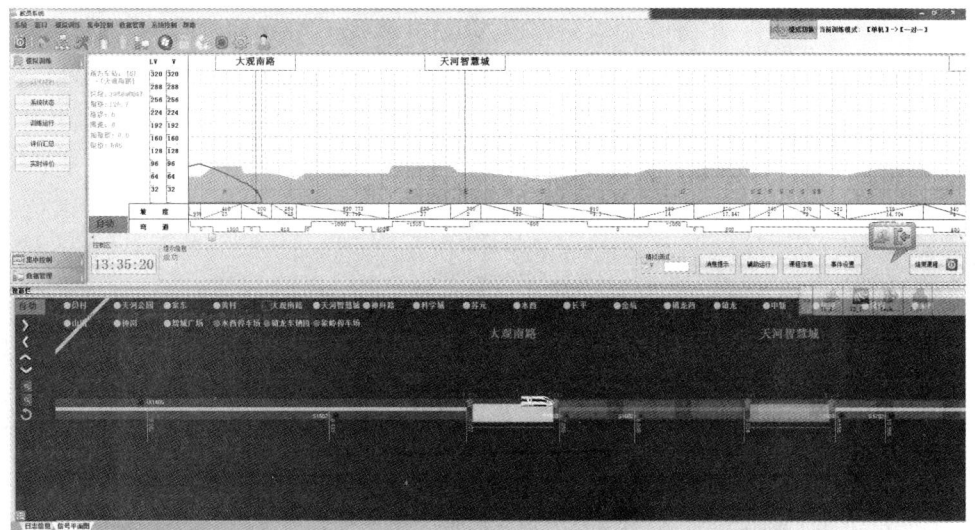

图 A-3　课程运行页面

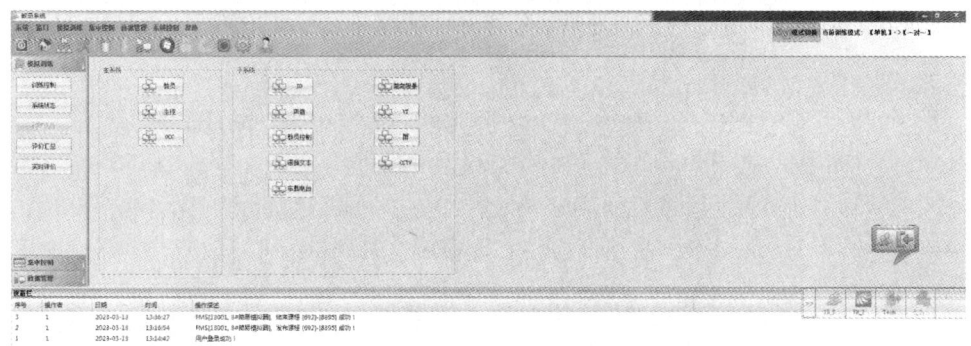

图 A-4　系统状态页面

其中课程准备页面可以查看目前编辑好的课程任务并且可以实现课程任务的发布，课程运行页面可以查看目前课程任务的运行情况，系统状态页面可以查看系统中各个设备的运行情况。

（2）课程管理系统

该系统是教员进行课程编排、管理以及发布教学计划的地方，是训练前必须准备的。一般上课前可提前进行课程的编排预设，教员一般不需要临时建立新课程。

该系统可以建立各种不同课程、预设不同场景，为课程设置不同的评价标准，同时可以关联规章、添加教学辅助信息等。该系统通过数据库存储多个课程，形成课程库，从而为有计划、有组织地进行驾驶仿真做好前提准备。

（3）VT 故障处理系统

VT 故障处理软件主要部署在 VT 计算机中，主要负责通过软件方式模拟整列列车的主要控制设备及其状态，如各车辆继电器控制柜、空调柜、配电箱等，可通过 VT 显示器触屏操作改变其中开关状态从而实现对车辆上相关设备的控制，并完成对预设的故障的处理。如图 A-5 所示为 VT 虚拟列车故障处理软件图标，图 A-6 所示为模拟驾驶台的 VT 故障处理系统主界面，图 A-7 所示为车辆继电器控制柜中各个开关的分布图。

图 A-5　VT 虚拟列车故障处理软件图标

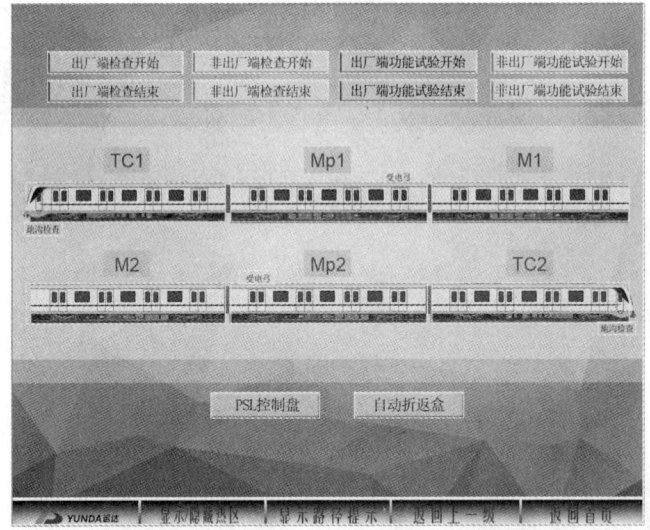

图 A-6　模拟驾驶台的 VT 故障处理系统主界面

图 A-7　车辆继电器控制柜中各个开关的分布图

（4）前向（侧向）视景软件

前向（侧向）视景软件主要部署在前向（侧向）视景计算机，主要负责通过电视或投影将开行线路及沿途景物场景利用 3D 建模技术进行展现，尽可能还原真实线路情况，可以设置并呈现不同天气情况或非正常情况下的线路场景，从而为培训学员在不同场景及突发状况下的正确操作提供仿真环境。图 A-8 所示为视景软件的图标，图 A-9 所示为视景软件的主界面。

图 A-8　视景软件图标

图 A-9　视景软件主界面

（5）声音仿真软件

声音仿真软件一般部署在前向视景计算机，主要负责还原列车运行过程中的轮轨音、气动音、机械设备运行时的各种声音、排气音、制动摩擦音、鸣笛音、接报站语音、线路环境音等，从而帮助学员获得更加逼真的沉浸体验，更加贴合真实车辆运行时的感官刺激，及时作出有关车辆运行情况的相关判断。

2. 城市轨道交通乘务职业技能等级考核设备的硬件及功能介绍

该城市轨道交通列车模拟驾驶操纵台的硬件部分主要包括显示部分（视景显示、车辆屏、信号屏、监视屏等）、车辆设备控制按钮、司机控制器模块、广播控制设备、通信用车载电台等。以下将对一些主要部件进行介绍。

（1）显示部分

该模拟驾驶操纵台的显示部分主要包括：前向视景显示器、教员系统显示器、车辆屏、信号屏、广播控制屏、车载电台显示屏等，各显示屏在该模拟驾驶操纵台上的分布与位置如图 A-10 所示。

图 A-10 模拟驾驶操纵台上各显示器的分布与位置示意图

其中，前向视景显示屏可以显示线路、信号、道岔以及各种标志牌等信息。车辆屏显示的是列车上各个设备的运行状态，如受电弓的状态、主断路器的状态、车门状态等。信号屏显示的是与列车运行相关的各种信号，如限速信息、实际运行速度信息、到下一个停车点的距离信息等。广播控制屏可以用于控制播放各种广播，如临时停车广播、列车再次启动广播等。由于车辆显示屏与信号显示屏涉及的信息较多，以下对车辆显示屏与信号显示屏进行介绍。如图 A-11 所示是车辆显示屏与信号显示屏，图中对各个图标标注了序号。各序号对应的设备如表 A-15 所示。

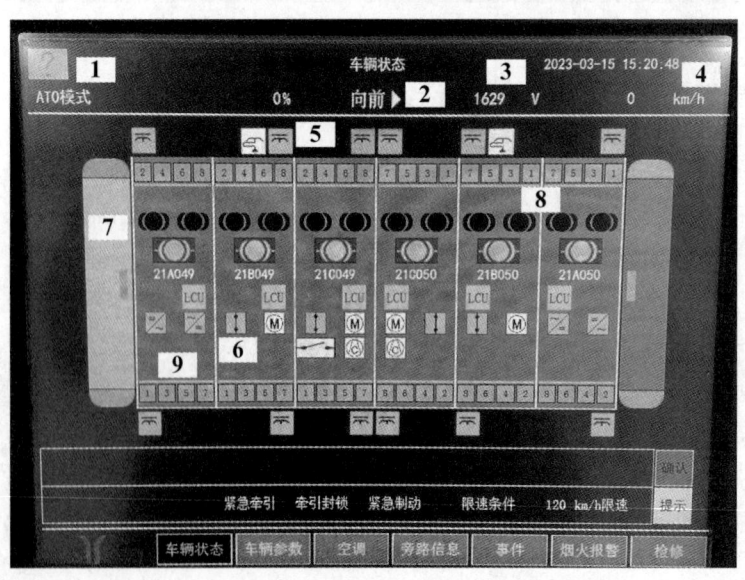

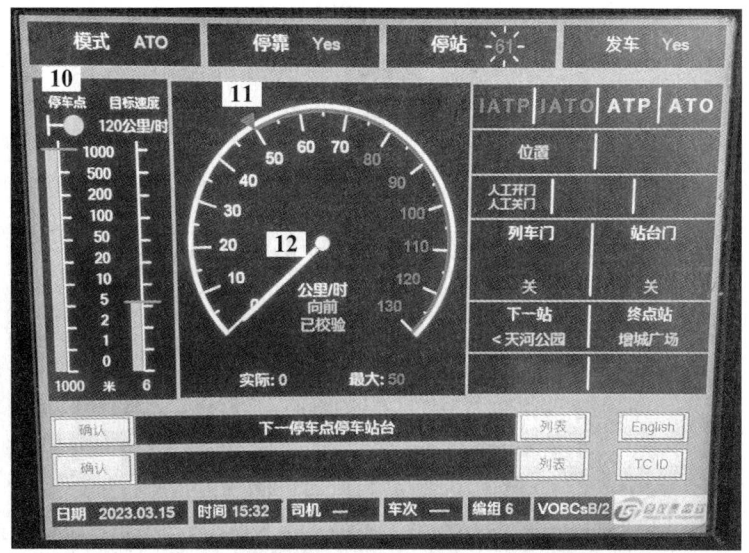

图 A-11 模拟驾驶操纵台上的车辆显示屏与信号屏

表 A-15 车辆显示屏与信号显示屏各图标的含义说明

序号	图标含义	序号	图标含义
1	列车运行模式	7	司机室占用状态
2	运行方向	8	车辆制动状态
3	接触网电压	9	车门状态
4	实际运行速度	10	到停车点的距离
5	受电靴状态	11	限制速度
6	主断路器状态	12	速度指针（实际速度）

（2）控制按钮/旋钮

该模拟驾驶操纵台的控制按钮/旋钮主要包括：受电靴控制按钮、高速断路器 HSCB 控制按钮、停放制动施加/缓解控制按钮、车门控制按钮、ATO 按钮、车门工作模式控制旋钮、空调控制旋钮等，各按钮/旋钮在该模拟驾驶操纵台上的分布与位置如图 A-12 所示。

其中，受电靴控制按钮包括升靴按钮与收靴按钮，可以控制受电靴的升起与收起。高速断路器的控制按钮包括 HSCB 合与 HSCB 分，可以控制高速断路器的闭合与断开。停放制动控制按钮包括停放制动施加按钮与停放制动缓解按钮，可以使列车在停稳后施加或撤除停放制动。ATO 模式按钮按下后可以使列车处于 ATO 运行模式，同时按下两个 ATO 启动按钮可以使列车在 ATO 模式下启动。

（3）司机控制器模块

该模拟驾驶操纵台的司机控制器模块主要包括钥匙开关、方向选择开关、司机控制手柄三个部分。司机控制器模块在该模拟驾驶操纵台上的分布与位置如图 A-13 所示。

图 A-12 模拟驾驶操纵台上各主要按钮/旋钮的分布与位置示意图

图 A-13 模拟驾驶操纵台上司机控制器模块的分布与位置示意图

其中,钥匙开关用于激活或关闭司机台。方向开关用于选择列车的运行方向并调节列车的运行模式。主控手柄用于控制列车的加速或者减速,当主控手柄位于牵引位时列车加速且越靠近最大牵引位制动力越大,加速越快;当主控手柄位于制动位时列车减速且越靠近最大制动位牵引力越大,减速越快;当主控手柄位于 0 位时列车处于滑行状态。值得注意的是,在列车处于人工驾驶模式时,主控手柄上的警惕按钮必须被按下,否则会出现无人警惕的情况甚至引发紧急制动,危及行车安全。

(4)广播控制设备

该模拟驾驶操纵台的广播控制设备在该模拟驾驶操纵台上的分布与位置如图 A-14 所示。广播控制盒中设有存储设备,存储有多种广播。司机可以根据实际情况,选择播放需要的广播,例如,可以播放临时停车广播、列车再次启动广播等。

图 A-14 模拟驾驶操纵台上广播控制模块的分布与位置示意图

(5)车载电台

该模拟驾驶操纵台的车载电台在该模拟驾驶操纵台上的分布与位置可以参考图 A-14,其外观图如图 A-15 所示。该模块的主要作用是实现司机与车站、行车调度员的联系。

3. 城市轨道交通乘务职业技能等级考核设备的常用操作

城市轨道交通乘务职业技能等级考核中主要考查正常运行时的操作以及故障处理的操作。本部分内容主要介绍该城市轨道交通列车模拟驾驶操纵台的开机流程、正常运行时的操作以及关机流程。

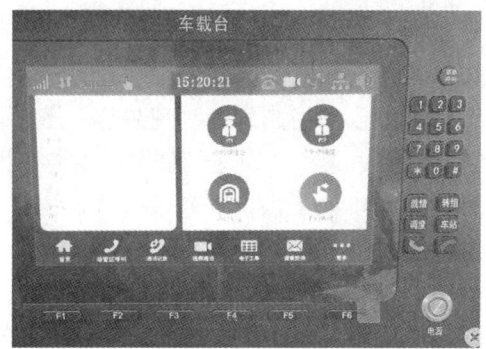

图 A-15　模拟驾驶操纵台上广播控制模块的外观图

（1）开机流程

由于该城市轨道交通列车模拟驾驶操纵台中包括若干台计算机，因此设备的启动过程需要的时间较长。设备启动时，首先要将设备左下角的空气开关接通，随后等待设备中的各个计算机完成启动，启动完毕后，只有教员系统的显示屏和前向视景显示屏处于工作状态。设备上的空气开关的位置与实物图片如图 A-16 所示，开机后教员显示器上各个子系统的状态如图 A-17 所示。

图 A-16　模拟驾驶操纵台上的空气开关的位置与实物

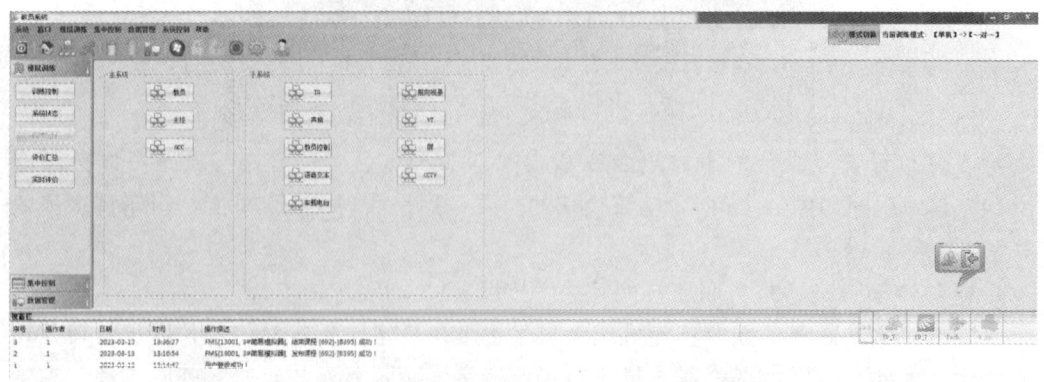

图 A-17　开机后教员显示器上各个子系统的状态图

（2）运行流程

在设备启动完成后，可以在课程准备页面发送对应的训练课程（例如，可以发送"员村—增城广场"），课程发送后，前向视景显示器将会加载出对应的视景（主要包括线路、信号机、道岔、信号标等）。随后，学员可以进行对车辆的操作，例如升弓、闭合断路器、缓解停放制动等。

对于 1+X 城市轨道交通乘务职业技能等级考核而言，列车运行与操作部分的考核要求参加考试的学生在模拟驾驶操纵台上以 PM 驾驶模式完成 5 个区间的运行与对标作业，且每次对标必须成功（对标误差在±0.5 m 以内视为对标成功）。列车运行与操作考核时，其运行示意图如图 A-18 所示。在列车运行与操作考核时，考生需要完成前期的准备操作，操作步骤一般包括激活列车（列车激活旋钮位于司机室的继电器柜中）、闭合主控钥匙、投入受流器（控制装置位于司机室的继电器柜中）、升靴、闭合主断路器、缓解停放制动等。随后，考生可以将主控手柄推至牵引区使列车加速并运行起来，但是在运行过程中应注意列车限制速度的变化。在列车接近车站时，应注意控制列车速度并完成对标。完成对标后，使用开门按钮进行开门操作以方便乘客乘降，随后关闭车门并继续驾驶列车前往下一个车站。

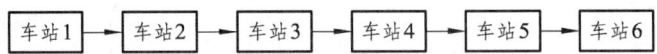

（a）列车运行与操作考核时的运行路线图

（b）列车运行与操作考核时模拟驾驶器的运行状态

图 A-18　列车运行与操作考核时的示意图

（3）关机流程

在完成考核或训练之后，需要将模拟驾驶操纵台关闭，在关闭时一般遵循如下的步骤，即停放制动施加、断开主断路器、断开受流器、收起受电靴、主控手柄回至零位、关闭钥匙开关、列车激活转至关位、结束课程。随后使用教员显示器上系统状态页面中的主系统的主控选项选择关闭计算机并选择确定关闭计算机。随后，在其他计算机都关闭之后，关闭教员显示器对应的计算机。在各个计算机均熄灭之后，将模拟驾驶操纵台右下角的空气断路器（操纵台总电源开关）断开，切断供电电源。其中，使用系统状态页面中的主系统的主控选项关机时的示意图如图 A-19 所示。待计算机关闭后，系统状态页面上各个设备的图标如图 A-20 所示。

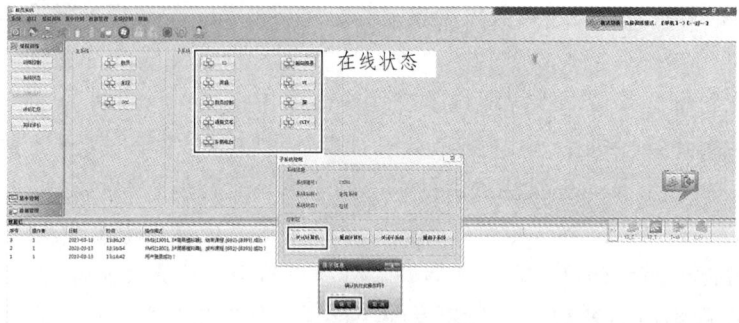

图 A-19　使用系统状态页面中主系统的主控选项关机时的示意图

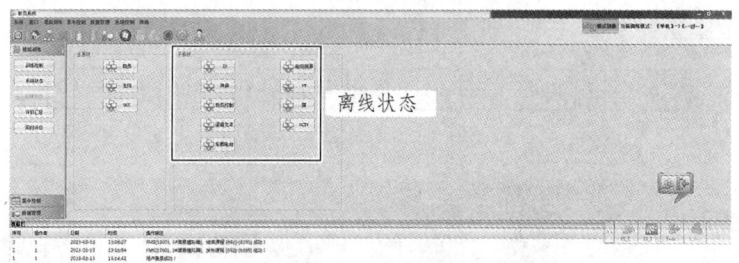

图 A-20　关机后系统状态页面上各子系统的状态图标

第六节　1+X 城市轨道交通乘务职业技能等级故障处理的考核

1. 故障的类型

由于大部分高职院校是参加 1+X 城市轨道交通乘务职业技能中级的考核。根据中级的考核要点可知，中级的实操考核主要是列车运行与操作、列车的故障处理两大类，其考核的要点如下表所示。可知，1+X 城市轨道交通乘务职业技能中级的考核中，列车运行与操作是必考项，此外还会考查 3 个故障处理项，具体内容如表 A-16 所示。

表 A-16　1+X 城市轨道交通乘务职业技能（中级）的实操考核要点

考核内容	考核要点	时间要求	备注
列车运行与操作	正线驾驶	15 分钟内完成	必考
列车故障处理	列车紧制不缓解	5 分钟内完成	4 选 1
	列车气制动图标显示红点		
	列车停放制动施加、缓解灯不亮		
	列车所有气制动缓解灯不亮		

续表

考核内容	考核要点	时间要求	备注
列车故障处理	单个车门故障	5分钟内完成	5选1
	整侧车门无法打开		
	整侧车门无法关闭		
	"所有车门关闭"指示灯不亮		
	车门关闭时站台门不联动		
	牵引封锁/激活	5分钟内完成	4选1
	牵引电机故障		
	车辆显示屏黑屏		
	主断合灯不亮		

2. 各故障的处理流程

对于每个故障,模拟驾驶器均有对应的故障处理流程,各故障的处理流程如表 A-17~表 A-29 所示。

表 A-17 列车紧急制动不缓解故障的处理流程

名称	步骤	内容	完成状态
列车紧制不缓解	1	手指眼看:"HSCB 合"绿灯亮、"升靴"绿灯亮、"停放制动缓解"绿灯亮、"所有车门关好"绿灯亮	
	2	口呼:"各指示灯状态正常"	
	3	手指眼看:"气压表"白色指针指向 2.3 bar（注:1 bar=100 kPa）	
	4	口呼:"制动缸气压 2.3 bar"	
	5	手指眼看:"车辆显示屏状态"为网压显示×××伏正常,车门状态界面显示所有车门关闭,制动系统无故障图标显示;"提示"界面中选择"紧急制动"界面查看可能的紧急原因中无条目	
	6	口呼:"网压正常,车门状态正常,各车制动系统无故障提示,紧急制动信息提示界面无原因提示。"	
	7	紧急广播:通过"广播控制盒"选择播放预置的"临时停车"紧急广播。	
	8	接通电话:司机手持联控电话,点击"车载台"上的"调度"按键,接通行调电话	

续表

名称	步骤	内容	完成状态
列车紧制不缓解	9	报告行调："行调，××次在××站—××站上/下行区间列车突发紧急制动，无法动车，司机申请中央缓解紧急制动。"	
	10	等待行调回复："××次，申请中央缓解紧急制动，行调收到。"	
	11	等待行调回复："××次，中央无法缓解紧制，司机执行车辆故障处理流程。"	
	12	司机手持联控电话并复诵："中央无法缓解紧制，执行车辆故障处理流程，司机明白，申请操作警惕旁路开关或安全旁路后尝试动车。"	
	13	等待行调回复："××次，申请操作警惕旁路后或安全旁路开关后尝试动车，行调收到。"	
	14	结束通话：挂断电话	
	15	手指眼看：主控钥匙	
	16	口呼：复位主控钥匙	
	17	作业：将方向模式手柄转至"OFF"位，然后将主控钥匙旋转至"OFF"位，3 s后重新旋转主控钥匙至"ON"位，方向模式手柄转至"PM"位	
	18	手指眼看：后墙柜警惕旁路旋钮开关（=22-S120，位于司机室电气柜）	
	19	口呼：警惕旁路旋钮开关"合"位	
	20	作业：操作警惕旁路（=22-S120，位于司机室电气柜），打开司机室后墙柜，破开警惕旁路旋钮铅封，将警惕旁路旋钮旋转至"合"位。牵引手柄置于零位。按压ATC紧急制动复位按钮，按压时间大于0.5 s，观察列车紧急制动状态	
	21	手指眼看：安全回路旁路旋钮开关（=22-S120，位于司机室电气柜）	
	22	口呼：安全回路旁路旋钮开关"合"位	
	23	作业：解开安全回路旁路开关铅封并操作旋钮开关至"合"位。牵引手柄置于零位。按压ATC紧急制动复位按钮，按压时间大于0.5 s，观察列车紧急制动状态	
	24	手指眼看：后墙柜"ATC切除"旋钮开关	

续表

名称	步骤	内容	完成状态
列车紧制不缓解	25	口呼:"ATC切除"旋钮开关至"合"位	
	26	作业:"ATC切除"旋钮开关解除铅封并打至"合"位,尝试牵引动车	
	27	紧急广播:通过"广播控制盒"选择播放预置的"列车再次启动"紧急广播	
	28	接通电话:司机手持联控电话,点击"车载台"上的"调度"按键,接通行调电话	
	29	报告行调:司机报告:"行调,××次在××站—××站上/下行区间列车已动车,司机操作'安全回路旁路'至'合'位、'ATC切除'开关至'合'位,申请限速退出服务。"	
	30	等待行调回复:"××次,申请限速退出服务,行调同意。"	
	31	结束通话:挂断电话	

表 A-18　列车气制动图标显示红点故障的处理流程

名称	步骤	内容	完成状态
列车气制动图标显示红点	1	手指眼看:车辆屏"车辆状态"界面查看制动图标界面	
	2	口呼:操纵端B1车气制动图标显示红点	
	3	接通电话:司机手持联控电话,点击"车载台"上的"调度"按键,接通行调电话	
	4	报告行调:"行调,××次在××站—××站上/下行区间,列车操纵端B1车气制动图标显示红点,无法动车,司机申请执行车辆故障处理流程。"	
	5	等待行调回复:"××次,申请执行车辆故障处理流程,行调同意。"	
	6	结束通话:司机挂断电话	
	7	紧急广播:通过"广播控制盒"选择播放预置的"临时停车"紧急广播	
	8	手指眼看:B1车继电器柜的"智能阀+网关阀"开关	
	9	口呼:"智能阀+网关阀"无跳闸	

续表

名称	步骤	内容	完成状态
列车气制动图标显示红点	10	接通电话：司机手持联控电话，点击"车载台"上的"调度"按键，接通行调电话	
	11	报告行调："行调，××次司机申请前往操纵端B车切除B09。"	
	12	等待行调回复："××次，司机申请前往操纵端B车切除B09，行调同意。"	
	13	结束通话：挂断电话	
	14	作业：方向手柄置于OFF位，离开司机室，通过虚拟列车故障处理系统终端进行B1车1位转向架B09切除	
	15	作业：返回司机室，车辆屏"车辆状态"界面查看相应车转向架制动状态	
	16	口呼：B1车1位转向架气制动已切除	
	17	作业：尝试动车	
	18	手指眼看：气制动旁路（=27-S104，位于司机室后墙柜）	
	19	口呼：气制动旁路旋钮开关"合"位	
	20	作业：解开气制动旁路开关铅封并操作旋钮开关至"合"位，以不超过3 km/h的速度做溜动试验，确认是否存在制动施加状态	
	21	紧急广播：通过"广播控制盒"选择播放预置的"列车再次启动"紧急广播	
	22	接通电话：司机手持联控电话，点击"车载台"上的"调度"按键，接通行调电话	
	23	报告行调：司机报告："××次在××站—××站上/下行区间列车已动车，列车设备正常，司机进行了B1车1位转向架B09切除和气制动旁路操作，列车无抱闸现象，司机申请运行至终点站后清客退出服务。"	
	24	等待行调回复："××次，司机申请运行至终点站后清客退出服务，行调同意。"	
	25	结束通话：挂断电话	

表 A-19 列车停放制动施加、缓解灯不亮故障的处理流程

名称	步骤	内容	完成状态
列车停放制动施加/缓解灯不亮	1	作业：按压试灯按钮（=73-S05）进行试灯	
	2	手指眼看："停放制动缓解"灯、"停放制动施加"灯	
	3	口呼：试灯亮	
	4	接通电话：司机手持联控电话，点击"车载台"上的"调度"按键，接通行调电话	
	5	报告行调："行调，××次在××站—××站上/下行区间列车出现停放制动缓解灯不亮，司机申请执行车辆故障处理流程。"	
	6	等待行调回复："××次，申请执行车辆故障处理流程，行调同意。"	
	7	结束通话：司机挂断电话	
	8	紧急广播：通过"广播控制盒"选择播放预置的"临时停车"紧急广播	
	9	手指眼看："停放制动缓解"灯、"停放制动施加"灯	
	10	口呼：重新缓解停放制动	
	11	作业：按压停放制动缓解按钮重新缓解停放制动	
	12	手指眼看：HMI 屏"车辆状态"查看停放制动状态界面图标显示为"P"	
	13	口呼：停放制动状态图标显示为"P"施加状态	
	14	手指眼看："停放制动旁路"开关	
	15	口呼："停放制动旁路"至"合"位	
	16	作业：解除铅封，将"停放制动旁路"打至"合"位，以不超过 3 km/h 的速度做溜动试验，确认停放制动状态	
	17	口呼：列车无抱闸	
	18	紧急广播：通过"广播控制盒"选择播放预置的"列车再次启动"紧急广播	
	19	接通电话：司机手持联控电话，点击"车载台"上的"调度"按键，接通行调电话	
	20	报告行调：司机报告："××次在××站—××站上/下行区间列车已动车，列车设备正常，司机操作了"停放制动旁路"，列车无抱闸现象，司机申请限速××km/h 运行至下一站后清客后退出服务。"	
	21	等待行调回复："××次，申请限速 45 km/h 运行至下一后清客退出服务，行调同意。"	
	22	结束通话：挂断电话	

表 A-20 列车所有气制动缓解灯不亮故障的处理流程

名称	步骤	内容	完成状态
列车所有气制动缓解灯不亮	1	手指眼看："HSCB 合"绿灯亮、"升靴"绿灯亮、"停放制动缓解"绿灯亮、"所有门关好"绿灯亮，"气制动"施加红灯亮，所有气制动缓解灯不亮	
	2	口呼："所有气制动缓解灯不亮。"	
	3	作业：按压试灯按钮（=73-S05）进行试灯	
	4	手指眼看："空气制动施加"灯、"所有制动缓解"灯	
	5	口呼：试灯亮	
	6	接通电话：司机手持联控电话，点击"车载台"上的"调度"按键，接通行调电话	
	7	报告行调："行调，××次在××站—××站上/下行区间列车所有制动缓解指示灯不亮，司机申请执行车辆故障处理流程。"	
	8	等待行调回复："××次，申请执行车辆故障处理流程，行调同意。"	
	9	结束通话：司机挂断电话	
	10	紧急广播：通过"广播控制盒"选择播放预置的"临时停车"紧急广播	
	11	手指眼看：气制动旁路（=27-S104，位于司机室后墙柜）	
	12	口呼：气制动旁路旋钮开关"合"位	
	13	作业：解开气制动旁路开关铅封并操作旋钮开关至"合"位，以不超过 3 km/h 的速度做溜动试验，确认是否存在制动施加状态	
	14	紧急广播：通过"广播控制盒"选择播放预置的"列车再次启动"紧急广播	
	15	接通电话：司机手持联控电话，点击"车载台"上的"调度"按键，接通行调电话	
	16	报告行调：司机报告："××次在××站—××站上/下行区间列车已动车，列车设备正常，司机进行了气制动旁路操作，列车无抱闸现象，司机申请运行至终点站后清客退出服务。"	
	17	等待行调回复："××次，司机申请运行至终点站后清客退出服务，行调同意。"	
	18	结束通话：挂断电话	

表 A-21　单个车门故障的处理流程

名称	步骤	内容	完成状态
单个车门故障	1	重新按压"开左/右门"按钮,开门后,再按压"关左/右门"按钮,按压按钮需保持 3 s 以上	
	2	接通电话:司机手持联控电话,点击"车载台"上的"调度"按键,接通行调电话	
	3	报告行调:"行调,××次在××站上/下行列车单个车门关闭故障,司机申请到现场处理。"	
	4	等待行调回复:"××次,司机申请到现场处理,行调同意。"	
	5	结束通话:司机挂断电话	
	6	紧急广播:通过"车辆显示屏"选择播放预置的"临时停车"紧急广播	
	7	记录:用纸笔记录故障车门的编号	
	8	作业:按压"开左/右门"按钮开启车门、站台门	
	9	通过虚拟列车故障处理系统,到达故障车门处,解锁车门,手动关闭车门,恢复解锁手柄,用方孔钥匙将车门切除	
	10	手指眼看:车门上方的红灯亮和车门切除装置在水平位	
	11	口呼:红灯亮,车门切除	
	12	作业:返回司机操纵台点击"车辆显示屏"查看车门状态界面,确认小锁切除图标	
	13	口呼:××门切除图标有,已切除	
	14	动车:按作业程序关门动车	
	15	紧急广播:通过"广播控制盒"选择播放预置的"列车再次启动"紧急广播,而后启动列车	
	16	接通电话:司机手持联控电话,点击"车载台"上的"调度"按键,接通行调电话	
	17	报告行调:司机报告:"××次在××站,司机进行了××车门切除操作,现已动车。"	
	18	等待行调回复:"××次,切除××车门成功,现已动车,行调收到。"	
	19	结束通话:挂断电话	

表 A-22 整侧车门无法打开故障的处理流程

名称	步骤	内容	完成状态
整侧车门无法打开	1	手指眼看：停车标、信号显示屏	
	2	口呼：停车到位，"车门允许"	
	3	按下"开左/右门"按钮并保持 3 s 以上	
	4	接通电话：司机手持联控电话，点击"车载台"上的"调度"按键，接通行调电话	
	5	报告行调："行调，××次在××站上/下行，整列车门无法打开，司机申请执行车辆故障处理流程。"	
	6	等待行调回复："××次，申请执行车辆故障处理流程，行调同意。"	
	7	结束通话：司机挂断电话	
	8	紧急广播：通过"车辆显示屏"选择播放预置的"临时停车"紧急广播	
	9	作业：按下站台侧的"强制开门"按钮，然后按下"开左/右门"按钮尝试开门，以及按下"强制开门"按钮和备用开左/右门按钮尝试开门，按压时需保持 3 s 以上	
	10	手指眼看：后墙柜车门控制（=81-F101）微动开关	
	11	口呼：车门控制微动开关正常	
	12	手指眼看："开关门模式切换"开关	
	13	口呼："开关门模式切换"开关至"网络位"位	
	14	作业：将"开关门模式切换"打至"网络位"位	
	15	手指眼看：主控钥匙	
	16	口呼：复位主控钥匙	
	17	作业：将方向模式手柄转至"OFF"位，然后将主控钥匙旋转至"OFF"位，3 s 后重新旋转主控钥匙至"ON"位，方向模式手柄打至"PM"位；	
	18	尝试开门：按下强行开门按钮后，按压开左门，尝试开门	
	19	手指眼看：后墙柜门零速旁路开关（=81-S109）	
	20	口呼："门零速旁路"开关至"合"位	
	21	作业：将后墙柜"门零速旁路开关（=81-S109）"转向"合"位	
	22	尝试开门：按下强行开门按钮后，按压开左门，尝试开门	
	23	手指眼看："门零速旁路"开关	
	24	口呼："门零速旁路"开关至"分"位	

续表

名称	步骤	内容	完成状态
整侧车门无法打开	25	作业：将"门零速旁路"打至"分"位	
	26	接通电话：司机手持联控电话，点击"车载台"上的"调度"按键，接通行调电话	
	27	报告行调：司机报告："行调，××次在××站上/下行，司机操作'门零速开关'后列车能开门，现已完成站台作业并动车，司机申请运行至终点站后清客退出服务。"	
	28	等待行调回复："××次，司机申请运行至终点站后清客退出服务，行调同意。"	
	29	结束通话：挂断电话	

表 A-23 整侧车门无法关闭故障的处理流程

名称	步骤	内容	完成状态
整侧车门无法关闭	1	作业：重新按压 2 次"关门按钮"，按压时间应大于 2 s	
	2	作业：按压"重开门按钮"，按压时间应大于 2 s	
	3	手指眼看：后墙柜车门控制（=81-F101）微动开关	
	4	口呼：车门控制微动开关正常	
	5	接通电话：司机手持联控电话，点击"车载台"上的"调度"按键，接通行调电话	
	6	报告行调："行调，××次在××站上/下行，整列车门无法关闭，司机申请执行车辆故障处理流程。"	
	7	等待行调回复："××次，申请执行车辆故障处理流程，行调同意。"	
	8	结束通话：司机挂断电话	
	9	紧急广播：通过"车辆显示屏"选择播放预置的"临时停车"紧急广播	
	10	手指眼看："开关门模式切换"开关	
	11	口呼："开关门模式切换"开关至"网络位"位	
	12	作业：将"开关门模式切换"打至"网络位"位	
	13	手指眼看：主控钥匙	
	14	口呼：复位主控钥匙	

续表

名称	步骤	内容	完成状态
整侧车门无法关闭	15	作业：将方向模式手柄转至"OFF"位，然后将主控钥匙旋转至"OFF"位，3 s后重新旋转主控钥匙至"ON"位，方向模式手柄打至"PM"位	
	16	尝试开门：重新按压关左门，尝试关门	
	17	紧急广播：通过"广播控制盒"选择播放预置的"列车再次启动"紧急广播，而后启动列车	
	18	接通电话：司机手持联控电话，点击"车载台"上的"调度"按键，接通行调电话	
	19	报告行调：司机报告："行调，××次在××站上/下行，司机操作主控钥匙复位后列车能关门，司机申请运行至终点站后清客退出服务。"	
	20	等待行调回复："××次，司机申请运行至终点站后清客退出服务，行调同意。"	
	21	结束通话：挂断电话	

表 A-24 "所有车门关闭"指示灯不亮故障的处理流程

名称	步骤	内容	完成状态
所有车门关闭指示灯不亮	1	手指眼看："关左/右门"灯亮、"所有车门关闭"灯不亮	
	2	口呼："关左/右门"绿灯亮、"所有车门关闭"灯不亮	
	3	试灯：按压"灯测试"按钮	
	4	口呼："所有车门关闭"绿灯亮	
	5	作业：点击"车辆显示屏"状态查看车门状态界面	
	6	口呼：所有车门关闭正常	
	7	接通电话：司机手持联控电话，点击"车载台"上的"调度"按键，接通行调电话	
	8	报告行调："行调，××次在××站上/下行，所有车门关闭灯不亮，列车无法动车，司机申请执行车辆故障处理流程。"	
	9	等待行调回复："××次，司机申请执行车辆故障处理流程，行调同意。"	
	10	结束通话：司机挂断电话	
	11	紧急广播：通过"车辆显示屏"选择播放预置的"临时停车"紧急广播	
	12	重新按压"开左/右门"按钮，开门后，再按压"关左/右门"按钮，按压按钮需保持 3 s 以上	

续表

名称	步骤	内容	完成状态
所有车门关闭指示灯不亮	13	手指眼看：主控钥匙	
	14	口呼：复位主控钥匙	
	15	作业：将方向模式手柄转至"OFF"位，然后将主控钥匙旋转至"OFF"位，3 s后重新旋转主控钥匙至"ON"位，方向模式手柄打至"PM"位	
	16	手指眼看："所有车门关闭"灯不亮	
	17	口呼："所有车门关闭"灯不亮	
	18	作业：点击车辆屏"车辆状态"查看车门状态界面	
	19	口呼：所有车门关闭正常	
	20	手指眼看："车门旁路"开关	
	21	口呼："车门旁路"至"合"位	
	22	作业：将"车门旁路"开关打至"合"位，尝试动车	
	23	紧急广播：通过"广播控制盒"选择播放预置的"列车再次启动"紧急广播，而后启动列车	
	24	接通电话：司机手持联控电话，点击"车载台"上的"调度"按键，接通行调电话	
	25	报告行调：司机报告："行调，××次在××站上/下行，司机操作'车门旁路'后现已动车，列车运行正常。"	
	26	等待行调回复："××次，切除××车门成功，现已动车，行调收到。"	
	27	结束通话：挂断电话	

表 A-25 车门关闭时站台门不联动故障的处理流程

名称	步骤	内容	完成状态
车门关闭时站台门不联动	1	再次按压"关左/右门"按钮，保持至少3 s	
	2	手指眼看：PSL控制盘操作允许钥匙	
	3	作业：将PSL盘操作允许钥匙打到手动允许位	
	4	手指眼看：PSL控制盘关门按钮	
	5	作业：按下PSL盘关门按钮保持至少2 s	
	6	手指眼看：屏蔽门动作并关闭，屏蔽门全关闭且锁紧指示灯点亮	
	7	作业：将PSL盘操作允许钥匙恢复至自动位	

表 A-26 牵引封锁/激活故障的处理流程

名称	步骤	内容	完成状态
牵引封锁/激活故障	1	手指眼看：车辆屏显示紧急制动、牵引封锁，列车未显示向前	
	2	口呼：车辆紧急制动、牵引封锁，无运行方向显示	
	3	作业：进入提示界面，点击牵引封锁，牵引封锁条件中提示"无方向信号或方向冲突"	
	4	紧急广播：通过"车辆显示屏"选择播放预置的"临时停车"紧急广播	
	5	作业：重新将方向（模式）手柄转至 OFF 位后再转至 PM 或 RMF 位，观察车辆屏上列车运行状态是否正常	
	6	作业：操作强制向前旁路开关（=22-S11）至合位，观察车辆屏上列车运行方向是否恢复至"向前"	
	7	手指眼看：车辆屏运行方向状态"向前"，紧急制动和牵引封锁提示消失	
	8	尝试动车作业：推牵引手柄尝试动车，继续运营到终点站退出服务	
	9	接通电话：司机手持联控电话，点击"车载台"上的"调度"按键，接通行调电话	
	10	报告行调：司机报告："××次在××站—××站上/下行区间列车因无方向导致牵引封锁，司机操作了强制向前旋钮，目前已可以动车。司机申请运行至终点站后清客退出服务，完毕。"	
	11	等待行调回复："××次，司机申请运行至终点站后清客退出服务，行调同意。"	
	12	结束通话：挂断电话	

表 A-27 牵引电机故障的处理流程

名称	步骤	内容	完成状态
牵引电机故障	1	手指眼看：车辆屏"车辆状态"界面查看牵引系统图标	
	2	口呼：存在 B1 车 1 个牵引设备图标红点	
	3	接通电话：司机手持联控电话，点击"车载台"上的"调度"按键，接通行调电话	
	4	报告行调："行调，××次在××站—××站上/下行区间列车出现牵引系统 1 个红点故障，可以继续运行。"	

续表

名称	步骤	内容	完成状态
牵引电机故障	5	等待行调回复:"××次,维持运行至前方车站,执行车辆故障处理流程。"	
	6	结束通话:司机挂断电话	
	7	维持运行至前方车站	
	8	手指眼看:DCU/SIV 复位按钮(=41-S101,位于司机室后墙柜)	
	9	口呼:复位 DCU/SIV 按钮	
	10	作业:按压 DCU/SIV 复位按钮(至少持续 2 s)	
	11	接通电话:司机手持联控电话,点击"车载台"上的"调度"按键,接通行调电话。	
	12	报告行调:司机报告:"××次在××站,司机进行了 DCU/SIV 按钮复位操作,列车牵引设备恢复正常,列车可以继续正常运行。"	
	13	等待行调回复:"××次,行调收到,维持正常运行。"	
	14	结束通话:挂断电话	

表 A-28 车辆显示屏黑屏故障的处理流程

名称	步骤	内容	完成状态
车辆显示屏黑屏	1	手指眼看:车辆屏	
	2	口呼:车辆屏黑屏无显示	
	3	手指眼看:方向手柄,主控钥匙	
	4	作业:将方向模式手柄转至"OFF"位,然后将主控钥匙旋转至"OFF"位,3 s 后重新旋转主控钥匙至"ON"位,方向模式手柄转至"PM"位	
	5	口呼:方向手柄"OFF"位,复位主控钥匙	
	6	紧急广播:通过"车辆显示屏"选择播放预置的"临时停车"紧急广播	
	7	接通电话:司机手持联控电话,点击"车载台"上的"调度"按键,接通行调电话	
	8	报告行调:"行调,××次在××站上/下行,车辆屏黑屏,列车无法动车,司机申请执行车辆故障处理流程。"	
	9	等待行调回复:"××次,司机申请执行车辆故障处理流程,行调同意。"	
	10	结束通话:司机挂断电话	

续表

名称	步骤	内容	完成状态
车辆显示屏黑屏	11	手指眼看：司机室电气柜 A 车 IO 模块微动开关（=41-F101）	
	12	口呼：A 车 IO 模块微动开关（=41-F101）未跳闸	
	13	手指眼看：司机室电气设备柜"紧急牵引"模式旋钮	
	14	作业：将"紧急牵引"模式旋钮转至"合"位	
	15	口呼：闭合"紧急牵引"模式	
	16	尝试动车：作业：推牵引手柄尝试动车，限速 60 km/h	
	17	接通电话：司机手持联控电话，点击"车载台"上的"调度"按键，接通行调电话	
	18	报告行调："行调，××次在××站上/下行，车辆屏黑屏，目前已操作紧急牵引模式旋钮动车，完毕	
	19	等待行调回复："××次，司机已操作紧急牵引模式动车，限速 60 km/h，行调同意。"	
	20	司机回复："××次，限速 60 km/h，司机明白，完毕。"	
	21	结束通话：司机挂断电话	

表 A-29　主断合灯不亮故障的处理流程

名称	步骤	内容	完成状态
主断合灯不亮	1	手指眼看：车辆屏"B1/C1/C2"高速断路器图标白点、"HSCB 合"灯不亮	
	2	口呼："B1/C1/C2"高速断路器图标白点、"HSCB 合"灯不亮	
	3	维持进站：高速断路器图标出现白点，列车如在区间，则尽量维持进站	
	4	进站停稳后，查看车辆屏牵引图标是否异常，如是则优先处理牵引设备故障	
	5	眼看手指：车辆屏牵引设备图标	
	6	口呼：牵引设备图标正常无故障	
	7	作业：尝试动车，尝试推牵引手柄至牵引区	
	8	紧急广播：通过"车辆显示屏"选择播放预置的"临时停车"紧急广播	
	9	接通电话：司机手持联控电话，点击"车载台"上的"调度"按键，接通行调电话	

续表

名称	步骤	内容	完成状态
主断合灯不亮	10	报告行调:"行调,××次在××站上/下行,'B1/C1/C2'高速断路器图标白点、'HSCB 合'灯不亮,列车无法动车,司机申请执行车辆故障处理流程。"	
	11	等待行调回复:"××次,司机申请执行车辆故障处理流程,行调同意。"	
	12	结束通话:司机挂断电话	
	13	接通电话:司机手持联控电话,点击"车载台"上的"车站"按键,接通车站电话	
	14	报告车站:"车站,××次在××站上/下行,'B1/C1/C2'高速断路器图标白点、'HSCB 合'灯不亮,列车无法动车,司机申请执行车辆故障处理流程,请求车站工作人员协助做好乘客安抚工作。"	
	15	等待车站回复:车站回复:"××次,列车在××站上/下行站台无法动车,司机申请执行车辆故障处理流程,请求车站工作人员协助做好乘客安抚工作,车站收到。"	
	16	结束通话:司机挂断电话	
	17	作业:按压操纵台左侧面板上的"HSCB 合"按钮保持 2 s 左右	
	18	手指眼看:车辆屏故障车 HSCB 高速断路器图标白色	
	19	口呼:HSCB 未能闭合	
	20	手指眼看:司机室电气设备柜"紧急牵引"模式旋钮	
	21	作业:将"紧急牵引"模式旋钮转至"合"位	
	22	口呼:闭合"紧急牵引"模式	
	23	手指眼看:车辆屏"B1/C1/C2"高速断路器图标已闭合,显示紧急牵引模式,限速 60 km/h	
	24	口呼:紧急牵引模式强制闭合高速断路器,限速 60 km/h	
	25	尝试动车:作业:推牵引手柄尝试动车,限速 60 km/h	
	26	接通电话:司机手持联控电话,点击"车载台"上的"行调"按键,接通行调电话	
	27	报告行调:"行调,××次在××站上/下行,'B1/C1/C2'高速断路器图标白点、'HSCB 合'灯不亮,目前已操作紧急牵引模式旋钮动车,限速 60 km/h,完毕。"	
	28	等待行调回复:行调回复:"××次,司机已操作紧急牵引模式动车,限速 60 km/h,行调同意。"	
	29	结束通话:司机挂断电话	

附录 B 1+X 城市轨道车辆维护与保养和轨道交通车辆机械维护职业技能等级标准

第一节 范围

本标准规定了城市轨道交通车辆维护和保养职业技能等级认定标准，包括职业素养、专业知识和技术技能等方面，具有普遍性、稳定性的工作要求。本标准适用于城市轨道交通车辆维护和保养职业技能培训和职业技能等级考核评价，城市轨道交通车辆维护和保养从业人员的聘用、教育和职业培训可参照使用。

第二节 规范性引用文件

下列文件对于本文件的应用是必不可少的。凡是注明日期的引用文件，仅注日期的版本适用于本文件。凡是不注日期的引用文件，其最新版本适用于本文件。

GB/T 7928—2003《地铁车辆通用技术条件》

GB/T 37486—2019《城市轨道交通设施设备分类与代码》

GB 50490—2016《城市轨道交通技术规范》

GB/T 32383—2015《城市轨道交通直线电机车辆》

GB/T 30489—2014《城市轨道车辆客室侧门》

GB/T 30012—2013《城市轨道交通运营管理规范》

CJJ/T 114—2007《城市公共交通分类标准》

GB 5655—85《城市公共交通常用名词术语》

GB 289《安全标志及其使用导则》

第三节 术语定义

1. 城市轨道交通 urban rail transit

采用专用轨道导向运行的城市公共客运交通系统，包括地铁系统、轻轨系统单轨系统、有轨电车、磁浮系统、自动导向轨道系统、市域快速轨道系统。

2. 城市轨道交通车辆 urban rail transit vehicles

在城市轨道交通系统内从事旅客运输的工具。

3. 轨道交通车辆检修 maintenance of rail transit vehicles

当车辆运营里程（时间）达到规定范围，符合检修要求时，根据车辆检修规程、按照车辆部件检修工艺标准，对车辆及部件进行检查、维护或修理，以保证城市轨道交通车辆可靠运行，降低运营成本和延长车辆寿命。城市轨道交通车辆检修一般分为预防性计划检修和状态检修两种。

4. 预防性计划检修 preventive maintenance

指在尚未发生故障之前就对车辆进行修理，消除车辆零部件的缺陷和隐患，预防车辆故障的发生。计划检修的修理作业是定期的，修理范围一旦确定也是固定的；其修理工装也相对固定，无法作大的变更或增减。预防性计划检修规程制定的依据一般应包括以下几点：

（1）车辆运行时间；（2）车辆走行里程数；（3）车辆制造者所提供的基础信息及建议；（4）设备当前的运行情况；（5）系统运行的可靠性或故障率要求。

5. 状态修 faulty maintenance

借助于先进的检测与技术诊断设备，在车辆或部件不解体的情况下，检查和测量各主要零部件的技术参数，从而掌握车辆的技术状态；并根据事先掌握的车辆的实际状态，有计划地适时安排适度维修，即在应该进行修理的时机修理，在应该进行修理的部位进行恰到好处的修理，从而快速、经济、有效地达到消除隐患与故障，确保车辆良好技术状态的目的。

第四节 适用院校专业

中等职业学校专业：铁道运输服务、电力机车运用与检修、内燃机车运用与检修、铁道车辆运用与检修、城市轨道交通车辆运用与检修。

高等职业学校专业：铁道机车车辆制造与维护、铁道机车运用与维护、铁道车辆技术、动车组检修技术、城市轨道车辆应用技术、城市轨道交通机电技术、城市轨道交通运营管理、高速铁路动车组制造与维护、城市轨道交通车辆制造与维护。

高等职业教育本科专业：轨道交通车辆工程技术、高速铁路动车组技术、城市轨道交通设备与控制技术。

第五节 面向工作岗位（群）

【城市轨道交通车辆维护和保养】（初级）：主要面向初级城市轨道交通列车检修工、电客列车维修员等岗位，从事城轨列车日常检修、维护保养、功能测试及故障处理等工作。

【城市轨道交通车辆维护和保养】（中级）：主要面向中级城市轨道交通列车检修工、电客列车维修员等岗位，从事城轨列车车辆全面、细致检查，更换接近使用限度的易损易耗件，对主要部件的技术状态进行检查、测试、保养、试验等工作。

【城市轨道交通车辆维护和保养】（高级）：主要面向中级城市轨道交通列车检修工、电客列车维修员、车辆维修管理等岗位，主要从事城轨列车架修与大修、车辆机械与电气系统设备故障分析、编制城轨列车检修作业指导书、制定城轨列车维护和保养检修工艺流程优化和体系建设等工作。

第六节 职业等级要求

1. 职业技能等级划分

城市轨道交通车辆维护和保养职业技能等级分为三个等级：初级、中级、高级，三个级别依次递进，高级别涵盖低级别职业技能要求。

【城市轨道交通车辆维护和保养】（初级）：具有熟练掌握城市轨道车辆检修的基本概念、检修制度、生产组织模式、检修调度、检修基础设施条件的理论知识能力；具备城市轨道交通车辆维护和保养常用工器具的认知及使用能力；具备按照城市轨道交通车辆日检工艺流程及作业方法实施日检作业的能力，能够发现并记录日检作业过程中的故障或问题。

【城市轨道交通车辆维护和保养】（中级）：具有按照城市轨道交通车辆双周检、三月检工艺流程及作业方法实施双周检、三月检作业的能力；具备城市轨道交通车辆维护和保养过程中常见故障的分析与问题原因定位能力，具备常见故障维修处理能力。

【城市轨道交通车辆维护和保养】（高级）：具有熟练掌握主流城市轨道交通车辆主要技术数据和结构参数的能力，可组织制订城市轨道交通车辆修程检修计划、车辆检修工艺标准；具备制订车辆维护和保养作业指导书的能力。

3. 职业技能等级描述

以城市轨道交通车辆维护和保养职业技术等级（中级）为例对职业技能等级对应的职业技能要求进行描述，从工作领域工作任务和职业技能要求三个方面进行介绍，具体内容见表 B-1。

表 B-1　城市轨道交通车辆维护和保养职业技能等级要求（中级）

工作领域	工作任务	职业技能要求
1.车体检查与故障分析	1.1 客室车门外观与功能检查	1.1.1 能检查车门门页护指橡胶外观状态； 1.1.2 能检查车门下挡销安装状态和外观状态； 1.1.3 能使用工具清洁门锁机构及导轨； 1.1.4 能使用工具润滑门锁机构、导轨； 1.1.5 能进行解锁、切除功能测试； 1.1.6 能够在客室车门外观与功能检查过程中发现故障问题，并选择适宜的解决办法对故障问题进行处理
	1.2 车窗检查与清洁	1.2.1 能使用工具清洁车窗污渍； 1.2.2 能检查车窗玻璃外观状态； 1.2.3 能识别密封条外观状态； 1.2.4 能够在车窗检查与清洁过程中发现故障问题，并选择适宜的解决办法对故障问题进行处理
	1.3 客室座椅检查与清洁	1.3.1 能检查座椅外观状态； 1.3.2 能检查爱心座椅和残疾人座椅标识外观状态； 1.3.3 能检查客室座椅屏风玻璃安装状态和外观状态； 1.3.4 能检查屏风扶手安装状态； 1.3.5 能够在客室座椅检查与清洁过程中发现故障问题，并选择适宜的解决办法对故障问题进行处理

续表

工作领域	工作任务	职业技能要求
1.车体检查与故障分析	1.4 扶手、立柱、客室地板检查与清洁	1.4.1 能使用工具清洁扶手、立柱外表面； 1.4.2 能检查扶手、立柱连接紧固情况； 1.4.3 能检查上、下部扶手罩外观状态； 1.4.4 能检查拉环、拉环绳外观状态； 1.4.5 能检查客室地板的外观状态； 1.4.6 能够在扶手、立柱、客室地板检查与清洁过程中发现故障问题，并选择适宜的解决办法对故障问题进行处理
	1.5 电气设备柜检查与清洁	1.5.1 能检查各电气设备柜内异物情况； 1.5.2 能检查各电气设备柜内电气件外观状态； 1.5.3 能检查各电气柜柜门外观状态； 1.5.4 能检查各电气柜继电器、断路器、开关状态； 1.5.5 能够在电气设备柜检查与清洁过程中发现故障问题，并选择适宜的解决办法对故障问题进行处理
	1.6 客室灭火器检查	1.6.1 能检查灭火器固定状态； 1.6.2 能检查灭火器标识外观状态； 1.6.3 能检查灭火器保险销和铅封； 1.6.4 能检查紧固插销安装状态； 1.6.5 能够在客室灭火器检查过程中发现故障问题，并选择适宜的解决办法对故障问题进行处理
	1.7 司机室头灯、尾灯、运行灯、雨刮器检查	1.7.1 能检查司机室头灯的功能状态； 1.7.2 能检查司机室尾灯的功能状态； 1.7.3 能检查车辆运行灯的功能状态； 1.7.4 能检查雨刮器的功能状态； 1.7.5 能够在司机室头灯、尾灯、运行灯、雨刮器检查过程中发现故障问题，并选择适宜的解决办法对故障问题进行处理
	1.8 司机室面罩、裙板、防爬器、脚蹬检查	1.8.1 能检查司机室面罩外观状态； 1.8.2 能检查裙板外观状态； 1.8.3 能检查防爬器外观状态； 1.8.4 能检查司机室外部脚蹬外观状态； 1.8.5 能够在司机室面罩、裙板、防爬器、脚蹬检查过程中发现故障问题，并选择适宜的解决办法对故障问题进行处理

续表

工作领域	工作任务	职业技能要求
1.车体检查与故障分析	1.9 司机室内部设备检查	1.9.1 能检查司机室内墙板外观状态； 1.9.2 能检查地板布外观状态； 1.9.3 能检查司机室顶板外观状态； 1.9.4 能检查司机室侧墙板外观状态； 1.9.5 能够在司机室内部设备检查过程中发现故障问题，并选择适宜的解决办法对故障问题进行处理
	1.10 司机室顶部设备功能检查	1.10.1 能检查阅读灯功能状态； 1.10.2 能检查顶棚灯功能状态； 1.10.3 能检查摄像头功能状态； 1.10.4 能检查出风口格栅功能状态； 1.10.5 能够在司机室顶部设备功能检查过程中发现故障问题，并选择适宜的解决办法对故障问题进行处理
	1.11 司机室驾驶台面设备检查	1.11.1 能检查驾驶台面板外观状态； 1.11.2 能检查驾驶台下部柜门状态、雨刮器水箱水位状态； 1.11.3 能够检查司机室换向手柄的功能状态； 1.11.4 能检查蓄电池电压表、双针压力表、里程计外观状态； 1.11.5 能识别蓄电池电压表读数； 1.11.6 能够在司机室驾驶台面设备检查过程中发现故障问题，并选择适宜的解决办法对故障问题进行处理
	1.12 司机室灭火器检查	1.12.1 能检查司机室灭火器安装状态； 1.12.2 能检查司机室灭火器绑扎钢圈外观状态； 1.12.3 能检查司机室灭火器压力指针外观状态； 1.12.4 能检查司机室灭火器铅封外观状态； 1.12.5 能够在司机室灭火器检查过程中发现故障问题，并选择适宜的解决办法对故障问题进行处理

续表

工作领域	工作任务	职业技能要求
1. 车体检查与故障分析	1.13 司机室隔间门检查	1.13.1 能检查隔间门外观状态； 1.13.2 能检查猫眼外观状态； 1.13.3 能使用工具开启司机室隔间门； 1.13.4 能转动门把手测试锁舌伸缩情况； 1.13.5 能检查门挡外观状态； 1.13.6 能够在司机室隔间门检查过程中发现故障问题，并选择适宜的解决办法对故障问题进行处理
	1.14 司机室内电气柜检查	1.14.1 能检查司机室左侧电气柜柜门外观状态； 1.14.2 能检查司机室右侧电气柜柜门外观状态； 1.14.3 能检查司机室电气柜继电器开关状态； 1.14.4 能检查司机室电气柜断路器开关状态； 1.14.5 能够在司机室内电气柜检查过程中发现故障问题，并选择适宜的解决办法对故障问题进行处理
	1.15 司机室侧门检查	1.15.1 能检查司机室侧门门页外观状态； 1.15.2 能检查司机室侧门锁盒、锁扣板和锁舌紧固状态及动作； 1.15.3 能检查挡销、开门止挡外观状态； 1.15.4 能手动推拉司机室侧门测试开关门功能； 1.15.5 能检查司机室侧门密封胶条外观状态； 1.15.6 能够在司机室侧门检查过程中发现故障问题，并选择适宜的解决办法对故障问题进行处理
2. 转向架检查与故障分析	2.1 车轴外观状态检查	2.1.1 能检查车轴轴身外观状态； 2.1.2 能检查轮与轴间防松线； 2.1.3 能检查轴箱区的外观状态； 2.1.4 能检查过渡半径和轴肩的状态； 2.1.5 能够在车轴外观状态检查过程中发现故障问题，并选择适宜的解决办法对故障问题进行处理
	2.2 一系悬挂检查	2.2.1 能检查一系橡胶弹簧橡胶外观状态； 2.2.2 能检查轮对提吊外观状态； 2.2.3 能检查一系调整垫和垫板外观状态； 2.2.4 能检查紧固件防松标记； 2.2.5 能够在一系悬挂检查过程中发现故障问题，并选择适宜的解决办法对故障问题进行处理

续表

工作领域	工作任务	职业技能要求
2.转向架检查与故障分析	2.3 二系悬挂检查	2.3.1 能检查二系弹簧外观状态； 2.3.2 能检查空气囊外表外观状态； 2.3.3 能检查二系弹簧的连接状态； 2.3.4 能够在二系悬挂检查过程中发现故障问题，并选择适宜的解决办法对故障问题进行处理
	2.4 减振器检查	2.4.1 能检查垂向减振器外观状态； 2.4.2 能检查横向减振器外观状态； 2.4.3 能检查垂向减振器的防松标记； 2.4.4 能检查横向减振器的防松标记； 2.4.5 能使用工具对减振器螺栓进行紧固； 2.4.6 能够在减振器检查过程中发现故障问题，并选择适宜的解决办法对故障问题进行处理
	2.5 抗侧滚扭杆检查与调整	2.5.1 能检查关节轴承外观状态； 2.5.2 能检查抗侧滚扭杆防松标记； 2.5.3 能使用工具调整下球铰中心与扭杆中心垂向高度； 2.5.4 能使用工具对抗侧滚扭杆螺栓进行紧固； 2.5.5 能够在抗侧滚扭杆检查过程中发现故障问题，并选择适宜的解决办法对故障问题进行处理
	2.6 齿轮箱检查	2.6.1 能检查齿轮箱外观状态； 2.6.2 能检查齿轮箱吊杆螺栓紧固状态； 2.6.3 能检查齿轮箱安全止挡块保护螺栓紧固状态； 2.6.4 能够在齿轮箱检查过程中发现故障问题，并选择适宜的解决办法对故障问题进行处理
	2.7 联轴节检查	2.7.1 能检查联轴节的紧固状态； 2.7.2 能检查联轴节的外观状态； 2.7.3 能使用工具测量联轴节的温度； 2.7.4 能够使用工具对联轴节进行润滑； 2.7.5 能够在联轴节检查过程中发现故障问题，并选择适宜的解决办法对故障问题进行处理
	2.8 轴箱与轴箱拉杆检查	2.8.1 能检查轴箱外观状态； 2.8.2 能检查轴温贴纸状态； 2.8.3 能检查速度传感器电缆状态； 2.8.4 能检查轴箱拉杆螺母紧固状态； 2.8.5 能够在轴箱与轴箱拉杆检查过程中发现故障问题，并选择适宜的解决办法对故障问题进行处理

续表

工作领域	工作任务	职业技能要求
2.转向架检查与故障分析	2.9 中央牵引装置检查与测量	2.9.1 能检查中央牵引装置各零部件外观状态; 2.9.2 能检查中央牵引装置各零部件的紧固情况; 2.9.3 能检查横向止挡的外观状态; 2.9.4 能使用工具测量中心销套筒至磨耗环间的间隙及磨耗环厚度; 2.9.5 能检查中心销及紧固件的外观状态; 2.9.6 能够在中央牵引装置检查与测量过程中发现故障问题,并选择适宜的解决办法对故障问题进行处理
	2.10 高度阀检查	2.10.1 能检查高度调整阀的紧固状态; 2.10.2 能转动调节杆球形关节确认动作状态; 2.10.3 能检查高度阀紧固件的状态; 2.10.4 能使用工具对高度阀调整杆润滑; 2.10.5 能够在高度阀检查过程中发现故障问题,并选择适宜的解决办法对故障问题进行处理
	2.11 管路检查	2.11.1 能检查管路外观状态; 2.11.2 能检查管夹外观状态; 2.11.3 能检查管路的气密性; 2.11.4 能检查管路的紧固状态; 2.11.5 能够在管路检查过程中发现故障问题,并选择适宜的解决办法对故障问题进行处理
	2.12 轮对检查与测量	2.12.1 能检查车轮轮毂的外观状态; 2.12.2 能检查车轮与车轴的紧固状态; 2.12.3 能使用工具检查轮径; 2.12.4 能检查轮对踏面、轮对油堵的外观状态; 2.12.5 能使用工具测量轮缘高度、轮缘厚度; 2.12.6 能够在轮对检查与测量过程中发现故障问题,并选择适宜的解决办法对故障问题进行处理
	2.13 构架与轴箱间间隙测量	2.13.1 能检查构架基准面外观状态; 2.13.2 能检查轴箱基准面外观状态; 2.13.3 能对构架及轴箱基准面进行清洁; 2.13.4 能使用工具测量构架与轴箱间间隙; 2.13.5 能够在架与轴箱间间隙测量过程中发现故障问题,并选择适宜的解决办法对故障问题进行处理

续表

工作领域	工作任务	职业技能要求
3.客室车门检查与故障分析	3.1 侧顶板检查与工具使用	3.1.1 能使用工具打开车门上方侧顶板； 3.1.2 能检查侧顶板外观状态； 3.1.3 能使用工具对侧顶板进行清洁； 3.1.4 能够对侧顶板的划痕进行处理； 3.1.5 能够在侧顶板检查过程中发现故障问题，并选择适宜的解决办法对故障问题进行处理
	3.2 门扇外观检查	3.2.1 能检查车门左右门扇外观状态； 3.2.2 能检查车门玻璃； 3.2.3 能检查车门密封胶条外观； 3.2.4 能检查外部文字、标识、指示灯状态； 3.2.5 能够在门扇外观检查过程中发现故障问题，并选择适宜的解决办法对故障问题进行处理
	3.3 内部紧急解锁装置检查	3.3.1 能使用工具打开紧急解锁小盖板； 3.3.2 能检查内部紧急解锁手柄外观状态； 3.3.3 能检查安装螺栓紧固状态； 3.3.4 能检查内部紧急解锁开关面板状态； 3.3.5 能够在内部紧急解锁装置检查过程中发现故障问题，并选择适宜的解决办法对故障问题进行处理
	3.4 携门架检查	3.4.1 能检查携门架外观状态； 3.4.2 能检查左右携门架与门扇连接螺栓紧固状态； 3.4.3 能检查携门架注油口外观状态； 3.4.4 能检查偏心轮调整螺钉、紧固螺钉状态； 3.4.5 能够在携门架检查过程中发现故障问题，并选择适宜的解决办法对故障问题进行处理
	3.5 丝杆、螺母副、传动架检查	3.5.1 能检查丝杆螺母副外观状态； 3.5.2 能手动轻拉门扇测试丝杆动作； 3.5.3 能检查丝杆润滑油脂情况； 3.5.4 能检查传动架外观状态； 3.5.5 能使用工具清洁传动架外表面； 3.5.6 能够在丝杆、螺母副、传动架检查过程中发现故障问题，并选择适宜的解决办法对故障问题进行处理

续表

工作领域	工作任务	职业技能要求
3.客室车门检查与故障分析	3.6 长导柱检查及润滑	3.6.1 能检查长导柱表面外观状态； 3.6.2 能检查长导柱表面的润滑情况； 3.6.3 能使用工具对长导柱进行润滑； 3.6.4 能检查长导柱固定螺栓紧固状态； 3.6.5 能够在长导柱检查及润滑过程中发现故障问题，并选择适宜的解决办法对故障问题进行处理
	3.7 短导柱检查及润滑	3.7.1 能检查短导柱表面外观状态； 3.7.2 能检查短导柱表面的润滑情况； 3.7.3 能使用工具对短导柱进行润滑； 3.7.4 能检查短导柱固定螺栓紧固状态； 3.7.5 能够在短导柱检查过程中发现故障问题，并选择适宜的解决办法对故障问题进行处理
	3.8 门开关状态检查	3.8.1 能手动检查开关门、门密封状态； 3.8.2 能手动打开门，手动锁闭到位； 3.8.3 能使用障碍物测试门探测功能； 3.8.4 能够测试客室开关门指示灯功能； 3.8.5 能使用工具测试侧门的隔离功能； 3.8.6 能够在门开关状态检查过程中发现故障问题，并选择适宜的解决办法对故障问题进行处理
	3.9 左右侧门门扇平衡轮组件检查	3.9.1 能检查左侧门门扇压轮转动情况； 3.9.2 能在门关好时，检查车门两侧压轮与压板状态； 3.9.3 能检查平衡轮组件外观状态； 3.9.4 能检查平衡轮组件紧固件状态； 3.9.5 能够在左右侧门门扇平衡轮组件检查过程中发现故障问题，并选择适宜的解决办法对故障问题进行处理
	3.10 左右侧门立柱检查	3.10.1 能检查左侧门立柱盖板安装紧固状态； 3.10.2 能检查右侧门立柱盖板安装紧固状态； 3.10.3 能检查扶手安装紧固状态； 3.10.4 能检查右侧门立柱盖板外观状态； 3.10.5 能检查左侧门立柱盖板外观状态； 3.10.6 能够在左右侧门立柱检查过程中发现故障问题，并选择适宜的解决办法对故障问题进行处理

续表

工作领域	工作任务	职业技能要求
3.客室车门检查与故障分析	3.11 门页下部挡销及嵌块检查	3.11.1 能检查嵌块外观状态； 3.11.2 能检查下部挡销外观状态； 3.11.3 能检查嵌块及挡销紧固状态； 3.11.4 能使用工具测量挡销底面与嵌块的间隙； 3.11.5 能够在客室门页下部挡销及嵌块检查过程中发现故障问题，并选择适宜的解决办法对故障问题进行处理
	3.12 开门止挡、下摆臂检查	3.12.1 能检查开门止挡外观状态； 3.12.2 能检查开门止挡紧固件状态； 3.12.3 能检查下摆臂外观状态； 3.12.4 能检查下摆臂螺栓紧固状态； 3.12.5 能清除下摆臂处异物； 3.12.6 能够在客室门开门止挡、下摆臂检查过程中发现故障问题，并选择适宜的解决办法对故障问题进行处理
	3.13 接线端子排及门控器连接器、车门电机检查	3.13.1 能检查接线端子排外观状态； 3.13.2 能检查门控器外观状态； 3.13.3 能检查门控器插头接线状态； 3.13.4 能检查车门电机外观状态； 3.13.5 能使用工具清洁车门电机体； 3.13.6 能够在客室车门接线端子排及门控器连接器、车门电机检查过程中发现故障问题，并选择适宜的解决办法对故障问题进行处理
	3.14 行程开关检查	3.14.1 能检查 S1、S3、S4 行程开关外观状态； 3.14.2 能检查 S1、S3、S4 行程开关紧固件状态； 3.14.3 能检查 S1、S3、S4 行程开关接线状态； 3.14.4 能手动检查 S1、S3、S4 行程开关动作情况； 3.14.5 能够在行程开关检查过程中发现故障问题，并选择适宜的解决办法对故障问题进行处理
	3.15 外部紧急解锁装置检查	3.15.1 能检查外部紧急解锁装置外观状态； 3.15.2 能检查外部紧急解锁装置紧固件状态； 3.15.3 能使用工具测试外部紧急解锁装置功能； 3.15.4 能够检查车门切除装置外观状态； 3.15.5 能够在外部紧急解锁装置检查过程中发现故障问题，并选择适宜的解决办法对故障问题进行处理

续表

工作领域	工作任务	职业技能要求
3.客室车门检查与故障分析	3.16 门机构设备清洁及润滑	3.16.1 能使用工具清洁丝杆上的灰尘和旧油脂，并润滑丝杆； 3.16.2 能使用工具清洁导杆上的灰尘和旧油脂，并润滑导杆； 3.16.3 能使用工具清洁并润滑车门压轮； 3.16.4 能使用工具清洁并润滑车门上导轨、滚轮； 3.16.5 能使用工具清洁并润滑下导轨、滚轮； 3.16.6 能够在门机构设备清洁及润滑过程中发现故障问题，并选择适宜的解决办法对故障问题进行处理
4.车辆连接装置检查与故障分析	4.1 贯通道检查	4.1.1 能检查贯通道折棚外观状态； 4.1.2 能检查贯通道踏板、渡板、侧护板、顶板外观状态； 4.1.3 能手动打开贯通道侧护板； 4.1.4 能检查折棚锁是否锁闭到位； 4.1.5 能手动测试上部锁销功能； 4.1.6 能够在贯通道检查过程中发现故障问题，并选择适宜的解决办法对故障问题进行处理
	4.2 全自动车钩外观检查	4.2.1 能检查各部件紧固状态； 4.2.2 能检查车钩压溃管、对中装置的外观状态； 4.2.3 能检查车钩接地线的外观状态； 4.2.4 能检查车钩锁、钩舌的外观状态； 4.2.5 能检查风管接头、电气连接器的连接状态； 4.2.6 能够在全自动车钩外观检查过程中发现故障问题，并选择适宜的解决办法对故障问题进行处理
	4.3 全自动车钩维护	4.3.1 能使用工具清洁车钩； 4.3.2 能使用工具对全自动车钩润滑； 4.3.3 能使用工具对全自动车钩螺栓进行紧固； 4.3.4 能使用工具清洁全自动车钩
	4.4 半自动车钩检查	4.4.1 能检查半自动车钩各部件紧固状态； 4.4.2 能检查气路软管外观、风管连接器连接状态； 4.4.3 能检查跨接电缆、波纹管外观及插头状态；

续表

工作领域	工作任务	职业技能要求
4.车辆连接装置检查与故障分析	4.4 半自动车钩检查	4.4.4 能检查解钩把手、接地线外观状态； 4.4.5 能检查缓冲器、可压溃变形管外观状态； 4.4.6 能够在半自动车钩检查过程中发现故障问题，并选择适宜的解决办法对故障问题进行处理
	4.5 半永久牵引杆检查	4.5.1 能检查半永久牵引杆各部件紧固状态； 4.5.2 能检查主风管管路、气管、电气连接器外观状态； 4.5.3 能检查跨接电缆、波纹管及插头外观状态； 4.5.4 能检查缓冲器、可压溃变形管状态； 4.5.5 能检查橡胶支撑、接地线外观状态； 4.5.6 能够在半永久牵引杆检查过程中发现故障问题，并选择适宜的解决办法对故障问题进行处理
5.制动与供风系统检查与故障分析	5.1 踏面制动单元检查	5.1.1 能测量闸瓦厚度； 5.1.2 能检查制动缸、停放制动缸外观状态； 5.1.3 能检查停放制动手动缓解拉杆状态； 5.1.4 能检查踏面制动单元紧固螺栓状态； 5.1.5 能使用工具更换闸瓦； 5.1.6 能够在踏面制动单元检查过程中发现故障问题，并选择适宜的解决办法对故障问题进行处理
	5.2 风缸检查	5.2.1 能检查风缸的外观状态； 5.2.2 能检查风缸管路接头的紧固状态； 5.2.3 能检查排气阀阀门的位置； 5.2.4 能检查风缸不锈钢扎带外观状态； 5.2.5 能检查风缸安装支架紧固螺栓紧固状态； 5.2.6 能够在风缸检查过程中发现故障问题，并选择适宜的解决办法对故障问题进行处理
	5.3 空压机检查	5.3.1 能检查双塔干燥器的外观状态； 5.3.2 检查空压机电机、空压机风扇防尘网外观状态； 5.3.3 能检查油过滤器、四点弹性悬挂外观状态； 5.3.4 能检查真空指示器、安全阀接头状态； 5.3.5 能检查气路软管外观状态； 5.3.6 能够在空压机检查过程中发现故障问题，并选择适宜的解决办法对故障问题进行处理

续表

工作领域	工作任务	职业技能要求
6.牵引系统装置检查与故障分析	6.1 牵引逆变器的维护与检修	6.1.1 能使用工具清洁通风区域及散热片； 6.1.2 能使用工具清洁控制板； 6.1.3 能检查箱体盖板外观状态； 6.1.4 能检查箱体紧固状态； 6.1.5 能检查接线端子及电缆外观状态； 6.1.6 能够在牵引逆变器检查过程中发现故障问题，并选择适宜的解决办法对故障问题进行处理
	6.2 高速断路器的维护与检修	6.2.1 能使用工具测量主触头； 6.2.2 能检查灭弧罩的外观状态； 6.2.3 能使用工具测量动、静触头； 6.2.4 能检查驱动装置外观状态； 6.2.5 能够在高速断路器检查过程中发现故障问题，并选择适宜的解决办法对故障问题进行处理
	6.3 受电弓碳滑条检查	6.3.1 能检查碳滑条外观状态； 6.3.2 能检查碳滑条紧固件状态； 6.3.3 能检查滑板托架外观状态； 6.3.4 能使用工具测量滑板厚度； 6.3.5 能使用工具更换受电弓碳滑条； 6.3.6 能够在受电弓碳滑条检查过程中发现故障问题，并选择适宜的解决办法对故障问题进行处理
	6.4 气囊检查	6.4.1 能检查气囊的外观状态； 6.4.2 能检查气囊的紧固件状态； 6.4.3 能测试气囊的气密性； 6.4.4 能使用工具更换气囊； 6.4.5 能够在气囊检查过程中发现故障问题，并选择适宜的解决办法对故障问题进行处理
	6.5 受电弓控制箱检查	6.5.1 能检查受电弓控制箱外观状态； 6.5.2 能检查受电弓控制箱罩板锁扣状态； 6.5.3 能检查控制箱截止阀与阀体位置状态； 6.5.4 能检查与控制箱相连处气管接头紧固状态； 6.5.5 能够在受电弓控制箱检查过程中发现故障问题，并选择适宜的解决办法对故障问题进行处理

续表

工作领域	工作任务	职业技能要求
6.牵引系统装置检查与故障分析	6.6 受电弓绝缘子检查与更换	6.6.1 能检查绝缘子外观状态; 6.6.2 能使用工具更换绝缘子; 6.6.3 能使用工具更换支撑绝缘子; 6.6.4 能使用工具清洁绝缘子; 6.6.5 能使用工具清洁支撑绝缘子; 6.6.6 能够在受电弓绝缘子检查过程中发现故障问题,并选择适宜的解决办法对故障问题进行处理
	6.7 升弓钢丝绳、平衡杆检查	6.7.1 能检查升弓钢丝绳外观状态; 6.7.2 能检查升弓钢丝绳紧固件状态; 6.7.3 能检查平衡杠外观状态; 6.7.4 能使用工具测试平衡杆的动作功能; 6.7.5 能使用工具润滑平衡杆; 6.7.6 能够在升弓钢丝绳、平衡杆检查过程中发现故障问题,并选择适宜的解决办法对故障问题进行处理
	6.8 受电弓底架、液压阻尼器检查	6.8.1 能检查受电弓底架外观状态; 6.8.2 能使用工具清洁受电弓底架; 6.8.3 能检查液压阻尼器外观状态; 6.8.4 能检查液压阻尼器紧固件状态; 6.8.5 能使用工具更换液压阻尼器; 6.8.6 能够在受电弓底架、液压阻尼器检查过程中发现故障问题,并选择适宜的解决办法对故障问题进行处理
	6.9 受电弓拉杆、弓头检查	6.9.1 能检查受电弓拉杆外观状态; 6.9.2 能使用工具清洁受电弓拉杆; 6.9.3 能检查受电弓弓头外观状态; 6.9.4 能转动受电弓弓头测试自由度; 6.9.5 能够在受电弓拉杆、弓头检查过程中发现故障问题,并选择适宜的解决办法对故障问题进行处理
	6.10 受电弓功能测试	6.10.1 能用拉力计测受电弓静态接触压力; 6.10.2 能用秒表测受电弓升弓时间; 6.10.3 能用秒表测受电弓降弓时间; 6.10.4 能检查受电弓气路连接良好,无漏气现象; 6.10.5 能够在受电弓功能测试过程中发现故障问题,并选择适宜的解决办法对故障问题进行处理

续表

工作领域	工作任务	职业技能要求
6.牵引系统装置检查与故障分析	6.11 避雷器检查与清洁	6.11.1 能检查避雷器外观状态； 6.11.2 能使用工具清洁避雷器； 6.11.3 能检查避雷器上接地线状态； 6.11.4 能检查避雷器紧固件状态； 6.11.5 能够在避雷器检查过程中发现故障问题，并选择适宜的解决办法对故障问题进行处理
7.辅助电源系统装置检查与故障分析	7.1 蓄电池箱箱体及锁闭装置检查	7.1.1 能检查蓄电池箱箱体外观状态； 7.1.2 能检查蓄电池箱箱体标识状态； 7.1.3 能检查蓄电池箱箱体吊挂状态； 7.1.4 能检查蓄电池锁闭装置功能； 7.1.5 能够在蓄电池箱箱体及锁闭装置检查过程中发现故障问题，并选择适宜的解决办法对故障问题进行处理
	7.2 蓄电池内部检查	7.2.1 能检查蓄电池的外观状态； 7.2.2 能使用工具测量蓄电池电池组总电压； 7.2.3 能检查积液盘、蓄电池连接片外观状态； 7.2.4 能检查蓄电池电缆、端子外观状态； 7.2.5 能使用工具清洁蓄电池连接片； 7.2.6 能够在蓄电池内部检查过程中发现故障问题，并选择适宜的解决办法对故障问题进行处理
	7.3 充电机检查	7.3.1 能检查充电机外观状态； 7.3.2 能使用工具测量紧急供电母线的负载情况； 7.3.3 能使用工具测量永久供电母线的负载情况； 7.3.4 能使用工具测量正常供电母线的负载情况； 7.3.5 能够在充电机检查过程中发现故障问题，并选择适宜的解决办法对故障问题进行处理
8.列车通信系统检查与故障分析	8.1 乘客信息显示系统检查与清洁	8.1.1 能清洁及检查LCD显示屏； 8.1.2 能清洁及检查司机室摄像头、司机室广播主机、司机室广播主机外观状态； 8.1.3 能清洁及检查客室摄像头、客室广播分机； 8.1.4 能清洁及检查媒体播放主机、媒体交换机； 8.1.5 能清洁及检查解码分配器、监控主机屏幕； 8.1.6 能够在乘客信息显示系统检查过程中发现故障问题，并选择适宜的解决办法对故障问题进行处理

续表

工作领域	工作任务	职业技能要求
8.列车通信系统检查与故障分析	8.2 乘客信息显示系统设备检查	8.2.1 能检查客室贯通道显示屏功能； 8.2.2 能检查乘客紧急报警器功能； 8.2.3 能检查 LED 动态地图功能； 8.2.4 能够在乘客信息显示系统设备检查过程中发现故障问题，并选择适宜的解决办法对故障问题进行处理
	8.3 司机室广播功能检查	8.3.1 能检查鹅颈话筒功能； 8.3.2 能测试人工广播功能； 8.3.3 能手动测试广播报站功能； 8.3.4 能够手动测试紧急广播功能； 8.3.5 能够在司机室广播功能检查过程中发现故障问题，并选择适宜的解决办法对故障问题进行处理
	8.4 CCTV 监控屏功能检查	8.4.1 能检查 CCTV 监控屏外观状态； 8.4.2 能检查并测试动态地图状态及功能； 8.4.3 能检查并测试 IDU 状态及功能； 8.4.4 能检查并测试 LCD 显示屏状态及功能； 8.4.5 能检查并测试 FCU 状态及功能； 8.4.6 能够在 CCTV 监控屏功能检查过程中发现故障问题，并选择适宜的解决办法对故障问题进行处理
9.空调系统检查与故障分析	9.1 空调机组外观检查	9.1.1 能检查空调机组整体外观状态； 9.1.2 能检查空调安装座外观状态； 9.1.3 能检查空调盖板外观状态； 9.1.4 能检查空调机组表面的防滑条状态； 9.1.5 能够检查空调线缆连接状态； 9.1.6 能够在空调机组外观检查过程中发现故障问题，并选择适宜的解决办法对故障问题进行处理
	9.2 盖板开闭功能检查	9.2.1 能检查盖板锁闭作用； 9.2.2 能检查盖板铰链连接状态； 9.2.3 能使用工具打开空调盖板； 9.2.4 能转动盖板铰链确认动作状态； 9.2.5 能够在盖板开闭功能检查过程中发现故障问题，并选择适宜的解决办法对故障问题进行处理

续表

工作领域	工作任务	职业技能要求
9.空调系统检查与故障分析	9.3 冷凝风机检查	9.3.1 能检查冷凝风机内部异物情况； 9.3.2 能检查冷凝风机防护栅外观状态； 9.3.3 能检查冷凝风机扇叶紧固件状态； 9.3.4 能手动测试冷凝风机扇叶动作灵活度； 9.3.5 能够在冷凝风机检查过程中发现故障问题，并选择适宜的解决办法对故障问题进行处理
	9.4 空调混合风过滤网拆卸与清洗	9.4.1 能从机组中取出混合风过滤网； 9.4.2 能对混合风过滤网进行清洗； 9.4.3 能将混合风过滤网安装回机组内； 9.4.4 能清洁混合风过滤网框架； 9.4.5 能够在空调混合风过滤网拆卸与清洗检查过程中发现故障问题，并选择适宜的解决办法对故障问题进行处理
	9.5 新风滤网拆卸与清洗	9.5.1 能从机组中取出新风滤网； 9.5.2 能对新风滤网进行清洗； 9.5.3 能将新风滤网安装回机组内； 9.5.4 能检查新风滤网锁扣外观及紧固状态； 9.5.5 能够在新风滤网拆卸与清洗检查过程中发现故障问题，并选择适宜的解决办法对故障问题进行处理
	9.6 干燥过滤器检查与更换	9.6.1 能检查干燥过滤器外观状态； 9.6.2 能观察液体管路窥视镜里的湿度显示； 9.6.3 能更换干燥过滤器； 9.6.4 能查找系统中水分过多的原因； 9.6.5 能够在干燥过滤器检查与更换过程中发现故障问题，并选择适宜的解决办法对故障问题进行处理
	9.7 空调功能检查	9.7.1 能判断空调制冷功能是否正常； 9.7.2 能判断空调制热功能是否正常； 9.7.3 能够判断空调通风功能是否正常； 9.7.4 能够判断风机运转功能是否正常； 9.7.5 能够在空调功能检查过程中发现故障问题，并选择适宜的解决办法对故障问题进行处理

续表

工作领域	工作任务	职业技能要求
9.空调系统检查与故障分析	9.8 车顶空调机组内各电源线和控制线检查	9.8.1 能检查空调机组的各电源线和控制线外观状态； 9.8.2 能检查空调机组的各电源线和控制线紧固状态； 9.8.3 能检查空调机组的各电源线和控制线线路干涉状态； 9.8.4 能使用工具排查车顶空调机组内各电源线和控制线的故障； 9.8.5 能够在车顶空调机组内各电源线和控制线检查过程中发现故障问题，并选择适宜的解决办法对故障问题进行处理
	9.9 空调机组内管路，高、低压压力开关检查	9.9.1 能检查各管路密封性； 9.9.2 能检查空调机组管路紧固件状态； 9.9.3 能检查空调机组内紧固管夹状态； 9.9.4 能检查高压压力开关外观状态； 9.9.5 能检查低压压力开关外观状态； 9.9.6 能够在空调机组内管路，高、低压压力开关检查过程中发现故障问题，并选择适宜的解决办法对故障问题进行处理
	9.10 压缩机检查与更换	9.10.1 能检查安装状态； 9.10.2 能检查外观状态； 9.10.3 能检查连接处无漏液现象； 9.10.4 能使用工具更换压缩机； 9.10.5 能够在压缩机检查过程中发现故障问题，并选择适宜的解决办法对故障问题进行处理
10.列车调试	10.1 列车静态功能调试	10.1.1 能检查驾驶室各开关、驾驶室主控制器钥匙状态； 10.1.2 能检查并测试驾驶室指示灯功能； 10.1.3 能进行逆变器应急起动试验； 10.1.4 能够在列车静态功能调试过程中发现故障问题，并选择适宜的解决办法对故障问题进行处理

续表

工作领域	工作任务	职业技能要求
10.列车调试	10.2 列车动态功能调试	10.2.1 能进行起动和关车试验; 10.2.2 能进行低速牵引、制动试验,慢行试验和故障牵引试验,能进行警惕按钮手柄释放试验; 10.2.3 能够完成牵引和制动功能试验,检查警惕按钮手柄紧急制动功能; 10.2.4 能检查警惕按钮手柄紧急制动功能; 10.2.5 能够完成牵引曲线试验; 10.2.6 能够在列车动态功能调试过程中发现故障问题,并选择适宜的解决办法对故障问题进行处理

参考文献

[1] 严隽耄. 车辆工程[M]. 北京：中国铁道出版社，1992.
[2] 夏寅荪. 机车车辆及城市轨道车辆电空制动机[M]. 北京：中国铁道出版社，2000.
[3] 张振森. 城市轨道车辆结构与设计[M]. 上海：上海科学技术出版社，2002.
[4] 高爽. 地铁车辆构造与维修管理[M]. 北京：中国铁道出版社，2003.
[5] 孙章，等. 城市轨道交通概论[M]. 北京：中国铁道出版社，2000.
[6] 张开文. 制动[M]. 北京：中国铁道出版社，1981.
[7] 李伟. 城市轨道交通车辆构造[M]. 北京：机械工业出版社，2022.
[8] 刘柱军. 城市轨道交通车辆构造[M]. 北京：人民交通出版社，2020.
[9] 郑长聚，等. 环境噪声控制工程[M]. 北京：高等教育出版社，1988.
[10] 赵良省. 噪声与振动技术[M]. 北京：化学工业出版社，2004.
[11] 北京城建设计研究总院. 地铁设计规范 GB 50157—2003[M]. 北京：中国计划出版社，2003.
[12] 曾青中. 城市轨道交通车辆[M]. 成都：西南交通大学出版社，2020.
[13] Roger Ford. 轻轨车辆技术[J]. 国外铁道车辆，1994（4）.
[14] 倪文波，王雪梅，李芾，等. 新型机车电空制动机试验研究[J]. 内燃机车，2005（8）：1003-1820.
[15] 刘建林. 新型单轨车转向架的研究[J]. 电力机车技术. 2001（3）.
[16] 杨利军. 直线电机径向转向架车辆结构及性能分析[J]. 上海铁道大学学报，2000（2）.
[17] 宋晓文. 北京八通线地铁车辆 SDB-80 型转向架的研制[J]. 铁道机车车辆，2004（z1）：006.
[18] 俞展猷. 现代化的低地板轻轨车辆[J]. 中国铁路，2004（3）.
[19] 劳建江，周若湘. 广州地铁二号线车辆转向架[J]. 电力机车与城轨车辆，2004（4）.
[20] 虞大连，李芾，傅茂海，等. 新型城市轻轨车辆及转向架研究[J]. 机车电传动，2004（4）.
[21] 李芾，张丽平，黄运华. 城市轻轨车辆发展及其应用前景[J]. 西南交通大学学报，2002（2）.
[22] 王伯铭. 轻轨车辆走行部的特点[J]. 铁道车辆，1999（12）.
[23] 毛家驯，严隽耄，沈志云. 迫导向转向架原理及应用[J]. 铁道车辆，1985（11）.
[24] 傅茂海山，李芾，黄运华. 第6届国际机车车辆转向架大会综述[J]. 国外铁道车辆，2005（2）.
[25] 陈良龙. 地铁限界算法分析与软件实现[J]. 铁道车辆，2005（1）.
[26] 左国兵. 金属-橡胶复合锥形弹簧的试验研究[J]. 铁道车辆，2005（2）.
[27] 刘绍勇. 出口伊朗德黑兰地铁1、2号线转向架[J]. 铁道车辆 2005（2）.
[28] 王伯铭，郭俊. 跨座式独轨转向架国产化方案探讨[J]. 铁道车辆，2000（z1）.
[29] 傅华. 我国城市轨道交通车辆的发展[J]. 地下工程与隧道，2005（4）.